西 南 国 际 法 文 丛

西南

国际法文丛

唐青阳 总主编

跨境资产证券化私人治理法律问题研究

Study on the Mandatory Norm of Company Law

本书系2009年度国家社科基金西部项目“金融危机背景下信用评级机构责任机制法律问题研究”（09XFX019）及第46批中国博士后科学基金面上资助（20090460720）阶段性成果。

缪心毫 著

厦门大学出版社
XIAMEN UNIVERSITY PRESS
国家一级出版社
全国百佳图书出版单位

《西南国际法文丛》编委会名单

总序

《西南国际法文丛》在 2010 年的出版适逢西南政法大学 60 华诞，是成熟而又年轻的西南政法大学国际法学院献给学校的一份薄礼。国际法学院是成熟的，她所依托的国际法学科筚路蓝缕，伴随着西南政法大学走过 60 年风雨路，与其他法学学科共同在新中国法制建设史上写下了浓墨重彩的篇章；国际法学院是年轻的，作为一个独立的学院刚满周岁，她是在经济全球化，我国进一步深化改革、扩大开放，重庆市建设内陆开放型经济以及中国高等教育国际化等时代背景下建立的，正秉持“错位竞争、特色发展”的整体发展思路，意气风发地描绘着进一步发展国际法学教育的美好蓝图。

法学教育的本质是精英教育。西南政法大学国际法学院以培养具有法学综合素养、法律实践能力、国际理解能力、国际交往能力和国际竞争能力的高级法律专门人才为己任，努力探索高等教育大众化背景下的法学精英教育之路，为我国的对外开放和“和平发展”服务、为实施自由贸易区战略服务、为建设内陆开放型经济服务、为西部大开发战略服务。

法学教育的实施需以学科发展为平台。西南政法大学国际法学院依托的国际法学科是省部级重点学科，拥有国际法专业硕士和博士学位授予权，目前是中国西部地区唯一的国际法专业博士学位点，具备本科、硕士、博士和留学生等完整的人才培养层次，已成为中国西部地区高端国际化法律人才的培养基地。

法学教育以高素质、高水平的师资队伍为基础。西南政法大学国际法学院致力于打造一支规模适当、结构合理、质量优良、可持续发展的教学科研团队。

《西南国际法文丛》坚持独立、自主、自律的学术原则，坚持开放、择优和推新的遴选准则，致力于发掘和推介具有学术性、前沿性、创新性和思想性的学术著述。

《西南国际法文丛》的推出，是为纪念西南政法大学国际法学科六十载沧桑和辉煌的历史，彰显国际法教学科研团队持之以恒的“心系天下、自强不息、和衷共济、严谨求实”的治学精神，见证西南政法大学国际法学院不懈推动教学科研团队建设的艰苦努力，昭示西南政法国际法学人传承西南政法学术薪火的决心，展现西南政法国际法人才梯队汲汲于学术的最新成果。

赘言以志丛书之付梓。是为序。

西南政法大学国际法学院院长　教授

2010 年仲夏于重庆“两江新区”

内容提要

在经济全球化的背景下,越来越多的金融活动地超出一国的政治和地理边界,以期在全球范围内实现金融资源的有效配置。金融活动的全球化对现有国家自上而下的单向垂直监管制度提出了挑战,客观上要求对现有的金融监管制度进行相应的回应性改革,实现监管模式从"统治"到"治理"的转变。与此同时,国际法理论也正经历着深刻的结构性变革,私人在国际法中的主体性身份日益得到重视。在国际金融法领域,私人的作用尤其明显,持续创新的国际金融活动以及高度复杂的金融交易结构使国家在实施金融监管时面临着监管成本过高、监管滞后甚至形同虚设的窘境,从而为专业性中介机构参与创制金融规则、实现金融治理全球化提供了丰富的发展空间。专业性中介机构的积极参与在某种程度上改变了国际金融法的法律结构,同时也要求国家对专业性中介机构的治理行为进行必要而有效的规制。

作为国际金融活动中方兴未艾的领域,跨境资产证券化集中体现了国际金融法的这一转变趋势。尽管在跨境资产证券化领域内,国家仍然发挥着重要的监管和导向作用,但信用评级机构、会计准则制定机构和律师等专业性中介机构,或者通过设计具体交易的结构,或者通过制定通用性的金融技术标准,引导并规范跨境资产证券化的整个流程,不仅仅影响着既有的国内法或国际法律规则的实施效果,而且在事实上主导着跨境资产证券化规则体系的形成。鉴此,作者拟从私人治理入手来探寻私人在跨境资产证券化领域内的作用,重点分析私人促成跨境资产证券化规则体系形成的法律过程及其相应的规范性问题。

全文分为前言、正文及结语三大部分,其中正文分为五章。

在前言中,笔者对研究课题的确定予以说明,对既有的研究成果加以简要的评析,并介绍了本文的基本理论框架,以及拟阐述、分析的主要问题。

第一章,笔者首先对跨境资产证券化运作的基本流程进行阐述,指出跨境资产证券化的本质特征对传统的国际法理论提出了挑战。金融创新领域内传统的国家监管模式面临滞后性、低效率等诸多问题,相对而言,私人尤其是私人权威机构，在促进资产证券化的跨境运作并提供制度保障方面发挥着相当重要的作用。

第二章，笔者对信用评级机构的私人治理问题进行分析。私人性质的信用评级机构引发了私人参与公共治理的规范性问题。笔者围绕信用评级机构参与治理所引发的问题，着重分析美国的 NRSRO 制度，探析如何建立适当的制度防范信用评级机构参与治理所可能发生的弊端。

第三章，笔者对会计准则制定机构参与治理的规范性问题进行分析。由于多重委托关系的存在，会计准则制定机构可能被公司等利益集团所俘获。笔者就此对会计准则制定机构的规范性问题进行深入分析，将其从国内层面的 FASB 扩展到国际层面的 IASB，并在此基础上探讨我国的会计准则制定模式。

第四章，笔者首先阐述了律师在跨境资产证券化中的地位和作用，引介"Lex Juris"这一概念，并将其与"Lex Mercatoria"进行比较，认为应在一定程度上承认律师立法的作用。

第五章，笔者对私人参与全球金融治理所面临的问题进行总体性分析。私人的参与有助于提高金融市场治理的效率却面临着传统理论中难以解决的规范性困境。但笔者认为，私人在促进效率方面的功用应可以缓解规范性问题的质疑，而且可以通过决策透明和信息公开等程序的改善来解决规范性困境。

结语部分，笔者认为，尽管私人参与治理会导致规范性问题，承认私人立法也面临诸多理论上的困难，但应对此抱宽容态度，承认其在一定领域内的有限立法权力。

关键词：跨境；资产证券化；私人治理

缩略语表

缩略语	英文名称	中文名称
ABS	Assets-Backed Securities	资产担保证券
AIA	American Institute of Accountants	美国会计师协会
AICPA	American Association of Public Accountants	美国注册会计师协会
APTF	Accounting Principles Task Force	会计准则特别工作小组
ARB 51	Accounting Research Bulletin No. 51 "Consolidated Financial Statements"	第 51 号会计研究公报《合并财务报表》
ARC	Accounting Regulatory Committee	会计监管委员会
ARD	Accounting Research Department	会计研究处
ASB	Accounting Standards Board	英国会计准则委员会
ASF	American Securitization Forum	美国资产证券化论坛
BCBS	Basle Committee on Banking Supervision	巴塞尔银行监管委员会
CAP	Committee on Accounting Procedure	会计程序委员会
CLO	Collateralized Loan Obligation	贷款抵押债券
CMO	Collateralized Mortgage Obligation	担保抵押债券
CSA	Canadian Securities Administrators	加拿大证券管理委员会
EFRAG	European Financial Reporting Advisory Group	欧洲财务报告咨询组
EITF	Emerging Issues Task Force	新问题工作小组
FAF	Financial Accounting Foundation	美国财务会计基金会
FAS 77	Financial Accounting Standards No. 77, Reporting by Transferors for Transfers of Receivables with Recourse	第 77 号财务会计准则《转让者转让附有追索权的应收账款的报告问题》
FAS 125	Financial Accounting Standards No. 125, Accounting for Transfers and Servicing of Financial Assets and Extinguishment of Liabilities	第 125 号财务会计准则《转让和经营金融资产及金融负债的取消会计》

续表

FAS 140	Financial Accounting Standards No. 140，Accounting for Transfers and Servicing of Financial Assets and Extinguishments of Liability	第 140 号财务会计准则《金融资产转让与服务以及债务偿还会计》
FASAC	Financial Accounting Standards Advisory Council	财务会计准则咨询委员会
FASB	Financial Accounting Standards Board	美国财务会计准则委员会
FCC	Fonds Commun de Créances	共同所有权载体
FIN46	FASB Interpretation No. 46. Consolidation of Variable Interest Entities	第 46 号解释《可变利益实体的合并》
FSR 5	Financial Reporting Standard 5，Reporting the Substance of Transactions	《财务报告会计准则 5：交易实质报告》
GAAP	Generally Accepted Accounting Principles	公认会计原则
GRSRO	Globally Recognized Statistical Rating Organization	全球认可的统计评级组织
IASB	International Accounting Standards Board	国际会计准则理事会
IASC	International Accounting Standards Committee	国际会计准则委员会
ICCAP	International Coordination Committee for the Accounting Profession	会计职业界国际协调委员会
IFAC	International Federation of Accountants	国际会计师联合会
IFRIC	International Financial Reporting Interpretations Committee	国际财务报告解释委员会
IFRS	International Financial Reporting Standards	国际财务报告会计准则
IOSCO	International Organization for Securities Committee	证券委员会国际组织
MBS	Mortgage-Backed Securities	抵押担保证券
NRSRO	Nationally Recognized Statistics Rating Organization	全国认可的统计信用评级机构
QSPE	Qualified Special Purpose Entity	合格特殊目的实体
SAC	Standard Advisory Council	会计准则咨询委员会
SBAC	Small Business Advisory Committee	小型企业咨询委员会
SEC	U. S. Securities and Exchange Commission	美国证券交易委员会
SIC	Standing Interpretation Committee	常设解释委员会

续表

SMBSs	Stripped Mortgage-backed Securities	剥离抵押担保证券
SOX Act	Public Company Accounting Reform and Investor Protection Act of 2002	2002 年公众公司会计改革和投资者保护法，或称《萨班斯—奥克斯利法案》
SPV	Special Purpose Vehicle	特殊目的载体
SWP	Strategy Working Party	战略规划工作组
TAC	Targeteel Amortization Class	目标还本类
UAC	User Advisory Council	用户咨询委员会
VADM	Very Accarately Defined Maturity Class	准确到期日类
WB	World Bank	世界银行

前 言

一、研究课题的缘起

资产证券化是指将缺乏流动性、但具有未来现金流的资产进行组合组成资产池，对该资产池产生的现金流进行结构性重组，并以该现金流为支撑发行在资本市场上可以流通的证券，从而实现金融互通的过程。① 自 20 世纪 70 年代肇始于美国后，资产证券化迅速为西欧、日本等发达国家所接受并加以推广。近年来，中国、泰国等发展中国家在金融领域内也进行了资产证券化的有益试验，并取得了一定的成功。资产证券化得以迅速推广的原因在于：对企业而言，资产证券化作为直接融资的债券类金融创新工具，兼具风险转移创新、提高流动性创新和信用创新等功能；对国家而言，资产证券化的推出则有利于促进银行传统业务的转型，优化金融资产配置，改变金融风险过度集中于银行体系的局面，进一步强化金融经济和社会安全保障机制，维护国家经济和金融安全。②

但是，资产证券化的交易结构相当复杂，客观上需要完善的法律法规配套为其提供必要的制度支持，这导致许多国家在推动本国资产证券化时面临着严重的制度短板问题。仅以我国为例，有学者指出，我国目前尚不适宜进行国内资产证券化，因为目前我国设立特殊目的机构的条件尚不成熟，兼之国内金融市场的发展程度尚显不够，缺乏对证券化产品的广泛需求。③ 基于类似的理由，在实践中，许多发展中国家的企业为规避本国国内的限制性规定，选择跨境资产证券化以确保融资的顺利进行和经济效益最大化。

---

① 王小莉：《信贷资产证券化法律制度》，法律出版社 2007 年版，第 1 页。

② 屈红燕：《资产证券化是服务国家发展战略重要融资平台》，载《上海证券报》2007 年 5 月 26 日，第 3 版。

③ 刘少华：《国际资产证券化：银行体系剩余不良债权化解的途径选择》，载《国际贸易问题》2002 年第 10 期。

跨境资产证券化，即资产证券化的跨境运作，是指资产证券化的参与者来自不同国家，利用各国法律、税收、会计、资本市场、经济发展等方面地区差异降低交易成本，发行资产担保证券的过程与技术。① 跨境资产证券化最早出现于1989年。该年，美国花旗银行在欧洲市场发行美国信用卡应收款担保证券。我国在跨境资产证券化领域也进行了一些有益的尝试，目前已经成功的项目有中远集团航运收入资产证券化、珠海市高速公路交通收费资产证券化和中集集团应收款资产证券化②等。如上尝试为我国进一步利用资产证券化进行跨境融资提供了有益的借鉴。

与国内资产证券化相比，跨境资产证券化具有规避国内法律限制性规定、降低守法成本以及有效利用外资等比较优势。参与者可以最大限度地综合利用有利于资产证券化交易的各国法律，将资产证券化交易过程中的各个组成部分分置到不同国家或地区以实现整体利益的最大化。因此，很多受本国法律约束而在国内无法开展资产证券化的发展中国家或地区积极参与跨境资产证券化交易活动。③

在建构跨境资产证券化的过程中，私人——如本文拟论述的信用评级机构、会计准则制定机构以及律师——部分地行使原本由公共权力机构承担的公共治理职能，在制度供给方面发挥着重要的作用。然而，私人在履行公共治理职能时，会遭到尖锐的批评或质疑：私人制定规则的能力是如何获得的？应如何规范私人制定规则的能力？私人制定的技术性规则的性质为何？是否可以确认为法律？他们制定规则的行为是否可以认定为立法行为？假如承认他们在一定范围内的私人立法功能，那么如何使这种现象与现有的法学理论相协调？如何解决私人制定规则时可能存在的民主赤字问题？

在经济全球化背景下，随着电子信息技术、通讯技术的发展，知识以及基于知识的立法能力与行政管理能力逐步由国家向非国家行为体扩散，越来越多的非国家行为体具备参与国际事务治理的能力，并在事实上发挥着积极的

① 谢敏莉、张本照：《跨国资产证券化的理论研究》，载《华东经济管理》2004年第1期。

② 黄嵩、魏恩遒、刘勇：《资产证券化理论与案例》，中国发展出版社2007年版，第187～213页。

③ 谢敏莉、张本照：《跨国资产证券化的理论研究》，载《华东经济管理》2004年第1期。

治理功能。作为对这种趋势的正面回应，国际法学界对传统以国家为中心的理论模式进行深入批评的同时，对非国家行为体在国际事务中的地位也给予越来越多的重视，具体体现为对跨政府网络的研究①、WTO争端解决机制中法庭之友地位的讨论②，乃至对传统国际经济法研究范式的全盘反思③。基于非国家行为体在国际法领域中的兴起这一现象，有学者指出，国际法的立法模式正在由传统的“国家间立法”转向“国家间立法”与“跨国立法”并存的多元化立法模式，并指出，应承认国际非政府组织的立法功能。④ 那么，除国际非政府组织以外的其他非国家行为体，如果在跨国经济活动中发挥了制定规则的功能，是否也可以将其纳入立法主体之一，承认其立法功能？以现有国际法研究范式的转向为背景，笔者试图对信用评级机构、会计准则制定机构、律师等私人在建构跨境资产证券化过程中制定规则的能力进行分析与定性，并在此基础上寻求矫正其规范性缺陷的途径。

笔者对跨境资产证券化的私人参与治理问题进行研究的另一原因则是出于对我国现实的考虑。由于中国有关资产证券化的配套法律制度尚不完善，跨境资产证券化成为国内许多企业融资的重要手段。如本文中将详述的，信用评级机构等私人在跨境资产证券化过程中发挥着立法的功能，在建构跨境资产证券化规则方面起着至关重要的作用。在进行跨境资产证券化的过程中，参与者一方面要注意拟实施资产证券化的国家的法律制度；另一方面也须关注外国私人参与治理对跨境资产证券化的影响，注意如何趋利避害。与英、

① 跨政府网络的研究将关注点集中于次国家行为体如各国政府下属经济管理职能部门参与国际法律文件的制定这一现象。跨政府网络的具体表现是由美、英等国中央银行或财政部长组成的巴塞尔委员会制定的一系列跨国银行监管的法律文件对跨国银行风险及其他问题进行规制。参见徐崇利：《跨政府组织网络与国际经济软法》，载《环球法律评论》2006年第4期。

② 参见陈立虎：《法庭之友陈述在WTO争端解决机制中的可接受性》，载《法学家》2004年第3期；赵海峰、高立忠：《论国际司法程序中的法庭之友制度》，载《比较法研究》2007年第3期；吕微平：《WTO争端解决机制中“法庭之友”的实践及影响初探》，载《福建论坛》2006年第2期。

③ 参见徐崇利：《走出误区的“第三条道路”：“跨国经济法”范式》，载《政法论坛》2005年第4期；徐崇利：《全球化趋势与“跨国法学”的兴起》，载《法商研究》2003年第4期。

④ 参见王秀梅：《国际非政府组织与国际法之“跨国立法”》，载《河南省政法管理干部学院学报》2006年第4期。

美等发达国家相比，中国私人在知识技能储备、立法能力、政治影响力等方面都有相当的差距。本文的研究旨在警醒中国政府，在加大资产证券化立法力度的同时，须对这些由西方私人主导规则制定的现象予以必要的警惕，应有意识地培育本国私人参与金融治理的能力，同时建立适当的机制对其治理行为进行规制。

二、学术史回顾及其评析

(一)研究现状

以往国内有关资产证券化的研究多从经济学角度进行探讨，但近年来，国内法学界对资产证券化法律问题也给予了较多的关注。以已出版的专著为例，主要有彭冰的《资产证券化的法律解释》(北京大学出版社 2001 年版)、洪艳蓉的《资产证券化法律问题研究》(北京大学出版社 2004 年版)、吴弘等的《不动产信托与资产证券化法律研究》(上海交通大学出版社 2005 年版)、王志诚的《金融资产证券化：立法原理与比较法制》(北京大学出版社 2005 年版)、王小莉的《信贷资产证券化法律制度》(法律出版社 2007 年版)、张泽平的《资产证券化法律制度的比较与借鉴》(法律出版社 2008 年版)、朱崇实等的《资产证券化的法律规制——金融危机背景下的思考与重构》(厦门大学出版社 2009 年版)等。至于跨境资产证券化法律问题的研究，目前尚未有专著进行论述，仅在有关资产证券化的著作中以专章形式出现过，如洪艳蓉、张泽平、朱崇实等相关专著都辟专章对跨境资产证券化法律问题进行研究。但囿于篇幅所限，这些研究对跨境资产证券化的研究稍显不够详尽、深入。除专著外，国内对跨境资产证券化法律问题为研究对象的论文也较少见，①目前主要有邓

① 在正文中，笔者仅列举了跨境资产证券化的法学研究论文。至于其他学科如经济学对跨境资产证券化的研究成果如下：徐向民、邓丽娜：《中国跨国资产证券化发展研究》，载《沿海企业与科技》2006 年第 3 期；张雪葳：《我国开展跨国资产证券化的战略分析》，载《海南金融》2006 年第 2 期；谢敏莉、张本照：《跨国资产证券化的理论研究》，载《华东经济管理》2004 年第 1 期；喻强：《我国开展跨国资产证券化的有关建议》，载《上海投资》2004 年第 5 期；张春煜、何小锋：《中国跨国资产证券化探析》，载《金融理论与实践》2003 年第 6 期；阮青松：《我国开展跨国资产证券化的对策与模式研究》，载《亚太经济》2003 年第 5 期；马丽娜：《国际资产证券化经验对我国的借鉴意义》，载《边疆经济与文化》2006 年第 7 期；刘少华：《国际资产证券化：银行体系剩余不良债权化解的途径选择》，载《国际贸易问题》2002 年第 10 期；张晓萍：《AMC 不良资产证券化的国际运作研究》，载《江淮论坛》2006 年第 2 期。

剑波的《中国推行跨国资产证券化法律问题分析》(《甘肃政法成人教育学院学报》2005 年第 1 期);焦杰、亢力的《跨国资产证券化法律问题研究》(《法律适用》2005 年第 2 期)等。

国外法学界对资产证券化法律问题的研究较为深入,其中最为著名的是已翻译成中文的斯蒂文·L. 西瓦兹的《结构金融:资产证券化原理指南》(李传全、龚磊、杨明秋译,清华大学出版社 2003 年版)。但从法律角度研究跨境资产证券化的专著较少,主要有 Joseph Jude Norton and Paul R. Spellman, *Asset Securitization: International Financial and Legal Perspectives* (Blackwell Publishers, 1991); John H. Friedland, *Reforming the Law and Structure of the International Financial System* (Praeger Publishers, 2004); John H. Friedland, *The Law and Structure of the International Financial System: Regulation in the United States*, EEC, and Japan (Quorum Books, 1994)。研究跨境资产证券化法律问题的论文也较少,专门论及跨境资产证券化的文章仅有 9 篇。①

(二)存在问题

如上所述,当前国内法学界对跨境资产证券化的专题性研究尚显薄弱。对跨境资产证券化研究的薄弱不仅仅表现为研究成果数量的稀少,还表现为研究内容和研究方法上的相对单调。在研究内容上,既有研究主要局限于对跨境资产证券化过程中产生的具体法律问题进行"外科手术式"的分析,如各国对 SPV 的性质及其建构、资产转让与真实销售等问题的具体规定,缺乏对跨境资产证券化所涉法律问题的整体性把握。这导致学者将跨境资产证券化

① 其中主要有 Tamar Frankel, Cross-Border Securitization: Without Law, But Not Lawless, *Duke Journal of Comparative & International Law*, 1998, Vol. 8 Sprios V. Bazinas, Multi-Jurisdictional Receivables Financing: UNCITRAL's Impact on Securitization and Cross-Border Perfection, *Duke Journal of Comparative & International Law*, 2002, Vol. 12; Eddt Wymeersch, The Law of Cross-Broder Securitization: A Comment on Frankel, *Duke Journal of Comparative & International Law*, 2002, Vol. 12; Tamar Frankel, The Law of Cross-Broder Securitization: Lex Juris, *Duke Journal of Comparative & International Law*, 2002, Vol. 12; Steven L. Schwarcz. The Universal Language of International Securitization, *Duke Journal of Comparative & International Law*, 2002, Vol. 12; Nicholas J. Faleris, Cross-Border Securitized Transactions: The Missing Link in Establishing a Viable Chinese Securitization Market, *Northwestern Journal of International Law & Business*, 2005, Vol. 26.

的法律问题或者简化为国际私法意义上的问题，如国家管辖权和法律的冲突与协调、准据法的适用问题，或者理解为各国资产证券化法律制度的比较研究，将关注点局限于国内法和国际条约的具体规定如何适用于跨境资产证券化，以及适用过程中所存在的问题。在研究方法上，既有研究缺乏对跨境资产证券化法律的理论建构和分析，拘泥于对具体法律条款的本本主义分析，未能充分借鉴和吸收其他学科的理论来丰富研究方法。

相对而言，国外法学界对跨境资产证券化的法学研究虽然数量也较少，但仍然可以从中把握到外国学者研究跨境资产证券化时方法的多元化。在研究方法上，外国学者在注重对具体法律制度进行条分缕析的同时，也重视对跨境资产证券化进行整体的把握：何为跨境资产证券化法律？作为研究对象，跨境资产证券化法律是否真实存在？抑或跨境资产证券化法律只是有关资产证券化的各国国内法和国际条约的简单而非有机组合？外国学者注意到不同行为体（包括跨国公司、中介机构、国家等）间在参与跨境资产证券化过程中的互动作用及其对跨境资产证券化法律体系的影响。例如，Tamar Frankel 指出，各国既有的法律制度不能对跨境资产证券化进行有效的规范，但并不等于跨境资产证券化没有规矩，无法无天（without law，but not lawless）①，并进一步提出“Lex Juris”的概念，强调律师促进跨境资产证券化法律体系形成的建设性作用。②

但是，笔者以为国外的研究仍存在不足之处。如 Tamar Frankel 虽然注意到了跨境资产证券化过程中律师的作用及其与其他各行为体间的互动关系，但这种关注仍然是不充分的。在跨境资产证券化过程中，复杂的操作过程不仅涉及国家、政府间国际组织、参与资产证券化的发起人、SPV、投资者等，还有其他直接关系到资产证券化成功与否的参与者，如信用评级机构、会计准则制定机构、律师，而目前国外尚未对信用评级机构、会计准则制定机构、律师等在跨境资产证券化过程中的作用及其对资产证券化法律的影响进行系统性的研究。另外，国外研究虽然强调私人对跨境资产证券化法律的影响，甚至承认其立法功能，但对此缺乏进一步的理论分析，如私人参与跨境资产证券化治

① Tamar Frankel, Cross-Border Securitization: Without Law, But Not Lawless, *Duke Journal of Comparative & International Law*, 1998, Vol. 8.

② Tamar Frankel, The Law of Cross-Broder Securitization: Lex Juris, *Duke Journal of Comparative & International Law*, 2002, Vol. 12.

理这一现象应该如何与现有的法学理论相协调，应如何避免由此所产生的弊端。鉴于此，笔者试图在既有前人研究的基础上对跨境资产证券化中的这些问题进行进一步研究，探析私人参与跨境资产证券化治理所面临的法律问题。

三、基本框架及研究内容

（一）文章思路

本文拟在前人研究尤其是国外学者相关研究的基础上，对跨境资产证券化中的私人治理问题进行系统的阐述。在理论上，本文将借鉴全球治理理论与“私人权威机构”(private authority)的概念，将其运用于跨境资产证券化的具体环境中，探讨私人在跨境资产证券化法律构建过程中的地位与作用，以及与之相随的规范性缺陷及其治理问题。本文着重分析信用评级机构、会计准则制定机构以及律师等三类私人权威机构对跨境资产证券化法律的建构性影响，同时强调国家法律对私人参与公共治理的现象进行反向规制。在此基础上，笔者将对私人参与跨境资产证券化治理的法律问题进行总体性的反思，探讨私人参与跨境资产证券化治理的适当性，并试图建构私人参与过程中所产生的规范性缺陷的矫正机制。

（二）章节安排

除前言和结语外，本文共分五章。

第一章，对跨境资产证券化的基本内涵及其所产生的具体法律问题进行分析，并在此基础上对跨境资产证券化法律进行整体性思考。笔者使用“私人权威机构”这一概念，并以全球治理理论为出发点，着重梳理金融全球化背景下私人在跨境资产证券化过程中的治理功能，并以信用评级机构、会计准则制定机构乃至律师等私人权威机构为切入点，探讨跨境资产证券化过程中私人参与治理所涉及的一般法律问题。

第二章，从信用评级机构在资产证券化尤其是跨境资产证券中的作用入手，分析信用评级机构在跨境资产证券化中的私人治理功能，以及由此所引发的私人参与公共治理的规范性缺陷。在此基础上，笔者着重分析美国NRSRO制度，探讨对信用评级机构私人参与治理现象进行规制的制度选择。最后笔者对中国国内信用评级机构的法律制度及其完善进行分析。

第三章，着重分析跨境资产证券化过程中会计准则制定机构参与公共治理的现象以及相关的法律问题。笔者在对会计准则的重要性进行阐述后，进而分析会计准则制定机构(包括美国国内的会计准则制定机构 FASB 与国际性的会计准则制定机构 IASB)的组织结构及其与国家政府间的权力关系,由此凸显会计准则制定机构的治理功能,同时阐析国家法律制度对会计准则制定机构的反向规制作用。

第四章,对律师在跨境资产证券化过程中的私人立法作用进行分析,阐述律师在促成跨境资产证券化交易过程中所发挥的建构交易法律结构的立法作用。在以组合各国法律制度为特征的跨境资产证券化过程中,律师实际上发挥了立法的功能,甚至主导着跨境资产证券化法律的发展趋向。但是,律师立法能力一方面面临着法学理论的质疑,另一方面在实践中面临着国内法和国际法律制度的限制。

在第二、三、四章分析的基础上,笔者在第五章中指出,跨境资产证券化过程中所呈现的结构复杂性与规范分散性,为分析全球化语境下的私人立法提供了良好的场景。笔者首先对治理语境中的法律概念进行分析,认为应对法律加以宽泛性解释,承认私人立法的功能,并在此基础上试图建构跨境资产证券化的法律体系。最后,笔者对跨境资产证券化法律体系中私人立法所存在的规范性缺陷进行分析。

(三)研究创新

1. 选题新:迄今为止,国内法学界尚未对跨境资产证券化法律制度进行全方位的解释。虽然以往在有关资产证券化的研究中对跨境资产证券化偶有涉及,但基本上局限于对具体法律制度的分析。国外已经有少数学者对跨境资产证券化的法律体系进行研究,但缺乏进一步的深入和总体性的把握。笔者试图对跨境资产证券化法律问题进行整体性把握,阐述其法律制度发展轨迹背后的结构性问题。

2. 角度新:如前已提及,以往涉及跨境资产证券化的有关研究只是从它所面临的法律制度入手进行分析。笔者则着重从信用评级机构、会计准则制定机构以及律师等三类重要的非国家行为体着手分析,探求在跨境资产证券化过程中私人所发挥的治理功能以及相关的规范性问题,以期对跨境资产证券化法律体系乃至全球资本市场法律发展取向作尝试性的探讨。

3. 理论新:除采用国际金融法研究中常用的经济学、法学方法外,本文注重借鉴政治学理论,通过治理理论,将重点放置于私人的治理功能,并试图以此来重新解释跨境资产证券化过程中私人立法所涉及的法律问题。

目录 CONTENTS

第一章 >>>

跨境资产证券化法律与私人权威机构

在经济全球化背景下，商品、技术、人力资源等生产要素的跨境流动日益频繁。生产要素的跨境流动，一方面为跨境资产证券化的产生与发展提供了必要的物质基础；另一方面又对由国家政府所主导的金融监管模式构成严峻的挑战。私人权威机构的应运而生，弥补了全球化背景下国家权威衰落所导致的权力真空，而且在一定程度上主导了跨境资产证券化法律的发展方向。私人权威机构参与跨境资产证券化的治理行为尤其是立法行为，客观上要求对现有的法学理论尤其是国际经济法理论进行重新开发，并借鉴其他学科理论，以便为解释这一现象提供必要的理论支持。

第一节 跨境资产证券化的基本概念

跨境资产证券化是资产证券化的主要表现形式。如前所述，跨境资产证券化能最大限度地利用各国法律的有利规定，同时规避对其不利的限制性法律规定，从而实现经济效益的最大化。以我国为例，目前已成功进行的资产证券化案例，如中远集团资产证券化、珠海公路交通收费资产证券化、中集集团应收账款资产证券化、信达资产管理公司不良资产证券化都是采取离岸操作的方式进行跨境资产证券化的。

一、资产证券化的定义

目前，国内外学者对资产证券化的认识尚存在一定程度上的分歧，具体表现在资产证券化定义的纷乱。究其原因，张超英等指出，资产证券化有许多不同的形式和类型，这给其定义和性质的界定造成了困难。① 彭冰则认为，“表述一个令人满意的资产证券化定义的困难主要在于，这个概念被用来指称许多不同的交易，涉及发行的证券从最基本的按揭担保证券到复杂的、代表单一资产或者资产集合利益的多层次证券”②。基于如上认识，彭冰从根本上否定了对资产证券化进行定义的必要性和可能性，认为“在这个所谓反本质主义盛行的‘后现代’时期，已经没有必要再谈论‘定义’了——既然本质的东西根本不存在，也就不会有涵盖本质的定义”③。

尽管如此，笔者认为仍然有必要对资产证券化加以定义，因为这至少能够为人们理解与掌握资产证券化提供方便的途径。“使用一个工具性的概念还是必要的，只是在使用这种工具性的概念时，我们应该注意到：这个概念只是为方便研究而使用的，它不能适用于所有地方；资产证券化本身还在发展变化，应当随时改变相关的定义来适应这些变化。”④博登海默曾经说过，“概念乃是解决法律所必须和必不可少的工具，没有限定严格的专门概念，我们便无法清楚地和理性地思考法律问题”。⑤ 但问题的关键在于，如何才能对资产证券化作出科学的定义。

洪艳蓉指出，资产证券化的定义应该具备以下要求，即详尽描述资产证券化的基本要素和运作步骤，以及相关当事人及现金流走向，并揭示资产证券化分离与重组资产的收益和风险并进行有效配置的金融本质。⑥ 陈裘逸则指出，“一个准确、完整的资产证券化的定义首先要明确其基础性权利资产证券化的实质，其次要说明其机制是通过转换或衍生方式实现创始人和其特定资产的风险隔离和信用增强，进行实现特定资产的资产证券化”。⑦

---

① 张超英、翟祥辉：《金融资产证券化——原理、实务、实例》，经济科学出版社 1998 年版，第 2 页。

② 彭冰：《资产证券化的法律解释》，北京大学出版社 2001 年版，第 13 页。

③ 彭冰：《资产证券化的法律解释》，北京大学出版社 2001 年版，第 13 页。

④ 彭冰：《资产证券化的法律解释》，北京大学出版社 2001 年版，第 13 页。

⑤ [德]E. 博登海默：《法理学——法哲学与法律方法》，邓正来译，中国政法大学出版社 1999 年版，第 486 页。

⑥ 洪艳蓉：《资产证券化法律问题研究》，北京大学出版社 2004 年版，第 6 页。

⑦ 陈裘逸、张保华：《资产证券化定义和模式的检讨——以真实销售为中心》，载《金融研究》2003 年第 10 期。

基本而言，目前有关资产证券化的现有定义大致可分为两类，即经济学意义上的定义和法学意义上的定义。Jason H. P. Kravitt 从资产证券化的金融本质出发，认为资产证券化“包括了相对于有关资产的发起人可预期的财务表现的知识，运用更高级的有关特定资产的预期财务表现的知识，并借助一个结构的帮助来使资产融资更有效率”。① 美国证券交易委员会（Securities and Exchange Commission，简称 SEC）认为，资产证券化是“创立主要由一组不连续的应收款或者其他金融资产集合产生的现金流担保的证券，它可以是固定的或是循环的，并可根据条款在一定时期内变现，同时附加一些权利或其他资产来保证上述担保或按时地向持券人分配收益”。② 张伟认为，资产证券化是指“以资产所产生的现金流为支撑，在资本市场上发行证券进行融资，对资产的收益和风险进行分离与重组的过程”。③ 黄锡生则从法学角度对资产证券化加以定义，指出“资产证券化是通过创立当事人和构筑当事人之间的法律关系，使缺乏流动性的债权（金融债权性资产）转化为资本证券上的财产权得以流通的制度”。④

或有学者试图对资产证券化的经济学定义和法学定义进行调和。如洪艳蓉指出，资产证券化是这样一个融资制度安排：发起人将缺乏流动性但能在未来产生可预见的稳定现金流的资产或资产集合（在法学本质上是债权）销售给 SPV，由其通过一定的结构安排，分离和重组资产的收益和风险并增强资产的信用，转化成由资产产生的现金流担保的可自由流通的证券，销售给金融市场上的投资者。在这一过程中，SPV 以证券销售收入偿付发起人的资产销售价款，以资产产生的现金流偿付投资者所持证券的权益。⑤ 同时，洪艳蓉还指出，资产证券化不仅仅是一种融资过程，也可以用来形容运用如上过程融资的融资方式、金融工具和金融发展趋势。⑥

---

① Jason H. Kravitt, Introduction, in Theodor Baums & Eddy Wymeersch, *Asset-backed Securitization in Europe*, Kluwer Law International Ltd., 1996. p. 1.

② 王开国：《资产证券化论》，上海财经大学出版社 1999 年版，第 2 页。

③ 张伟：《资产证券化的基本理论》，载《北京大学中国经济研究中心学刊》1999 年第 2 期。

④ 黄锡生：《资产证券化基本法律问题之探讨》，载《重庆大学学报》2002 年第 1 期。

⑤ 洪艳蓉：《资产证券化法律问题研究》，北京大学出版社 2004 年版，第 6～7 页。

⑥ 洪艳蓉：《资产证券化法律问题研究》，北京大学出版社 2004 年版，第 7 页。

显然，对资产证券化的定义往往因学者的学科背景不同而有所差异。不仅如此，资产证券化结构的复杂性，甚至导致学者对其产生错误的认识。如李尚公曾指出，资产证券化的基本交易结构为“资产的原始权利人将资产销售给一个特设机构……该机构以这项基础资产的未来现金收益为支撑发行证券，以证券发行收入支付购买资产的价款，以资产产生的现金流向投资者支付本息”。[①] 李尚公对资产证券化的认识存在一定的偏差，他认为资产证券化应当是资产收益和风险分离与重组的过程，但又将其限于真实销售，对资产证券化概念的定义和对特征的表述存在脱节，因为资产证券化通过转换或衍生方式实现风险隔离的方式有不同的融资结构设计，包括从属参与、销售和更新，资产证券化的定义中对风险隔离机制的描述不应仅仅限于真实销售。[②] 再如，Joseph C. Shenker 认为，资产证券化是指“股权或债权凭证的销售，该股权或债权凭证代表了一种独立的、有收入流的财产或财产集合中的所有权利益或由其所担保，这种交易被架构为减少或重新分配在拥有或出借这些基本财产时的风险，以及确保这些财产更加市场化，从而比仅仅拥有这些基本财产的所有权利益或债权有更多的流动性”。[③] 该定义中的销售是指证券而非基础资产的销售，忽略了资产销售在构建资产证券化过程中的重要作用。又如，前引黄锡生的定义，虽然揭示了资产证券化的实质是资产证券化或者债权流动化，但缺点在于没有说明资产证券化的运作机制。

笔者认为，在法学研究中，资产证券化的定义首先要关注资产证券化组织结构中权利的让渡过程，同时也不可偏废经济本质在资产证券化过程中的体现。因此，笔者倾向于支持如下一种观点：“一般而言，资产证券化是指某种基础性权利（包括民商法上的债权性权利、担保性权利、社员性权利等）通过转换方式、衍生方式转变为可依证券法自由流转的资产证券化权利的过程。”[④]

① 李尚公、沈春晖：《资产证券化的法律问题研究》，载《法学研究》2000 年第 4 期。

② 陈裘逸、张保华：《资产证券化定义和模式的检讨——以真实销售为中心》，载《金融研究》2003 年第 10 期。

③ Joseph C. Shenker, Anthony J. Colletta, Asset Securitization: Evolution, Current Issues and New Frontiers, *Texas Law Review*, 1991, Vol. 69, pp. 1374～1375.

④ 陈裘逸、张保华：《资产证券化定义和模式的检讨——以真实销售为中心》，载《金融研究》2003 年第 10 期。

二、跨境资产证券化的定义

跨境资产证券化(Cross-border Securitization),即资产证券化的跨境运作。在我国,经济学上对跨境资产证券化的定义比较一致,是指资产证券化的参与者来自不同国家,利用各国法律、税收、会计、资本市场、经济发展等地区差异降低交易成本,发行资产担保证券的过程与技术。① 笔者以为,要准确地把握跨境资产证券化的定义,须注意与之相类似的两个概念,即离岸资产证券化(Offshore Securitization)与国际资产证券化(International Securitization)。

(一)离岸资产证券化

离岸资产证券化是资产证券化的一种特殊形式,它所针对的对象是离岸资产,即跨国公司境外子公司所拥有的金融资产,在离岸资产证券化交易结构中,交易的参与各方及整个交易过程都在境外进行。② 何小锋认为,离岸资产证券化是指利用国外的特殊目的载体(Special Purpose Vehicle,简称 SPV),在国际资本市场上发行资产担保证券(Asset-Backed Securities,简称 ABS)或抵押担保证券(Mortgage-Backed Securities,简称 MBS)以筹集资金。③ 戴国强指出,离岸资产证券化是指"证券化资产的初始权益人利用设在境外的特殊目的载体在国际资本市场上发行资产担保证券来筹集资金的过程"。④ 一般认为,"离岸资产证券化属于资产证券化国际运作的范畴,但并不完全等同于资产证券化的国际运作,其区别在于在资产证券化的国际运作中,特殊目的载体(SPV)既可以在发起人所在国国内,也可以设立在发起人所在国国外,而离岸资产证券化运作过程中,特殊目的载体(SPV)只能设立在发起人所在国的国外"。⑤

---

① 张春煜、何小锋:《中国跨国资产证券化探析》,载《金融理论与实践》2003 年第 6 期。

② 谢敏莉、张本照:《跨国资产证券化的理论研究》,载《华东经济管理》2004 年第 1 期。

③ 何小锋、来有为:《中国离岸资产证券化的实践探索》,载《世界经济》2000 年第 9 期。

④ 戴国强、孙奉军:《我国资产证券化的切入点——离岸运作》,载《上海金融》2001 年第 8 期。

⑤ 戴国强、孙奉军:《我国资产证券化的切入点——离岸运作》,载《上海金融》2001 年第 8 期。

离岸资产证券化具有如下几个主要特点：(1)离岸资产证券化业务流程中的大部分是在国外完成的，其中一些关键环节，如信用评级、信用增级、发行证券，都是利用国外的机构和人才完成的。(2)由设在境外的机构充当离岸资产证券化的SPV，这个机构既可以是为离岸资产证券化专门设立的机构，也可以是国外已经存在的机构。通常，离岸资产证券化选择将SPV设在国外的离岸金融中心，以达到良好的避税作用。除此以外，离岸操作还可以规避本国相关法律制度方面的障碍，确保资产证券化项目融资的顺利完成。(3)离岸资产证券化在国际资本市场上筹集资金，可以有效地克服借用国外贷款和吸收国外直接投资等传统引进外资方式所带来的外债压力与产业安全问题。

(二)国际资产证券化

就笔者所搜集的资料而言，学者对国际资产证券化的理解呈现出两种不同的观点。一种观点将国际资产证券化简单地理解为资产证券化的国别研究，着重比较分析不同国家的资产证券化法律制度。① 另一种观点则将国际资产证券化等同于离岸资产证券化，如刘少华认为，"国际资产证券化即资产证券化的离岸操作，指在资产证券化过程中，全部或主要的参与者是境外机构"②。

笔者认为：首先，国际资产证券化并非各国资产证券化的简单总和，它所指向的是跨越一国范围的资产证券化活动。其次，国际资产证券化不同于离岸资产证券化。如前所述，离岸资产证券化仅限于SPV设立于海外的资产证券化类型，至于国际资产证券化，只要资产证券化的某一环节涉及外国因素，即可认定为国际资产证券化。可见，国际资产证券化的范畴要大于离岸资产证券化，而近似于跨境资产证券化。

理解国际资产证券化的概念，关键在于对"国际"的认识。张泽平则指出，只要资产证券化的主体、客体以及权利义务据以发生的法律事实等诸要素中有一个因素与外国发生联系的，就视为该资产证券化具有国际性。③ 张泽平

① See Joseoh J. Norton, Paul R. Spellman and Mitchcell S. Dupter, *International Asset Securitization*, Lloyd's of London Press Ltd., 1995.

② 刘少华：《国际资产证券化：银行体系剩余不良债权化解的途径选择》，载《国际贸易问题》2002年第10期。

③ 张泽平：《资产证券化法律制度的比较与借鉴》，法律出版社2008年版，第258～259页。

的观点反映了国内大多数学者的意见，即借鉴国际私法对“国际性”或“涉外性”的认定，如果法律关系的任何一方或诸方位于国外，或者法律关系的标的在国外，或者产生、变更或消灭民商事权利和义务关系的法律事实发生在国外，就可以认为是涉外民商事法律关系。① 如洪艳蓉指出，只要资产证券化的主体一方或一方以上位于国外，或者法律关系的标的物位于国外，或者产生、变更或变更权利义务关系的法律事实发生在国外，具备这三个条件中的任何一项，即可认定为国际资产证券化。②

（三）跨境资产证券化

法学领域对跨境资产证券化交易的定义并不多见。Emil Arca 认为，构成跨境资产证券化，须具备如下要素之一：(1)发起人从一国境内组合转让基础资产；(2)处于另一国境内的 SPV 从发起人处购买基础资产；(3)基础资产(实质上是一项债权)债权债务关系中的债务人位于发起人所在国之外；(4)以基础资产为担保发行自由流通的证券；(5)SPV 取得资产收益并分配给投资者。③ 跨境资产证券化的通常表现是：发行人在外国证券市场上销售资产担保证券，或者利用设在外国的 SPV 发行抵押担保或资产担保证券。据统计，在美国 72 个由商业银行开展的资产担保商业票据项目中，有 27 个项目是由日本、欧洲或加拿大银行所发起，其中 9 个项目所购买的是非美国应收款。④

跨境资产证券化始自美国资产担保证券在欧洲和日本市场上的销售。⑤ 在欧洲市场，美国资产担保证券是以欧洲美元(Eurodollar)⑥的方式进行交易，美国发行人向欧洲国家销售以美元为主的资产担保证券，并选择在卢森堡

---

① 韩德培：《国际私法》，高等教育出版社 2000 年版，第 3～4 页。

② 洪艳蓉：《资产证券化法律问题研究》，北京大学出版社 2004 年版，第 193 页。

③ Nicholas J. Falers, Cross-border Securitized Transactions: The Missing Link in Establishing a Viable Chinese Securitzation Market, *Northwestern Journal of International Law and Business*, 2005, Vol. 26, p. 201.

④ Theodor Baums, *Asset Securitization in Europe*, at http://www.jura.uni-frankfurt.de/ifawz1/baums/Bilder_und_Daten/Arbeitspapiere/a0294.pdf. 2007-03-21.

⑤ Joseph C. Shenker, Anthony J. Colletta, Asset Securitization: Evolution, Current Issues and New Frontiers, *Texas Law Review*, 1991, Vol. 69, p. 1422.

⑥ 欧洲美元是存放在美国以外银行的不受美国政府法令限制的美元存款或是从这些银行借到的美元贷款。由于这种境外存款、借贷业务开始于欧洲，因此称为欧洲美元。它与美国境内流通的美元是同样的货币，并具有同样的价值，只是账务上的处理不同。

证券交易所上市。由于欧洲美元市场受到的规制相对较少，美国发行人能够迅速地扩充其资本来源。通过资产担保证券的国际销售，发行人能够经由发行证券方式上的革新，使证券的定价和收益最优化，如在海外以特定的货币种类和利率类型的方式发行证券，或者同时结合货币或利率互换，以证券衍生品的方式发行证券。①

跨境资产证券化与国际资产证券化两者涵盖的证券化类型基本相同。但笔者坚持使用“跨境资产证券化”这一表述，主要是因为两种表述所反映的思路不同。国际资产证券化强调的是资产证券化在不同国家法律环境中的运作，反映的是国内法和国际法对资产证券化国际运作进行规制的法律问题，跨境资产证券化则强调资产证券化对传统国家法律制度的背离，以及多层次主体包括国家与非国家行为体对资产证券化的治理作用。

笔者以为，“跨境资产证券化”的表述从两方面表达了对传统国家主导的国际经济法律体系的消解。首先，它强调资产证券化各参与主体之间的关系，通常是私人之间的关系，而非传统国际法理论框架中的国家间体系。其次，它的重点在于“跨境”，即对国家地理与政治边界的跨越。它象征着这样一种理念，即将注意力从界定不同类型的法律特征和渊源转移到建构和规范日益全球化的规则体系的努力中去。“跨境资产证券化”的提法，在某种程度上契合了当前学界研究范式从国际化到全球化转变的趋势。

第二节 跨境资产证券化法律与私人治理：制度需求

一、跨境资产证券化对法律制度供给能力的需求

跨境资产证券化的出现与迅猛发展对传统的法律制度供给模式提出了严峻的挑战。跨境资产证券化高度复杂的结构设计要求法律制度的供给者能够了解甚至精通本国以及其他国家有关金融领域尤其是金融衍生产品方面的知

① Joseph C. Shenker, Anthony J. Colletta, Asset Securitization: Evolution, Current Issues and New Frontiers, *Texas Law Review*, 1991, Vol. 69, p. 1422.

识，还涵盖会计、税收等经济学、管理学知识。传统的政府立法者是否具备资产证券化立法的应有知识，值得审慎怀疑。另外，跨境资产证券化结构层出不穷，更新速度迅速，传统的立法程序是否适应现实对法律制度的需求也很成问题。跨境资产证券化主要在以下两个方面对法律制度的供给能力提出要求。

（一）从资产类型来看

在国际市场上，资产证券化基础资产的种类从最初的抵押贷款资产逐渐向多元化拓展，资产证券化经历了从住房抵押贷款资产证券化到非抵押资产证券化的发展过程。[①] 目前，资产证券化被广泛应用于任何具有合理的价值、能够产生合理的可预测的未来现金流量的资产，具体可划分为如下三种：(1)金融资产证券化，包括银行各类贷款、信用卡账款、各类应收账款等；(2)不动产资产证券化，包括办公楼宇、购物中心、娱乐场所等；(3)其他资产证券化，包括矿产资源、生产设备、飞机、汽车等。

最常见的资产证券化类型是不动产抵押贷款资产证券化，具体方式是将以土地或建筑物的财产为抵押担保的贷款债权，将贷款数额、清偿期、利率等相近的债权进行汇总，并将该类债权转变为投资性证券形式，通过证券承销方式卖给投资者，使债权人的贷款债权可以不必等清偿期到即转移出去而先行取得资金。20 世纪 70 年代，贷款利率的大幅上升使资金流向债权市场及短期金融市场，导致主要住房贷款的金融机构面临资金短缺及流动性不足等问题，为此政府组建了联邦国民抵押协会（Federal National Mortgage Association，简称 FNMA）、政府国民抵押协会（Government National Mortgage Association，简称 GNMA）、联邦住房贷款抵押公司（Federal Home Loan Mortgage Corporation，简称 FHLMC）三大机构，以收购住宅金融机构所承担的住房贷款，进而使之标准化并形成资产池，以政府信用为担保，发行不动产抵押贷款证券，然后公开出售给大众投资者。

应收账款资产证券化是指企业为了将优质的应收账款早日变现，通过中介机构发行证券，为发起人设定债权担保，向中介机构借款取得现金，中介机构将各类应收账款债权担保的新债权汇总后，由信用增强机构增强其信用，发行优良信用评级的应收账款债权证券，通过证券承销商将该证券出卖给投资

---

① 刘向东：《资产证券化在全球的最新发展》，at http://bond.cnfol.com/060605/106,1580,1865829,00.shtml,2007-05-23.

者。应收账款资产证券化的作用在于赋予应收账款流动性,从而改变企业的经营方式,一方面通过应收账款资产证券化,企业能迅速地将应收账款债权售出并获得现金,这成为企业募集资金的重要渠道;另一方面,信用相对较差的中小企业可能通过将手中所持有的信用较佳的客户的应收账款予以证券化,从而为债券进行融资,有助于改善中小企业的经营能力。

信用卡资产证券化是目前美国发卡机构的主要融资手段。一般而言,持卡人接到发卡银行所邮寄的付款通知书时,在事先约定的最低基准额以上,可自由决定偿付的金额。这种情形的贷款就称为循环额度贷款。就循环额度贷款进行资产证券化即为信用卡资产证券化。信用卡资产证券化的基本流程是:首先由债权创设人(委托人)汇总数十万户以上的信用卡账户,组成债权资产池,再用信托方式,将该债权(信托财产)转让给受托人(信托公司等中介机构),由受托人发行信用卡贷款担保证券(Credit Card Receivable-Backed Securities),来实现资产证券化。

从理论上讲,一切能产生稳定的未来的现金流的基础资产都可以进行资产证券化。资产证券化的资产类型随着金融实践的发展不断地推陈出新,而且速度越来越快,要求加大法律制度的供给能力,能迅速顺应资产证券化的发展要求。如信用卡作为循环型(revolving type)贷款,与住房抵押贷款为代表的清偿型(liquidating)贷款在许多方面存在差异,基于此,信用卡贷款资产证券化与不动产抵押贷款资产证券化在交易结构的构造、证券产品的设计、现金流管理等方面存在较大的差异。

(二)从交易结构来看

资产证券化的发展不仅仅体现在证券化资产类型的多样化,同时也表现为资产证券化交易结构的多样化。影响资产证券化交易结构的因素包括基础资产规模的大小、期限的长短、原始权益人的所有权结构等。从资产证券化交易结构的发展看,有单宗交易结构与多宗交易结构、单层交易结构与双层交易结构、单一借款人资产证券化结构以及循环型交易结构等。

按照基础资产是否为抵押资产划分,资产证券化的品种可以分为资产担保证券(Asset-Backed Securities,简称 ABS)和抵押担保证券(Mortgage-Backed Securities,简称 MBS)。一般而言,资产担保证券种类较为单一,结构比较相同,而抵押担保证券则结构日益复杂,种类较多。

根据证券偿付结构的不同,可以分为过手证券(pass-through)与转付证券(pay-through)。过手证券代表的是投资者对基础资产组合的所有权,不作为发行人的债务出现在其资产负债表中,基础资产产生的现金流没有经过重新安排,基础资产的任何波动和变化几乎都是“原封不动”地“过手”给投资者,中间没有任何的“减震”措施,所有的风险、收益都按比例细化到每个投资者身上。通常认为,过手证券缺乏风险、收益的结构性组合以减少投资风险,对投资者的偿付也具有较大的不确定性,不利于吸引低风险承受度的投资者。为弥补这一缺陷,实践中出现了局部修正型过手证券(partially modified pass-through)和完全修正型过手证券(modified pass-through)。局部修正型过手证券的特点是不管是否收到了借款人偿付的本息,投资者都可以获得一定本息的偿付,发行人会作出按时偿付本息的部分保证,保证偿付额也有一定的限制。完全修正型过手证券的特点是不管是否收到了借款人偿还的本金和利息,都要保证按计划向投资者偿付所有本金和利息。

在转付证券结构下,资产池产生的现金流并不直接过手给投资者,而是先对其进行剥离和重组,再向投资者偿付。它与过手证券最大的区别在于前者根据投资者对风险、收益和期限等的不同偏好对抵押贷款组合产生的现金流进行了重新安排和分配,使本金与利息的偿付机制发生了变化。其中,常见的转付证券是担保抵押债券(Collateralized Mortgage Obligation,简称 CMO),它是指投资银行购买过手证券或整个抵押贷款,再发行以它们为担保的特种债券。通常,这些债券依其现金流特征如息票利率、偿还期限等各方面的不同划分成一系列不同的档次。经由这种方式,原先单一的长期的金融工具,如抵押贷款或过手证券,被重新组合成一系列性质不同的档次,投资者可从中选择最符合个人投资偏好的档次,同时也在一定程度上消除了发行人提前偿付的风险。

与 CMO 对贷款资产形成的现金流进行分割重组相比,晚近出现的剥离抵押担保证券(Stripped Mortgage-backed Securities,简称 SMBss)则对现金流进行了完全的分割,即将贷款资产现金流的本金和利息完全分离,并分别发行仅付本金(Principal only,简称 PO)债券和仅付利息(Interest only,简称 IO)债券。除此以外,还出现了目标还本类(Targeted Amortization Class,简称 TAC)和准确到期日类(Very Accurately Defined Maturity Class,简称 VADM)等类型。

总之,资产证券化有许多不同的形式、种类和结构以及派生出的衍生品,而且这些形式、种类、结构随着交易的深化而在不断地演化。从经济学意义上讲，多样化的证券结构和品种有利于资金成本、收益和期限的匹配，同时也有利于降低交易费用，推动资产证券化市场的不断发展。但与此同时，这些复杂的资产证券化结构对制度供给的能力提出了新的要求，传统的国家立法模式已经无法满足其对法律制度的需求。不仅如此，以国家为中心的国际层面的法律制度供给模式也无法满足跨境资产证券化的制度需求。以国际条约为例，条约从谈判到最终签署、批准和生效的过程非常漫长，时间跨度因参与国数目以及相互利益冲突程度的不同可能长达数年或数十年，甚至无果而终。又如国际习惯的形成需要满足反复实践和法律确信两个构成要件，这需要较长的时间，也不能满足跨境资产证券化对法律制度的需求。

二、跨境资产证券化对法律制度供给模式的需求

跨境资产证券化不仅在资产类型、交易结构方面对传统的法律制度供给能力构成了挑战，在某种意义上，它甚至要求背离传统的法律制度供给模式，即由公共机构供给模式向私人供给模式转化。

(一)从交易流程来看

尽管资产证券化的类型繁多，交易结构错综复杂，具体流程也有所不同，但基本流程大致包括以下几个步骤：(1)确定资产证券化目标，组成资产池；(2)资产转让，即发起人将资产池里的债权转让给 SPV；(3)信用增级(Credit Enhancement)；(4)信用评级；(5)安排证券销售，向发起人支付购买价格。

在整个交易流程中，私人各司其职，主导着跨境资产证券化的正常进行。信用增级机构的任务是对 SPV 发行的资产担保证券提供额外信用支持。信用评级机构则负责对 SPV 发行的资产担保证券进行信用评级，除初始评级外，信用评级机构还要在资产证券化的整个存续过程中对业绩情况进行跟踪监督，及时发现新的风险因素，并作出升级、维持或降级的决定，以维护投资者的利益。投资银行作为承销商，负责对资产担保证券的发行进行促销，以帮助证券成功发行。服务商则对资产项目及其所产生的现金流进行监理和保管，负责收取这些资产到期的本金和利益，将其交付给受托人，并对过期欠账服务商进行催收，定期向受托管理人和投资者提供有关特定资产组合的财务报告。①

① 姜建清、李勇：《商业银行资产证券化：从货币市场走向资本市场》，中国金融出版社 2004 年版，第 9 页。

就参与资产证券化的私人而言,大致可以分为两类:其一是跨境资产证券化的当事方,主要包括发起人、SPV、投资者;其二是为当事方提供服务的参与方,包括信用增级机构、信用评级机构、投资银行、服务商等。在提供服务的参与方中,部分私人,如信用评级机构、律师所提供的服务具有某种类立法或准立法性质。在提供服务的过程中,这些机构利用其专业知识和技能,创设或重组了与跨境资产证券化相关涉的法律规则,保障了资产证券化的顺利进行。相对而言,由于国家法律制度供给的滞后性,国家立法机关等公共机构所发挥的作用有所下降。总而言之,在跨境资产证券化的交易过程中,尽管仍然需要国家法律的框架性保护和监管,但私人在制度供给方面所发挥的作用更为具体和有效。

(二)从内在要求来看

跨境资产证券化的内在要求是摆脱传统国家法律的约束,以非国家法律的制度形式保证其顺利进行。Tamar Frankel 指出,资产证券化特别适合于跨境运作,这类金融媒介由各种相互独立或分离的阶段组成,可以在不同的国家进行设计并且执行,然后相互连接成一个理想状态的中介方案。[①] 资产证券化的结构性特征,使融资者可以在不同的国家和地区选择最适合的制度环境,从而完成一个最经济、最有效率的交易过程。融资者可以在监管较为宽松的市场进行公开募集或在监管较严但机构投资者较为成熟的金融市场进行私募,从而达成一项最佳的融资交易,而不必受制于一国的法律制度。

跨境资产证券化的内在驱动是对经济效益最大化的追逐,而国家法律首先考虑的是国家经济安全和保护投资者,两者在基本出发点上相互背离。这导致跨境资产证券化的法律制度需求与国家法律的法律制度供给在取向上并非一致,在某些时候甚至是背道而驰。经济利益的驱使使得发起人倾向于在世界各国国内搜寻最优价格和最大产出的资源配置以期以更低的价格从资本市场筹集到资金。显然,许多国家没能为资产证券化的本土运作提供良好的制度支持。有学者指出,跨境资产证券化的繁荣主要是,因为许多国家并没有发达的资本市场,其公司不能自由地进入本国资本市场获得资金,只能借道外

① Tamar Frankel, Cross-Border Securitization: Without Law, But Not Lawless, *Duke Journal of Comparative & International Law*, 1998, Vol. 8, pp. 255～282.

国资本市场。①

资产证券化具有隔离基础资产发起人的实体风险以及移转、重组相关的信用与市场风险等风险管理功能。在微观层面上，资产证券化赋予资产前所未有的流动性，发挥了改善资产证券化发起人的资本结构、改善金融中介机构的资产与负债的配置、提供新的融资渠道并降低资金成本以及优化财务状况等重要作用；在宏观层面上，资产证券化进一步分化银行等金融机构的传统信用中介模式，推动金融中介体系朝更专业化、高效率的方向发展。②

资产证券化不仅仅是对传统融资渠道的颠覆，而且在颠覆融资渠道的过程中，对现有的法律制度进行了分解与组合。通过资产证券化，非流动性的金融资产得以转化为证券，从而促进融资渠道的开展与进行。银行与银行控股公司通过资产证券化提供服务进入资产证券化领域，从而规避国内法中可能存在的对业务范围的限制。此外，通过资产证券化中真实销售和风险隔离机制，发起人可以规避破产法中合并破产财产的规定。

进而言之，资产证券化不仅仅是对法律制度的规避，也通过对各流程的分解以及对不同制度的灵活运用进行法律制度的分解与重组，以实现经济效益最大化。资产证券化的发起人根据基础资产的类型、信用质量，自身的远近期财务目标与现状，交易的目标信用等级，目标投资人的投资要求与限制，各种可选交易结构之间的成本比较，经济的景气状况，财产、公司、证券、信托、破产、税收等相关领域的具体法律规范及其变迁，以及各有关监管当局的监管要求与措施变化等各种因素，综合考虑决定每一笔资产证券化交易所采取的结构。

资产证券化可以以不同的方式组合不同的制度，包括法律制度，从而产生不同的结果。资产证券化的操作流程可以由不同的行为体在不同的地方，甚至可以在不同的时间完成，从而赋予资产证券化参与主体最大限度的自由决定权。如银行可以等贷款到期再进行资产证券化，也可以将未到期贷款进行资产证券化。发起人可以购买或提供贷款并立刻将其资产证券化，也可以稍

① Yuliya A. Dvorak, Transplanting Asset Securitization: Is the Grass Green Enough On the Other Side?, *Houston Law Review*, 2001, Vol. 38, p. 552.

② 李富成：《从美国到全球的资产证券化市场观察——对中国大陆市场起飞的启示》，载《月旦民商法研究》2006 年第 6 期。

后再进行资产证券化。

在资产被转移到 SPV 后，对 SPV 的控制权可以归属于不同的机构。如果发起人为所转让的资产提供担保以进行信用增级，那么发起人可能在 SPV 中持有权益，并有权对其进行控制。如果信用增级由其他机构提供，那么发起人可能在 SPV 中不享有权益。SPV 可能以公开募集的形式也可能以私募的形式发行证券。SPV 证券承销商可能是发起人或其他证券承销商。任何合格的机构都可以参与资产证券化的流程，而且服务合同可能将证券化产品销售或转让给其他能够履行这一任务的机构。任何合格的信用评级机构可以对资产证券化的贷款进行评级。总而言之，资产证券化的结构是完全开放式的，某一流程的发生，时间、功能和参与主体都可能发生变化。

资产证券化对法律制度的分解与组合对传统的国家法律制度提出了挑战。它反映出单纯的国家法律制度无法满足资产证券化的制度需求，换言之，需要借助非国家行为体的制度供给为资产证券化提供良好的制度环境。

第三节 私人权威机构：跨境资产证券化中的立法主体

一、私人权威机构的基本论述

如前所述，在跨境资产证券化过程中，某些私人——如律师或信用评级机构——发挥着关键性的作用，甚至重塑和主导跨境资产证券化法律规则的形成和发展。通常，这些私人在特定的专业领域内具有较大的权威性，其作用并非局限于倡议、咨询、建议等辅助性事务，而是实质性地参与跨境资产证券化的关键性事务。不仅如此，从法学角度视之，这些机构具有一定的“私人立法”的功能，换而言之，它们所发展出的技术性规则因其权威性可同时满足“反复实践”和“法律确信”两个要件，具有准法律效力。这些技术性规则与国家法律的本质区别在于制定主体的不同，前者是私人，后者是公共机构。尽管“私人立法”在学界尚未有统一的认识，且反对者居多，但部分私人在规则制定方面日趋深化的现象是毋庸置疑的。自 1999 年后，学界对私人的研究逐渐增多，并提出了“私人权威机构”(private authority)的概念。

根据A . Claire Culter等学者的定义，私人权威机构具有以下特征：(1)私人以专家和权威的表现形式制定规则和决定，并被承认具有合法性；(2)这些规则和决定被遵从的程度较高；(3)私人制定规则的权力获得政府的明示或暗示。①

根据Culter等人对私人权威机构的定义，可以对私人权威机构的特征得出如下判断：首先，“private authority”可能是指称某一实体，但也可能是指称某一制度。如Culter等所列举的同业公会，即实体机构，至于商业惯例，则属于制度。其次，私人权威机构的首要特征是私人性，即由私人来行使部分传统意义上由公共权力机关行使的权力。再次，私人权威机构的另一特征是制度化。制度化应从两个方面予以考虑：一方面，私人权威机构的存续是制度化的，以商业惯例为例，它并非产生于某一次偶然的商业活动，而是在反复的商业实践中总结而成的；另一方面，其他方对私人权威机构的遵从是制度化的，具有长期性、稳定性等特征。总而言之，私人权威机构是在长期实践的互动过程所形成的，并且有相应的制度对这种双向互动行为进行规制。

然而，笔者以为，从本文的语境看，有必要对“私人权威机构”加以重新阐释：首先，应将私人权威机构的范畴限定为私人实体，将商业惯例等私人权威机构形成的制度排除在外。商业惯例、私人体制的产生源自于私人活动，规则的权威性源自于机构的权威性，只需把握住私人主体，即可涵盖商业惯例。而且，将形成制度的主体与制度相并列，容易导致认识上的混淆。其次，应对私人的范围进一步加以限制。如跨国公司因其资源上的优势在某些领域内制定的规则具有一定的权威性，但笔者将其排除在外，因为跨国公司本身作为跨国活动的直接利害关系者，不宜从学理上确认其权威地位。私人权威机构的第一要义是能够保证其在跨国活动中必要的中立性、公正性，唯其如此，才能真正地实现其权威性。最后，私人权威机构的核心特征在于它是权力性和合法性的结合。合法性指的是相对方对遵守某一规则或制度的规范性确信，权力性则是指通过强制性的军事、政治、经济等方法迫使相对方遵从。与所谓的私人权力(private power)如跨国公司相比，私人权威机构具有一定的合法性，其权力来源于政府的明示授权或暗示许可。与一般的非政府组织相比，私人权

① A. Claire Culter, Virginia Haufler & Tony Porter, *Private Authority and International Affairs*, State University of New York Press, 1999. p. 19.

威机构所形成的规则并非单纯的原则性宣示，具有一定的可执行性。①

二、跨境资产证券化中的私人权威机构

前已提及，跨境资产证券化过程需要众多主体的参与，包括发起人、SPV、信用增级机构、信用评级机构、会计准则制定机构、承销商、服务商、受托人以及律师等。不同的主体在跨境资产证券化过程中发挥着不同的作用。并非所有参与跨境资产证券化的私人都能成为私人权威机构。如前所述，私人权威机构须同时具有合法性和权力性两个特征。本文选取三个私人主体，即会计准则制定机构、信用评级机构、律师进行分别论述，所依据的标准如下：

首先，私人权威机构在事实上对跨境资产证券化的运作起着规范性作用，或者为其提供制度性的指导和保障。如会计准则制定机构为跨境资产证券化中资产转让和实质合并制定特别的会计准则，使之具有合法性；信用评级机构制定的评级标准及其评级结果决定了发起人能否以适当的成本获得融资，并决定着发起人的融资结构以及具体经营方式；律师通过对各国法律的组合与分解，为当事人制定特别的法律结构。

其次，与传统的立法机构相比，私人权威机构行使该权力虽然存在诸多程序上或规范性的缺陷，但能够从法理上对其立法功能的行使进行合理的解释，具有一定的合法性。一般而言，会计准则制定机构、信用评级机构的立法能力或治理能力获得政府机构的明示授权，而律师的立法能力则源于政府的容忍和认可，David F. Cavers 于 1952 年即提出律师具有立法能力。② 虽然“Lawyer-Made Law”的提法颇受争议，但无疑为我们重新审视律师在跨境资产证券化中的立法作用提供了指引性的借鉴。

法学界及实务界也都对会计准则制定机构、信用评级机构乃至律师在资产证券化中的作用倍加重视。安然事件引发了对美国会计准则的深刻反思，以及对信用评级机构如何进一步规范的思考。又如律师在跨境资产证券化的

---

① Andreas Nölke，*Private International Norms in Global Economic Governance*：*Coordination Service Firms and Corporate Governance*，at http://www.arccgor.nl/uploads/File/private%20international%20norms.pdf.，2007-06-23.

② See David F. Cavers，Legal Education and Lawyer-Made Law，*West Virginia Law Review*，1952，Vol. 54.

作用使 Frankel 将跨境资产证券化法律定性为 Lex Juris，认为律师主导着跨境资产证券化法律制度的制定和发展。①

基于上述因素，笔者将本文所讨论的对象局限于会计准则制定机构、信用评级机构、律师三类私人，试图以此揭示私人权威机构参与立法的现象以及与之相关的法律问题。

三、私人权威机构立法的理论基础

（一）治理理论与治理主体多元化

私人权威机构是否具有立法功能，其参与制定的规则是否应承认为法律？显然，以传统的法律定义视之，私人权威机构不具有立法能力，它所制定的规则也不是传统意义上的法律。然而，在全球化背景下，国家与私人之间的关系正在发生变化，突出表现为立法能力和立法权限的扩散与下移。在全球社会中，大量次国家层次、跨国家层次和超国家层次的行为主体同国家一样在世界舞台上积极地发挥作用，共同主宰和决定世界事务，成为与国家分享世界治理权的行为主体。各个行为主体都拥有程度不等的能量，都力图分配全球系统的价值。② 国家法不再是世界上法律的唯一表现形式，世界法律开始走向多元化和多样化。图布伊纳认为，法律全球化意味着私政府立法。③ 全球治理理论能够为私人权威机构参与立法提供充分的理论支持。

治理理论强调治理主体的多元性、治理过程的互动性、治理范围的广泛性和治理的有效性。④ 全球治理委员会对"治理"曾作出经典的定义，认为"治理是各种公共的或私人的个人及机构管理其共同事务的诸多方式的总和。它是一个使相互冲突的或不同的利益得以调和并采取合作行动的持续的过程。它既包括那些有权迫使人们服从的正式机构或机制，也包括那些人们和机构已

---

① See Tamar Frankel, The Law of Cross-Broder Securitization: Lex Juris, *Duke Journal of Comparative & International Law*, 2002, Vol. 12.

② ［日］星野昭吉：《变动中的世界政治》，刘小林等译，新华出版社 1999 年版，第 381～382 页。

③ G. Teubner, *Global Law without a State*, Dartmouth Publishing Company Limited, 1996. Foreword.

④ 姚军：《治理视角中的中国政府变革》，载《广东商学院学报》2004 年第 2 期。

经同意的或认为将符合其利益的各种非正式的安排。”[①]基本而言，全球治理应包含如下基本要素：(1)目标（共同事务的管理，所谓“共同事务”涉及诸多问题领域）；(2)主体（既涉及公共部门，也涉及私人部门，也就是说，既包括国家行为体，也包括非政府组织和跨国公司等非国家行为体）；(3)方式（诸多方式，包括正式和非正式的机构、机制和安排）；(4)行为规范（调整彼此的利益，采取合作行动，其基础不是控制和支配，而是自发与协调）。[②]

以治理理论视之，跨境资产证券化法律制度的产生与发展是治理的产物，而非传统统治的产物。尽管统治与治理两者都是一种政治管理过程，最终目的也是为了维护正常的社会秩序，但是两者之间仍存在明显的不同之处：政府统治是作为社会公共机构的政府运用自身的权威，以正式权力和警察力量为支持，对社会公共事务实行单一向度的管理，权力的运用是自上而下的，所管辖的范围是以本国领土为界；治理则是公、私机构（并非一定是政府机关）通过参与、谈判、协调、合作、确立认同和共识等方式对公共事务的管理，权力向度是多元的、上下前后的、相互依赖的，所涉及的范围也不仅仅限于一国领土，而是包括从地方到国家，再到地区和全球等各个层次。“与统治相比，治理是一种内涵更为丰富的现象，它既包括政府机制，同时也包含非正式、非政府的机制。随着治理范围的扩大，各色人等和各类组织得以借助这些机制满足各自的需要，并实现各自的愿望。”[③]

根据治理理论，治理并不必须由政府和国际组织加以实施，私人公司、公司联合体和非政府组织都可以参与其中。换言之，“现在政府的一些治理职能，正在由非源自政府的行为体所承担”[④]。

（二）跨国经济法视角下的私人权威机构立法问题

治理理论的提出，使得私人权威机构的治理得到学理上的认可。然而，私人权威机构的治理行为是否可以定性为私人立法，则需要进一步的法学理论

---

① 俞可平：《治理与善治》，社会科学文献出版社 2000 年版，第 4 页。

② 王杰、张海滨、张志洲：《全球治理中的国际非政府组织》，北京大学出版社 2004 年版，第 86 页。

③ ［美］詹姆斯·N. 罗西瑙：《没有政府的治理：世界政治中的秩序与变革》，张胜军等译，江西人民出版社 2001 年版，第 5 页。

④ ［美］詹姆斯·N. 罗西瑙：《没有政府的治理：世界政治中的秩序与变革》，张胜军等译，江西人民出版社 2001 年版，第 4 页。

的支持，如建基于治理理论的跨国经济法理论。“由于治理强调各种非国家行为体应通过协调等手段，在营造共识的基础上对全球经济事务实行调节性的管理；从法律的角度来看，就是主张跨国经济法的主体应包括各种非国家行为体，治理的法律手段应软硬兼施，包括跨国经济软法。这些正与‘跨国经济法’范式所具有的包容性特征相吻合。正因如此，全球治理理论已成为支持有关跨国法理论的一种重要的国际关系理论。”①

在法律全球化的背景下，私人在国际法律制度的地位日益凸现，不仅是作为国际法律制度的客体，还作为国际法律制度的主体影响着国际法律制度的生成与发展，同时也直接导致了国际法理论范式的变化，即跨国经济法的产生。

一般认为，“跨国法”(Transnational Law)最早由美国国际法学者 P. Jessup 提出。根据 Jessup 的定义，跨国法是指“所有调整超越一国国界的活动或事件的法律。不仅包括国际公法和国际私法，而且包括不完全属于这些标准类别的其他规则。……而跨国情形可能涉及个人、公司、国家、国家间组织和其他团体。……而且还可推知日后将出现无数种类之跨国情形的可能性”。②“‘跨国的’这一概念的提出，旨在消除内国和外国法以及公法和私法之间的具体区别，扩大调整国家之间关系的国际公法的传统范畴——以涵盖那些调整大量私人的和公、私相混合的交易。”③

Harold Hongju Koh 提出所谓的“跨国法律过程说”(Transnational Legal Process)则主张将法律从国家解放出来，放置于国家与非国家行为体的互动之间，承认国家及个人、团体等非国家行为体在不断的互动过程中将会对行为模式达成共识，并进而产生国际法律规范。在此基础上，国家对这些国际法律规范进行解释，再通过立法、司法和行政的途径将这些国际法律规则内化，嵌入国内法律体制。正是在这种反复参与的法律过程中，最终将重构作为参与者的国家及非国家行为体(包括个人、团体等)之认同，以使国际法律规范得到

---

① 徐崇利:《走出误区的“第三条道路”:“跨国经济法”范式》，载《政法论坛》2005 年第 4 期。

② P. Jessup, *Transnational Law*, Yale University Press, 1956. pp. 2～3.

③ [美]安妮·玛丽·斯劳特:《大爆发:国际体系中的百家争鸣》，载[美]伊夫斯·德扎雷、布赖恩特·加思:《全球性解决方案——新法律正统性的产生、输出与输入》，陆幸福、王煜宇、赵明等译，法律出版社 2006 年版，第 11 页。

普遍遵行。①

然而,跨国经济法范式要在国际法研究中取得正当地位,仍然需要有充分的理论支持来应对可能的学术批评。对此,徐崇利认为,借鉴自由主义国际法理论,可在立法层面为跨国经济法范式的形成提供强有力的理论支持。② Anne-Marie Slaughter 认为,国家在国际关系中的利益不是天生或事先给定的,国家扮演的只是国内社会和跨国社会中个人、团体利益之代理人的角色;在国内法规范的调整下,国内社会和跨国社会中个人、团体联动的结果,促进了国家各种外交利益模式或偏好的形成,从而最终建构国家在国际关系中的行为,包括所从事的国际立法活动。③

笔者认为,Slaughter 的观点并不足以为跨国经济法范式提供足够的理论支持。在 Slaughter 的理论框架中,国家在参与全球经济事务时仍然只是充当国内个人或团体之代理人的角色,所强调的仍然是国家参与国际立法的行为。这种理论的缺点在于,自由主义国际法理论中所谓的国际立法虽然可能体现私人的意志和利益,但并未确认私人参与国际立法的能力和途径。而全球化对跨国经济法范式的要求是能够包容私人直接参与立法这一现象的存在——私人无须由国家充任代理人,相反,私人有可能充当国家代理人来参与国际事务的立法。

要确立私人权威机构立法在理论上的正当性,需要重视如下两个问题。首先,应在跨境经济立法层面承认私人参与立法的可能性,换言之,确认私人在跨境经济活动中的立法主体地位。目前,国际经济法学界对国际经济法主体的认识有狭义、广义之分。狭义论支持传统的国际法理论,主张国际经济法的主体不包括个人、跨国公司等非国家行为体,广义论则主张应将国际经济法主体扩大到私人等非国家行为体。然而,不论狭义论还是广义论,虽然两者对国际经济法主体的认识有所分歧,但共同之处在于都否认非国家行为体的立法能力。在现有的国际经济法理论框架内,个人即使能够成为国际经济法主

---

① Harold Hongju Koh, Transnational Legal Process, *Nebraska Law Review*, 1996, Vol. 75, pp. 203～205.

② 徐崇利:《走出误区的"第三条道路":"跨国经济法"范式》,载《政法论坛》2005 年第 4 期。

③ Anne-Marie Slaughter, Liberal International Relation Theory and International Economic Law, *Journal of International Law & Policy*, 1995, Vol. 10, pp. 727～728.

体,也仅是指他们有独立的能力享有跨国经济法律关系中的权利,并承担相应的义务,只能被动地接受国家与国际组织事先设定好的国际经济法律框架。如在跨国经济法理论中,非国家行为体只是影响国家国际立法过程与立法结果的变量而已。但事实上,目前全球化背景下立法发展的趋势是非国家行为体越来越多地参与国际经济立法活动,参与国际经济相关规则的制定过程。

其次,要确认所谓私人立法产品与国家立法产品的区别,即所谓“法”的表现形式及其特征是不同的。私人立法能力,或者来自国家的委托,或者来自国家的认可,相应的,立法产品的强制力与国家法律也是不同的。传统意义上对“法”的定义是基于国家是唯一立法主体的前提,强调国家制定或认可以及由国家强制力保证实施这些要件。而私人立法活动所制定或形成的法,或者通过国家的认可取得一定的法律效力,或者不需要借助国家力量,而是通过行业规范或市场力量或道德约束,对市场活动参与方的行为产生约束力。从影响范围来看,私人立法多集中于某一特定的领域。就其性质而言,私人立法产品并非国家、国际组织之间所签订的国际条约,也非规范国家行为并具备法律确信和反复实践两个要件的国际习惯,很难纳入传统的国际法理论;就其制定主体而言,私人权威机构并非各国国内立法机构,甚至不构成国内的公共权力机构,相应的立法产品也不属于国内法的范畴。因此,私人立法产品很难纳入现有的国内法、国际法二元划分的法律框架内。

第四节 跨境资产证券化中的国家治理

一、全球治理理论中的国家

尽管本文试图对跨境资产证券化中所存在的私人治理现象予以剖析,但毋庸置疑的是,国家依然对跨境资产证券化的顺利开展起着至关重要的作用。换言之,对私人立法的考察,首先要立基于国家权威领域的让步和立法空间的缩小。本文对私人治理的阐述,也是将其置于与国家立法的互动中加以考察的。

那么,在全球化的背景下,国家应被置于何种地位呢?一般来讲,全球治理理论中对国家地位所给予的权重可分为三种。国家虚无论试图抛弃国家,认为“没有政府的治理是可能的，即我们可以设想这样一种规章机制：尽管它们未被赋予正式的权力，但在活动领域内也能够有效地发挥功能”①。互动论则承认国家与非国家行为体之间的互动关系，强调政府与民间、公共部门与私人部门之间的合作与互动，声称不再有单一的主权权威，治理成了互动式的社会管理方式的结果。国家主导论则认为，尽管非国家行为体的国际经济立法活动日趋活跃，但国家仍然占据国际经济立法的中心地位。“参与全球治理的主体……在进行跨国立法时其地位和等级是有区别的，即应坚持国家间立法的主导地位，并将有限的立法权分流给国际非政府组织，将有关事务性的立法权分流给非政府组织。”②

笔者倾向于综合接受第二种和第三种观点，即国家依然发挥主导作用，但是其主导作用的发挥依赖于与非国家行为体之间的有机互动。国家与私人权威机构之间的互动模式基本上可以分为如下几种类型：其一，合作与互补。在政府不能够或不愿意提供公共物品的领域，而政府又乐于见到私人权威机构角色的发挥时，私人权威机构作为替补者出现，双方各有所长又各有所短，相互支持相互借重，政府也会把自己行为效率不高的活动领域交给私人权威机构去做。其二，对立与零和。当国家的权力过于强大，甚至垄断各种社会资源时，形成“强政府、弱社会”，具有独立性和自治性属性的私人权威机构与国家之间不可避免地存在冲突和紧张。其三，依赖与制约。私人权威机构与国家之间存在相互依赖关系，私人权威机构只有得到国家的准许与支持，才能合法地、顺利地开展活动。这种支持包括财政支持、政策支持、信息支持等。其四，各行其道。国家会尊重私人权威机构的独立性和自治性。在法律法规允许的范围内，私人权威机构确定与自己能力相称的目标和活动领域，不接受政府资助，不抵制也不迎合政府的工作，同时政府也无意给予资助或将其纳入国家的辅助者范围之内，双方各行其道。但无论何种模式，国家在其中始终处于中心的地位，“它不但赋予其他治理主体的形态，并提供合法性并确保它们的责任性。”③

---

① [美]詹姆斯·N. 罗西瑙：《没有政府的治理：世界政治中的秩序与变革》，张胜军等译，江西人民出版社 2001 年版，第 5 页。

② 徐崇利：《全球化时代国际立法模式的转型：从“国家间立法”模式到“跨国立法”模式》，载《中国的和平发展与国际法研讨会论文集》，第 75 页。

③ 王秀梅：《国际非政府组织与国际法之“跨国立法”》，载《河南省政法管理干部学院学报》2006 年第 4 期。

就本文所讨论的跨境资产证券化而言，鉴于跨境资产证券化所涉及问题的高度专门性，在一定程度上超越了公共权力机构的立法能力，需要借助私人权威机构的专业技能来解决有关问题。私人权威机构立法时对国家权威的借助形式可能通过获取国家明确的授权形式，也可能是默示的许可或容忍形式进行。与此同时，公共权力机构仍然在力所能及的范围内对跨境资产证券化进行必要的规制。

二、跨境资产证券化中的国家立法

跨境资产证券化中的私人治理主要是在国家所提供的法律框架中运作，国家仍然保留了对跨境金融活动进行监管或控制的某些职能或手段。在一定程度上，国内法能够为资产证券化提供法律保障或者设置法律障碍，乃至影响资产证券化的发展趋向。如复杂而繁琐的设立 SPV 的程序，资产转让的登记和完善程序，在某些情况下可能会削弱资产证券化的优势。相反，如果国家基于鼓励资产证券化的目的，为 SPV 的设立以及资产转让提供相应的便利，则会大大促进资产证券化的广泛应用。

资产证券化的开展需要依赖完善而成熟的法律框架。换言之，缺乏必要的法律支持，如缺乏与资产证券化相关的法律和税收指令、破产和信托法律以及规制资产转让的法律，是不可能开展资产证券化的。

此处，笔者拟就跨境资产证券化中所涉及的国家法律进行总括性分析。一般而言，跨境资产证券化主要涉及如下需要国家法律立法并予以监管的问题：

（一）管辖权框架的确定

在建构跨境资产证券化时，首先要确定证券化交易的管辖权框架，包括拟融资公司的管辖权，以及融资来源地的管辖权。Dvorak 指出，要成功地建构一项资产证券化交易，需要考虑如下重要因素，如销售和交易金融资产的自由度、非歧视性税收待遇以及在法院系统中执行法律和衡平法权利的能力。①

在跨境资产证券化交易过程中，需要考虑保护投资者的相关法规、税收规章、国家提供的便利、政治稳定性、该国机构投资者的数量及其社会经济状况

---

① Yuliya A. Dvorak, Transplanting Asset Securitization: Is the Grass Green Enough On the Other Side?, *Houston Law Review*, 2001, Vol. 38, pp. 552～553.

等因素。一国的法律和社会经济状况可能对于交易的某一目的的实现具有积极作用，却对其他目的产生不利影响。如美国资本市场是资产证券化融资的重要场所，具有广泛的投资者基础和高效的定价机制，但美国证券法对证券信息的披露要求相对比较严苛。相比较而言，欧洲资本市场的比较优势是守法成本较低，且更富弹性，但劣势是投资者的基础较为有限，募资能力相对较弱。

（二）具体问题

1. 商业融资问题

资产证券化交易必须确保 SPV 对所转让的资产拥有权益，保障其资产不受发起人与发起人债权人的追索。当发起人将资产转让给 SPV 时，购买这些资产的投资者确信这些资产属于 SPV，且不受任何第三方的影响。在决定 SPV 及其投资者是否能够对抗债权人的请求时，必须考虑到如下的问题，即该项资产证券化交易是否是优惠性或者欺诈性转移，或者是否存在其他法律上的问题可能影响 SPV 的权益。

(1)优先权完善

在资产证券化交易中，优先权完善是指保护 SPV 在受让人的应收款中的权益不受发起人债权人所主张的权利以及其他相冲突权利的影响。由于应收款是无形资产，无法从物理形态上确定其具体的管辖权，通常由发起人所在地国法律来管辖其完善问题。各国对完善受让人权益的法律规定不尽相同。有的国家要求进行登记或者采用其他公示系统，有的国家则要求通知债权人。如果发起人所在国没有完善的程序来表明其优先性，则只能依赖于发起人的声明、保证或契约。另外，如果资产证券化涉及的转让应收款是未发生的未来应收款，那么就必须考虑该国法律是否允许这种类型的转让。

要进行有效的资产证券化，对国家法律的基本要求是，债权人可以将应收款转让给其他人而无须事先取得债务人的同意。许多国家规定，在将贷款销售给其他金融机构前需要取得债务人的同意。根据《中华人民共和国合同法》第 80 条第 1 款的规定，转让债权必须通知债务人。虽然合同法的通知主义取代《民法通则》第 91 条的债务人同意主义已有所进步，并为资产证券化中的债权创造条件，但由于资产证券化过程中往往涉及众多债务人，如果一一通知债务人，既不经济也不可行。

(2)混合

应收款所收到的现金，可能与发起人自有资金发生混合。如果发起人可以自由地使用从到期的应收款中所获得的款项，法院可能据此认定发起人对应收款拥有控制权，否认 SPV 对该款项的完善权益。如根据美国 UCC 第九章对“收益”的定义以及《联邦破产法典》第 552 条的规定，SPV 在发起人破产案件开始之前获得的对发起人后获财产的已完善担保权益得以隔离于发起人的破产财产之外，从而保证了资产证券化的顺利进行。①

(3)优惠性和欺诈性转让

某些国家的破产法禁止破产公司在破产前转移财产。因此，在资产证券化交易中，应收款从发起人向 SPV 的转让应该以正常的价值进行销售，为此，交易方应仔细地考察各国有关优惠性和欺诈性转让的法律。如美国破产法第 105(A)条赋予法院“实质合并”的衡平权力，如果发起人在资产证券化的过程中转移资产的行为构成欺诈性的转移，此类转移通常被认为是无效的，该资产与原资产持有人持有的资产合并。②

(4)融资类型的限制

有些国家的法律对资产证券化的融资类型有所限制。在欧洲大陆法系国家，资产证券化交易不得采取诸如信托或隐名合伙关系进行过手结构的资产证券化，因此只能将资产转移到离岸的避税港进行。又如在 SPV 设立类型方面，美国的 SPV 通常以私人信托模式建立，而大陆法系国家法律体系并没有信托的概念，使得很难建立起真正意义上的信托型 SPV。

2. 税收问题

税收体系直接关系跨境资产证券化各参与主体的利润多少。资产证券化一般涉及三个主要税收问题：

(1)资产转让的税收问题

在跨境资产证券化中，从税收角度看，有关交易形式最为重要的判断是从发起人向 SPV 转让资产的行为，是构成一项销售还是一项贷款？

资产转让是否构成销售，主要考察发起人是否将与证券化资产有关的权益和风险或控制权一并转移给 SPV，从而使 SPV 获得对资产的合法权利。然而，某一项交易在税收上被视为一项贷款，在会计处理上则可能被视为一项

---

① 张晓凌：《美国资产证券化法律问题研究》，厦门大学博士论文，2006 年，第 68～69 页。

② 彭冰：《资产证券化的法律解释》，北京大学出版社 2007 年版，第 105 页。

销售。因此，在决定是否将该项转让建构为一项贷款还是一项销售，需要对各国的税收待遇、公司结构以及会计规则进行深入的分析，以确定是否确保证券化资产风险完全隔离于发起人的资产风险。

另外，在资产转让过程中，可能会出现预提税问题，即支付方因本国法律要求代为预缴税款。如果债务人因应收款的销售向位于另一国的SPV支付应收款的利息，那么债务人的这项支付受债务人所在国的预提税规定的限制。如果这项转让被发起人所在国法律确认为一项贷款，那么该项贷款的利息则可能需要征收预提税。

(2)SPV税收问题

通常SPV的税收是由SPV所在地国家的税法所管辖，也受证券化行为发生地的税法管辖。[①] 如果SPV在美国成立，并在美国市场上发行证券，那么即使担保物是在其他国家，仍适用美国的税法规则。如果SPV是以合伙或者授予人信托[②](出于税收目的)形式成立，则无须征收实体所得税；如果是以公司的形式成立，则须征收实体所得税。

不仅如此，如果SPV持有另一国债务人的应收款，而发起人代表SPV在另一国提供服务，那么就会产生SPV是否在该国从事商业活动或设有常设机构的问题。这些都可能导致SPV必须缴纳所得税。但如果发起人仅仅实施所谓的管理性职能，而且没有对SPV进行实质控制，则SPV不受这些税法的约束。

许多跨境资产证券化交易选择在避税港建立SPV，由此可以减少SPV支付利息时的预提税，同时可以避免对SPV征收所得税。但由于避税港通常不是避免双重征税税收协定的成员方，因而可能反而会增加应收款的债权人或者发起人缴纳利息预提税的负担。

---

① Steven L. Schwarcz, The Universal Language of Cross-Border Finance, *Duke Journal of Comparative and International Law*, 1998, Vol. 8, p. 250.

② 在资产证券化的过程中，出于避税的目的，美国人创造了两种信托模式，即授予人信托和所有人信托。其中，授予人信托的特点是只发行单一种类的所有者权益证书(即信托受益证书，类似于过手证券)，而且其资产组合必须是固定的，受托人只能作为信托财产的消极管理人，而无权利用信托财产任意投资。授予人信托不作为独立的实体纳税，只有受益人对应收款收入缴纳所得税，从而避免了双重纳税。基于这个原因，发起人经常选择授予人信托作为应收款的购买者。

(3)投资者税收问题

投资者税收主要是指投资于证券收益的所得税或预提税是否应予征税。英国法律规定，投资者所获得的证券权益应缴纳一定比例的预提税。法国则规定，投资者应对持有的共同所有权载体(Fonds Commun de Créances，简称FCC)单位所取得的收入纳税，并且转让该单位而取得的资本收益也要纳税，但有关购买和销售FCC单位的交易免于交纳印花税。①

3. 证券法与投资者保护问题

SPV发行证券时，其行为应该受证券法和投资法规范。在美国，公司在发行债券或其他权益凭证时，主要受四项法规有关信息披露要求的约束：《1933年证券法》(*the Securities Act of* 1933)、《1934年证券交易法》(*the Securities Exchange Act of* 1934)、《1939年信托契约法》(*the Trust Indenture Act of* 1939)以及《1940年投资公司法》(*the* 1940 *Investment Company Act*)。根据这些法律，投资者可以获得有关基础担保的信息。但在其他国家，可能很难获得类似的信息，主要原因是缺乏诸如披露要求的投资者保护机制。缺乏有关担保的信息，投资者无法对机构和资产与这些证券相关的风险进行评估，影响投资者的投资积极性，最终影响SPV通过发行证券募集资金的能力。因而，在涉及公开发行的跨境资产证券化过程，必须考察目标国有关信息披露的法律和其他保护机制。

4. 破产法

破产法是跨境资产证券化中最为关键的影响因素。在资产证券化过程中，应收款的发起人以真实销售的形式销售给破产隔离的SPV，从而确保投资者能够就其资产担保证券获得支付，不受发起人破产的影响。同时，破产隔离机制也减少了监管机构的监控成本，因为破产隔离的结构使得SPV的证券支付的来源区别于发起人的有关风险，从而无须监管发起人的财务状况。

美国破产法典的相关规定为将转让给SPV的资产进行隔离并避免实质合并(substantive consolidation)提供了许多必要的保护。② 中国的《信托法》则为我国以信托形式建立的SPV的破产隔离建立了相应的保障制度。根据

① 洪艳蓉：《资产证券化法律问题研究》，北京大学出版社2004年版，第125页。

② Steven L. Schwarcz，Structured Finance：The New Way to Securitize Asset，*Cardozo Law Review*，1990，Vol. 11，p. 616.

《信托法》第16条的规定，信托财产与受托人自有财产相互区别，受托人死亡或者依法解散、被依法撤销、被宣告破产时，信托财产不属于其遗产或清算财产；根据《信托法》第29条的规定，受托人必须将信托财产与自有财产分别管理，分别记账，并将不同委托人的信托财产分别管理，分别记账，从而避免资产混合的风险。

5. 其他问题

(1)权利实现问题

根据一国法律所获得的权利可能在另一国得不到承认，其原因可能是外国人的权利与本国国民权利相冲突时，外国人的权利得不到优先考虑，或者发起人在本国法下可能享有豁免权，即该发起人拥有主权或准主权，从而享有主权豁免。又如某些国家法律禁止贷款购买者或者服务者强行催收债务，以保护借款者免受恶意的贷款购买者不适当的债务催收行为。①

(2)外汇问题

在跨境资产证券化中，投资者可能因购买SPV证券时的汇率与SPV偿付给他们时的汇率不同而遭受损失。另外，发起人所在国可能限制相关外国货币因私用途的汇出，从而影响投资者权益的实现。因此，跨境投资者应考虑发起人所在国的汇率控制和相关管制。作为救济措施，如果发起人在国外有相应的资产可供执行，投资者可以要求直接执行该资产，或者通过安排互换等衍生工具协议缓解这些因私外汇的限制问题。

总而言之，在跨境资产证券化过程中，国家法律仍然发挥着重要的作用。虽然如本文前面已提及以及本文后面将着重论述的，私人在跨境资产证券化中承担着准立法的功能，但毋庸置疑的是，国家法律仍然在诸多方面影响或规范着私人立法功能的发挥。首先，如本节所述，国家法律在管辖权以及具体的法律制度如税法方面，仍然发挥着主体性作用，并为私人提供了私人立法的制度性框架。换言之，私人立法局限于国家法律不明确的模糊领域、国家法律未及时作出相应规定的创新领域、国家法律不适合立法的自治领域，而且私人立法不得违反国家法律的强制性规定。其次，如本文后面将论述的，国家法律对私人自身进行必要的规范。一方面，国家法律是私人进行立法的合法性来源，

---

① Frederick Feldkamp, *Asset Securitization: The Alchemist's Dream*, at http://www.iflr.com/? Page=17&ISS=16399&SID=514501, 2007-06-18.

国家法律通过明示授权或默示许可承认私人的立法行为以及相应的立法产品;另一方面,国家法律对私人的立法行为中出现的规范性问题进行必要的矫正。正是基于二者有效的互动,才能保证跨境资产证券化法律的完善,以及跨境资产证券化的健康发展。

第二章 >>>

信用评级机构的私人治理法律问题

资产证券化的跨境运作，最原始的动力是出于对经济利益最大化的追求。然而，跨境资产证券化过程中的信息不对称易导致投资者的不信任，从而增加发起人的融资成本。信用评级机构的作用在于以信用评级的方式使证券化资产或者发起人的信用等级透明化，使得高信用者可以较低的价格获得融资，同时也起到了去芜存菁的作用。为避免私人性质的信用评级机构参与公共治理可能导致的不良效应，美国出台了 NRSRO 制度对评级机构进行规范，既有的法律制度也为规范信用评级机构提供了救济途径。

第一节 信用评级与信用评级机构

一、资产证券化中的信用评级

(一)信用评级的重要性

信用评级是资产证券化过程中非常重要的环节。根据美国《1934 年证券交易法》第 3(a)条的规定，信用评级是指对债务人的整体或特定证券或货币市场工具的商业信誉的评估。① 由于资产证券化的市场参与主体较多，交易结构较为复杂，中间环节引发信用风险的因素也相对较多，投资者往往难以辨识资产担保证券的风险所在，信用评级机构出具的评级报告是投资者投资资产担保证券的主要依据。

① 15 U.S.C. 78c(a).

最初，信用评级主要针对企业债券。随着市场经济的发展、投资方式的增多、社会对信用评级需求的增加，信用评级所涉及的领域也不断扩展，评级业务的范围也迅速扩展为资产抵押证券、商业分期付款抵押证券、住宅抵押证券、信贷产品和信贷基金等结构性融资。如标准普尔资产担保证券部的信用评级涉及"新资产、循环消费资产(信用卡)、合成证券、经营性资产、未来现金流、汽车贷款和租赁、预制房屋、学生贷款、休闲工具、海事贷款、商业设备和时权。新资产可能会包括不良贷款、税金留置权、小型企业贷款、租来的汽车、特许经营权和灾难追偿金"①。

资产证券化过程相当复杂，涉及多方主体，除一般的证券风险(如利率风险、汇率风险、购买力风险、流动性风险、主体信用风险)外，由于信用链的加长和特殊的结构性特点，资产证券化还具有特别的风险，主要表现为资金不匹配风险(资产池产生的现金流与证券偿付所要求的现金流在利率、货币种类等方面不匹配)、信用风险(债务人对资产池偿付的拖欠等导致资产池信用级别降低的风险)、提前支付风险、第三方风险等。

因此，需要信用评级在资产证券化过程中充当一种有效的提示信用风险的手段。作为衡量 SPV 发行的证券保护投资者避免遭受损失能力的尺度，信用评级能够帮助投资者根据各自的风险偏好选择不同的投资组合，同时也有助于发起人降低融资成本，为监管者提供值得信赖的监管依据。正因如此，在资产证券化过程中，一般都要求引入信用评级制度，由独立的、专门的、公正的信用评级机构提供信用评级服务。证券化资产池的资产结构和组合多数要参考信用评级的意见，同时为有效提升证券化资产的信用级别，信用评级机构需要直接参与证券化资产的建构和内外部信用增级工作。

(二)信用评级的流程

在资产证券化初期，信用评级机构就以专家顾问的身份介入资产池的建构，对该资产池的整体信用状况进行评级，并提出相关的建议；资产池建构好后，该资产池还要经过相应的信用增级，对增级后的资产信用，信用评级机构

① Standard & Poor's:《资产担保证券概览》, at http://www2.standardandpoors.com/portal/site/sp/cn/cn/page.topic/ratings_sf_abs/2,1,9,1,0,0,0,0,0,0,0,0,0,0,0,0.html, 2007-06-26.

还要再一次进行评级。[①] 一般而言,信用评级机构在进行评级时都要经过三道评级程序,即初始评级、全面评级以及最终评级。

在初始评级阶段,信用评级机构对资产池的资产进行初始评级,评价因素涉及资产池资产的行业情况、资产组合分析、资产管理历史业绩、公开市场上等价物等,并在此基础上作出评级结果。随后,信用评级机构再综合考虑交易的量化因素和非量化因素,进行合理的调整。

如果原始权益人对评级的初步结果表示满意并决定选择评级程序,信用评级机构则进行下一步的深度评级,即全面评级阶段,综合考虑各种量化因素和影响证券化资产信用等级的现有交易和未来交易的非量化因素,给出最终的评级结果。全面评级的内容包括与原始权益人座谈,考察基础资产的结构,信用增级情况,服务商服务效率和管理水平,再次审查交易的法律结构和相关文件等。全面评级的目的是确认评级模型中的假设是否符合实际情况,针对资产证券化运作中各种可能的影响因素及其影响程度,进行全面综合评级。

在相关资产的证券发行上市后,资产的信用状况会随着市场状况、现金流、资产证券化交易各参与方的信用变化等因素而动态变化。因而,信用评级机构还需要对该交易进行跟踪评级,即最终评级,内容包括对现金流、资产组合多样性、头寸暴露测试等因素,根据因素的变动不断修正评级程序和评级指标。

(三)信用评级的框架

一般而言,信用评级机构在对资产证券化进行评级时,需要考虑以下四个方面:

1. 法律和监管体系的分析。针对不同的法律和监管体系,信用评级机构所分析的因素有所不同。以穆迪金融资产证券化评级框架为例,对美国的资产证券化,穆迪强调的是资产是否真实销售,当原始权益人破产时法庭是否会将 SPV 的资产和原始权益人的资产合并,以及投资者是否对资产具有优先权。但针对亚洲,穆迪除分析上述几个因素外,还强调:法律上是否可行,监管机构是否支持,法律意见是否有价值。如果要发行外债,则穆迪还须分析是否需经过必要的审批,政府是否干预。

---

① 《中诚信担纲国开行和建行资产证券化试点信用评级》, at http://www.smelz.gov.cn/news/28487.htm, 2006-03-02.

2. 资产质量分析。信用评级机构主要考察:(1)支持资产的自身特点,如信贷资产、住房抵押贷款发放的条件,住房抵押贷款的利率、期限、额度、地区分布、类型以及借款人购买住房的目的,以及担保资产是否进行二次抵押;(2)信用增级机制是否运作正常;(3)基础资产的历史表现。

3. 结构分析。信用评级机构主要分析资产证券化所产生的现金流是否能够保证本金和利息的及时支付,主要因素包括:(1)交易结构的合理性,即资产池的基础资产结构和组合是否合理,基础资产能否产生稳定的现金流,基础资产产生的现金流能否与所发行证券的利率、期限结构相匹配;(2)现金流的分配是否按照预想的优先次序进行;(3)交易结构是否考虑了所有类型的风险,如税务风险(主要是预付税额)、金融风险(主要涉及流动性、利率、外汇、差价等)以及其他环节的风险,其中涉及账户的付款和交割机制,信托管理人的信用和经验等;(4)主权风险,即法律或经济因素的改变是否会引致政府的干预。

4. 运营和管理分析。信用评级机构需要分析的因素包括:(1)SPV 的管理水平,即是否按照法律法规和合同约定进行操作,具有何种程度的风险防范能力;(2)服务商服务水平,即服务商是否按合同规定履行义务,能否按约定的优先次序及时将投资收益转移给投资者;(3)证券化资金的混用和再投资风险。

根据不同的评级结果,信用评级机构给予证券化产品相应的信用等级。以标准普尔为例,对长期债务证券的最高评级是 AAA,AA 次之,再次为 A,然后 BBB 以下,短期债务证券的最高评级如商业票据,是 A－1,然后 A－2,A－3 等等。穆迪的最高评级则是 P－1,惠誉的最高评级是 F－1。一般而言,评级越高,意味着证券的债务风险越低,低于 BBB 等级的证券通常被认为不具有投资价值,因为信用等级较低的证券很难得到充分和及时的支付。

(四)信用评级的治理作用

从经济学角度来看,信用评级机构所提供的信用评级报告有利于消除证券化过程中的信息不对称。为避免信息不对称可能导致的企业商业价值的下降和融资成本的增加,融资方有充分的动力通过一定的信息披露机制向投资者传达相关的信息。但是由于融资方有可能夸大自己的信用状况,仅靠融资者自身传达相关信息不足以取信于投资者。一般情况下,融资者需要通过第三方,如信用评级机构的评级,向投资者传达相关的评级信息,以消除投资者双方的信息不对称,进而降低交易成本。

再者,信用评级机构因其技术和知识上的比较优势,可以通过专业化优势和规模经济来降低信息成本。资产证券化的信用评级主要包括证券化资产的信用评级、资产证券化融资结构的法律评级、服务商评级,这些评级均是非常专业的业务,不是普通投资者所能完成的。以证券化资产的信用评级为例,不同资产的现金流构成、信用风险特征等往往不同,信用风险评级的程序和模式也都不相同,普通投资者难以进行正确的评级,专业信用评级机构能够利用自身的专业知识和经验进行评级,通过专业优势和规模经济来降低信息成本。

再次,由第三方信用评级机构进行评级,因其相对中立性,在一定程度上能够保证信用评级机构在评级过程中保持独立、客观的态度。如果信用评级机构不能保持独立、客观的态度,将虚假信息传递给投资者从而导致投资者遭受损失,长此以往将导致投资者丧失对信用评级机构及其信用评级报告的信任。

信用评级机构在降低信息成本、增进经济效益的同时,实质上发挥着治理的功能。信用评级机构治理功能的发挥主要体现在两个方面:其一,信用评级报告有助于促进被评级公司自身质量的提升。信用评级报告使被评级公司的内部治理结构、公司运营等情况趋于透明化,监管机构和投资者可以通过信用评级报告判断被评级公司是否处于良好经营状态,是否具有持续经营能力,是否具有良好的投资价值。由于信用评级报告直接关涉被评级公司的融资能力和融资成本,被评级公司迫于压力不得不对内部治理结构、财务状况等加以改革和完善。其二,信用评级报告对被评级公司的行为具有导向性作用。如前所述,信用评级机构在进行信用评级时,是依据一定的技术指标进行法律和监管体系的分析、资产质量分析、结构分析、运营和管理分析。信用评级机构对某些技术指标的偏好直接引导被评级公司的发展取向。被评级公司为获得更高的信用评级,以信用评级机构所制定的评级标准为标杆,优化内部治理结构、财务状况等。在跨境资产证券化过程中,信用评级机构偏好某国并给予较高的主权评级,会直接刺激被评级公司选择在该国进行证券化。因此,信用评级在某种程度上发挥着类似于法律的规范功能。虽然没有相应的强制性措施迫使被评级公司遵守信用评级机构所设定的评级标准,但评级较低可能带来的融资成本加大乃至融资失败,以及企业声誉损失等负面后果,对被评级公司的行为具有一种软性约束力。信用评级的软约束力保证了信用评级治理功能的发挥。

二、信用评级机构

(一)信用评级机构的影响力

信用评级机构是指应利益相关方的要求,提供有关评级对象的信息并给予相应评级的机构。根据美国《1934 年证券交易法》第 3(a)条的规定,信用评级机构是指"任何机构(A)通过因特网或其他可能的方式发布信用评级,免费或收取合理的费用,但不包括商业信用报告公司;(B)采取定量或定性模型,或者兼而采之,以确定信用评级;从发行商、投资者或者市场参与者处收取费用"。①

鉴于信用评级对公司的商业信誉和债务质量进行评级所产生的重大影响,信用评级机构在金融资本市场上具有相当重要的作用。② Thomas L. Friedman 曾表示,"美国能够投掷炸弹摧毁你,(信用评级机构)则可以(通过)降低你的债券评级摧毁你"③。如 2002 年 1 月 15 日,出于对美国零售商 Kmart 公司财务状况的担忧,标准普尔将 Kmart 的信用评级降至 B-,并表示可能会进一步降低其信用评级。同时,穆迪亦调降该股评级。此举引发了投资者恐慌性的抛售,令 Kmart 股票暴跌了 13.9%。④ 评级机构的影响力由此可见一斑。

(二)信用评级机构的历史发展

19 世纪中叶,美国铁路业的繁荣需要大量的资本,银行和直接投资所提供的资本已经不能满足其发展需求,因此铁路和其他一些公司开始通过私募债券市场筹集新的资本。由于这些公司的信用质量良莠不齐,为了向其他投资者提供指引,约翰·穆迪于 1890 年开始编写美国公司财务信息手册,并逐

---

① 15 U.S.C. 78c(a).

② SEC. *Report on the Role and Function of Credit Rating Agencies in the Operation of the Securities Markets*, at http://www.sec.gov/news/studies/credratingreport0103.pdf,2007-05-28.

③ Thomas L. Friedman, *A Manifesto for the Fast World*, at http://www.globalpolicy.org/nations/fried99.htm ,2007-03-28.

④ 袁铭良:"三大评级机构"地位震荡, at http://www.p5w.net/newfortune/old/200504/t307832.htm,2007-03-9.

步建立了衡量债券倒债风险的评级体系。1909年,约翰·穆迪将当时美国债务市场上最主要的借款人——铁路公司的经营和财务信息收集起来汇编成书,并对收集到的资料进行统计、分析,并用AAA—C这样一些符号来表示不同公司的信用质量。1918年,穆迪将评级对象扩展到外国政府在美国发行的债券。随着金融市场的发展壮大,投资方式的增多,社会对信用评级的需求不断增加,信用评级所涉及的领域也不断扩张,评级对象涵盖有价证券,如主权债、公司债、优先股、资产抵押证券、商业票据、银行定期存单,以及各种机构和公司,如国家、工商企业、银行、证券公司、保险公司、共同基金。

20世纪30年代经济大萧条中,大量公司的破产导致债券倒债频繁,投资者因此损失巨大。经济大萧条的教训使投资者认识到信用评级的重要性,监管机构也意识到信用评级在保护投资者方面具有一定的作用,并将信用评级引入监管实践,如限定公共养老基金投资的债券种类,不得向高风险债券进行投资,只能用于购买被信用评级机构列为"投资等级"的债券。经济大萧条之后,信用评级成为债券投资和定价的标准模式。投资者利用信用评级作为选择债券投资时所能承受的风险水平的依据。投资者根据债券的评级,确定他们对债券收益的要求,按照投资报酬与风险挂钩的原则,对高风险债券通常要求较高的收益回报。

20世纪60年代末开始,美国经济遭受高通货膨胀的侵袭,债券市场由此受到高通货膨胀和更大的信用风险的双重打击,公司利润下降,制造商大量削减生产。1970年,宾州中央运输公司(Penn Central Transportation Corporation)因不堪承受沉重的财务压力申请破产保护,成为美国金融史上最大的倒债事件。该公司破产时,尚有16亿美元的债券和1.25亿美元的商业票据没有偿付。宾州中央运输公司的破产使投资者意识到信用质量的重要性,市场对信用评级服务的需求迅速增长。从20世纪70年代到80年代中期,美国债券发行量迅速增长,二级市场的交易量也不断增加。信用评级成为不断发展壮大的资本市场体系中不可缺少的组成部分。

在当前的国际资本市场上,以穆迪、标准普尔和惠誉国际为代表的三大信用评级公司,一直扮演着守护投资者利益的"看门狗"角色。穆迪擅长主权国家评级,标准普尔擅长企业评级,惠誉国际则擅长金融机构与资产证券化评级。从前述历史看,金融危机是促进信用评级发展的重要因素。三大评级机构的业务发展均起步于20世纪初的美国铁路公司倒闭事件,并在1930年代经济大萧条时期发展壮大。可以说,信用风险是一个"幽灵",依随着资本市场全球化,在世界范围内流动、蔓延。信用评级业和信用评级机构,作为对全球风险进行揭示和监控的私人治理机构,能对政府管制进行有效的补充,从而得以快速发展。

三、信用评级机构参与治理的问题

如前所述,信用评级机构所作的信用评级具有公共效力。信用评级结果不但会向社会披露被评级公司的信用状况,更重要的是可以为投资者的决策提供科学的依据和参考。除此以外,信用评级不仅仅为被评级公司和社会公众所接受,还呈现出为监管当局服务的趋势,成为监管当局制定相关监管政策的手段。

因此,首先必须注意信用评级机构自身的治理结构,避免他人有意地利用信用评级的公信力损害公众利益。治理结构的核心命题在于利害关系者之间的权责划分结构及其中的制衡机制。在资产证券化过程中,信用评级对拟发行证券具体信息的披露,其实质是在潜在的广大投资者与管理者之间建立相互约束的制衡机制。

保证制衡机制的正常发挥,关键是要发展出独立公正、规范运作的信用评级机构。信用评级机构的基本原则是独立性、中立性和公正性,信用评级机构必须以第三方的身份出现,以客观的立场维护评级的公正性,客观公正地做好信用评级工作。尽管金融机构如银行也会对拟贷款的企业进行信用评级,但那只是作为银行内部风险管理的手段,评级结果的使用者是评级主体本身,并不具备第三方信用评级的基本特征和广泛用途。再者,由于内部评级是利益关联方银行所进行的信用评价,其出发点是开拓贷款业务或防范贷款风险,很难保证这种评价是客观的、公正的。鉴此,这种信用评级的结果只能供银行系统内部掌握使用,不得向社会公布或向企业开具书面证明。在我国,商会协会也具有对会员企业进行信用评级的功能,如全国整规办、国务院国资委在《关于印发〈商会协会行业信用建设工作指导意见〉的通知》(整规办发[2005]29号)中对商会协会的信用评级加以规定,认为商会协会可以在企业自愿的基础上对会员企业进行非盈利性质的信用评价。但这种信用评价的治理功能也较为有限:首先,商会协会评信用等级只能限于会员企业;其次,这种信用评价必须是基于自愿原则;再次,商会协会对会员企业评信用等级不得以营利为目的。信用评价的非盈利性在一定程度上能够保证商业协会信用评价的独立性,但另一方面也导致商业协会缺乏足够的动力进行详细、深入的信用评级,进言之,商会协会信用评级的权威性与可信度是值得商榷的。

作为第三方的信用评级机构的引入,是保证信用评级公正的必要条件。然而,即使信用评级机构具备第三方、独立性的特征,要保障信用评级的公正性与公信力仍然面临着来自其他诸多方面的威胁。在20世纪70年代,信用评级机构开始实行有偿评级,信用评级收入包括向评级报告使用者销售评级信息和向被评对象收取评级费用,同时开展与信用评级有关的收费业务,如企业财务信息服务和信用调查。有偿信用评级面临着"如何规避利益冲突"的质疑。另外,信用评级机构是私人机构,必须对股东负责,可能会因私人的短期利益危害到政府政策目标或者社会公共利益。以安然事件为例,在安然破产前,尽管安然的债券已经降到非常危险的水平,穆迪仍然将其维持在投资等级。其他信用评级机构也没有将安然公司的债券降低到"投机等级"(speculative grade)。直到安然宣告破产时,穆迪才将安然的评级降低5个基点,标准普尔将其降低6个基点,惠誉则降低10个基点。

详言之,信用评级机构作为私人机构参与信用评级市场的公共治理,需要解决如下可能面临的问题:

1. 委托——代理关系中的利益冲突

委托——代理关系中的利益冲突主要与信用评级机构获得报酬的方式相关。目前,信用评级机构的报酬主要是由申请评级的发起人或证券发行者支付。从委托——代理角度来看,信用评级机构作为发起人的代理人,负有为被评级公司谋利益的义务。这种商业利益纽带的存在危及信用评级机构的声誉赖以存在的基础——评级的公正性、中立性。发行者有可能用金钱上的压力迫使信用评级机构提高其评级。而且在事实上,信用评级机构从被评级公司处获得的收入远远超过向个人投资者销售评级或评级相关的出版物所获得的收入。

作为委托人,被评级公司有权签订或终止评级合同。在最初评级过程中,如果公司不满意某信用评级机构给予的评级,则可能终止合同,与另一家信用评级机构签订评级合同,以期获得相对满意的评级。尽管信用评级机构声称,职业道德和声誉机制能够确保其信用评级业务过程中的客观、公正,但这种利益上的联结仍然足以让大多数投资者担心。此外,信用评级机构作出评级后,评级报告是否公开发布仍然需要事先接受被评级公司的审查。如果被评级公司不满意评级结果,则会要求评级机构不得公布该评级,通常情况下信用评级机构必须同意这项要求。另外,信用评级机构往往利用现有的客户关系向客户提供其他附加服务。评级的降低可能会导致信用评级机构因丧失客户的其他服务而失去可能获得的收入,这也是制约信用评级机构作出负面评级结果的重要因素。

不仅如此,信用评级机构开拓的某些新型评级服务加剧了这种利益冲突。2004 年,穆迪开始实施评级估计服务(Rating Assessment Service,简称 RAS)。该项服务的内容是,公司在以 7.5 万欧元为代价的前提下,能够获得正在执行的某项特殊业务(例如股票回购计划或股权认购计划)的信用级别。如公司对评级机构的建议性评估并不满意,还可在另行支付 2.5 万欧元后,重获新的评级。[①] 这意味着被评级公司可以以支付金钱的方式获得更高的评级,损害评级的公正性形象。

2. 主动评级(unsolicited rating)的敲诈问题

信用评级机构利用其垄断地位,在向客户主动提供信用评级时往往变相地要求客户购买其他服务。信用评级机构可能未经被评级公司的主动邀请或事先同意,即强行对该公司进行评级。信用评级机构可能对某一公司同时发布主动评级和被动评级,以不利的主动评级威胁公司购买较为有利的被动评级。1996 年,穆迪曾因对客户进行主动评级,迫使客户购买穆迪提供的服务而受到美国司法部的反垄断调查。穆迪进行主动评级主要是出于利益的驱使,因为信用评级机构获取利润的主要渠道是通过向那些发行债券的人征收费用。通过给予被评级公司较低的主动评级,信用评级机构变相地强迫被评级公司为获取较好的评级而购买他们的服务。目前主动评级是否构成对被评级公司敲诈在美国法学界尚未达成一致的意见。

3. 评级标准、质量不一的问题

不同的信用评级机构往往采用不同的评级技术和评级标准,结果导致同一被评级公司的评级结果有所区别,甚至相去甚远。这在某种程度上造成了投资者的困惑,增加了信息筛选和决策的成本。对此,目前尚没有相应的对策

① Moody, *Moody's Investment Service*, at http://sec.gov/rules/concept/s71203/moodys072803.htm, 2007-02-9.

加以矫正，因为资产证券化的结构比较复杂，且更新发展的速度较快，信用评级机构不得不因应其特殊而迅变的情况对评级技术和评级标准加以及时的改进，很难事先对此加以统一的标准划定。其次，政府部门缺乏相应的专业能力来确定统一的评级技术和评级标准。如果由某一信用评级机构制定标准，则可能会存在信用评级机构为自己谋取私利的问题。再次，信用评级机构缺乏信息发布工作的规则，发布信息缺乏规律性，使用的方法与模型比较过时，模型使用的数据一般一季度才更新一次，有些公司的数据更新周期往往超过一年甚至更长时间，远不能适应快速发展的金融市场的需要，这使人们对其预测能力产生怀疑。最后，信用评级机构收集和发布信息的程序并不透明，以商业秘密为由实行暗箱操作，所获信息的可靠性与可信度存在严重的缺陷。

4. 市场的垄断性问题

声誉是信用评级机构最为重要的生存手段和财富，这在某种程度上造成了评级市场的垄断性。占据优势地位的信用评级机构凭借先前积累的声誉垄断了大部分的评级市场份额。由于市场监管者和投资者都希望持有对公司信用质量进行合理评估的连续记录，新的竞争者很难在评级业实现突破，行业进入壁垒很高。综观成熟国家的信用评级行业，一个国家内通常只有少数几家重要的信用评级机构，它们在各自业务领域占据垄断地位。成熟市场的信用评级行业不是百花齐放，而是垄断的寡头经营。这种情形在国际评级市场上也是如此，美国的标准普尔、惠誉等信用评级机构占据了绝大多数份额。评级市场的垄断性导致评级市场缺乏竞争性，造成故步自封的情况。

5. 信用评级机构的保守倾向

跨境资产证券化交易结构十分复杂，这对信用评级机构的评级准确性提出了严峻的挑战。由于评级失误会造成损害声誉的消极后果，而且消极后果所导致的损失甚至会超出因信用评级业务所获得的收入，因此信用评级机构对资产证券化的评级一般持比较保守的态度。

如前所述，资产证券化过程中最为关键的问题是，在发起人破产时，SPV及其投资者是否能继续得到应收款的支付。如果 SPV 拥有应收款的所有权，那么 SPV 及其投资者将会继续得到支付。如果没有，则他们获得支付的权利将会被中止，并因此遭受损害。SPV 要获得应收款的所有权，只能将发起人向 SPV 转让应收款的行为建构成符合破产法要求的一项销售。信用评级机构对何者构成真实销售持相对保守的态度，这在某种程度上制约了对资产证券化作出积极的信用评级。

如贷款抵押债券(Collateralized Loan Obligation,简称CLO)和银行信用卡资产证券化普遍使用可分割权益(divisable interest)结构,其优势在于可以避免因数目繁多的个别性购买所产生的高额交易成本。目前,购买应收款资产池的部分权益已经成为贸易应收款资产证券化最为可行的资产证券化结构。① 但有些信用评级机构仍然对试图购买应收款中可分割权益而非整体权益的SPV是否会获得所购买权益的所有权心存怀疑,在评级时对此不予承认。由于缺乏信用评级机构的评级,投资者无法对新型的资产证券化结构进行独立分析,对所发行证券的投资价值持怀疑态度,从而造成融资难度的加大和融资成本的提高,进而极大地影响发起人进行证券化结构变革的积极性。

6. 民主缺陷问题

信用评级机构作为私人参与市场的公共治理不得不面临这样一个问题,即如何保障信用评级程序民主和实质结果的民主。如前所述,信用评级机构作为私人不需对公众负责,不接受公众审查,但所发布的评级结果具有公共物品的属性。当信用评级机构行为不当或发布不准确的评级时,将会发生比较严重的规范性问题。尽管缺乏公共审查并不一定会影响评级的准确性,在某种程度上,声誉约束可以认为是民主程序的规范性补充,但是,无论声誉是否能实现规范性补充的效果,都不能掩盖信用评级程序上的民主缺陷。

7. 跨境资产证券化过程中的特殊问题

在跨境资产证券化中,信用评级的全球性适用还涉及如下问题,即一国的信用评级机构的评级标准是否可以在全球范围内适用?如果可以,那么这种适用是否能得到公正的实施?

信用评级机构的实践在事实上不仅未能缓解,反而加剧了人们对信用评级机构的评级标准跨境适用的担忧。首先,标准普尔等信用评级机构在美国本土进行信用评级时,主要依据被评级公司自身或美国会计公司发布的报告,但对于美国以外的企业,除少数进行被动评级外,大多数则是所谓的主动评级。而且,美国的信用评级机构长期奉行双重标准。标准普尔等信用评级机

① Steven L. Schwarcz, The Alchemy of Asset Securitization, *Stanford Journal of Law, Business & Finance*, 1994, Vol. 1, p. 145.

构对美国本土市场存在的问题经常视而不见，对其他国家的被评级公司则比较苛刻。1995 年英国巴林银行破产时，当时美国银行涉及的金融衍生品不良投资高达 23 万亿美元，但美国信用评级机构仍然维持美国银行的高信誉等级。

此外，信用评级机构在跨境资产证券化过程中往往需要涉及对主权国家信誉的评价。鉴于国家的巨大清偿能力以及主权的敏感性，一般的信用评级机构都不涉及主权国家信誉评级，但美国标准普尔等信用评级机构的一个重要评级对象却是主权国家信誉，并把美国标准与资本主义的市场自由化作为主权国家信誉评价的重要依据，从而导致包括中国在内的许多国家的信誉被严重低估。2002 年，标准普尔将日本政府债券的评级列在工业七国最末。时任财务省国际事务次官的黑田东彦要求标准普尔出具详细的评定标准，认为日本拥有很高的个人储蓄率及庞大的海外资产，能够完全清偿对投资者的债务，没有任何理由调低日本政府债券的信用评级。对中国的信用等级，标准普尔也一直持贬低的态度。中国经济多年来的快速增长和良好的发展预期令全球瞩目，但直到 2003 年底，标准普尔对中国主权信用评级一直维持 10 年不变，即“适宜投资”的最低级 BBB 级，并将中国大陆的国有银行信用等级全部定为垃圾等级。

四、信用评级机构的约束机制

显然，由私人性质的信用评级机构发布这种具有公共物品性质的评级，需要采用必要的机制加以约束。然而，对于应采取何种约束机制，学界和实务部门尚存在诸多不同的意见。就可选择的机制而言，主要包括市场主导型的自治约束机制与政府监管型的外在约束机制。

（一）市场主导型的自治约束机制

市场主导型的自治约束机制中，最为学者关注的是声誉机制。声誉机制，指单纯建立在重复关系之上，依赖博弈双方自我实施的声誉，对欺诈和违约者进行惩罚的机制，以及依靠社会规范或缺乏强制力的私人司法系统，来组织实施的围绕合约执行而展开的有关社会成员商业行为的信息纰漏、纷争的仲裁、欺诈行为的惩罚等活动的规则和程序的总称。① 信用评级机构的声誉资本

① 陈燕、李晏墅、李勇：《声誉机制与金融信用治理》，载《中国工业经济》2005 年第 8 期。

(Reputation Capital)是指能为信用评级机构带来财富收入的声誉度和被资本市场所认可的程度,在改善信用评级机构的自律性方面起着决定性的作用。

对信用评级机构而言,声誉资本是一种风险资本。声誉资本能够为信用评级机构带来财富收入。声誉和市场认可度越高,信用评级机构的收费也越高,更容易揽到业务。相反,如果信用评级机构不能够在评级过程中恪守独立、客观的自律原则,进行虚假的信用评级,一旦被市场投资者所发现,那么其信誉度将大大受损,并将严重影响今后的业务。再者,声誉资本的形成是一个逐步累积的过程。信用评级机构只有在日常的评级中始终保持独立、客观的自律原则,培养自身的业务专长,方能在市场上逐步建立声誉,提高自己声誉资本,弄虚作假则可能使声誉毁于一旦。

由于声誉资本具有创造财富和难以形成却容易失去的特性,信用评级机构在许多情形下能够保持自律。声誉资本越高,信用评级机构就越能保持自律,对投资者而言,声誉度越高的信用评级机构所传达的信息就越可靠。目前,国际和美国市场结构性融资的信用评级完全由标准普尔、穆迪、惠誉所垄断。标准普尔等信用评级机构在债券信用评级方面已经累积了近百年的经验,享有非常高的声誉。在20世纪90年代的非政府担保资产证券化发展过程中,在资产证券化融资结构中引入具有高声誉的信用评级机构对于降低资产证券化融资的信息成本具有决定性的作用。

然而,声誉机制是否是约束信用评级机构的适当机制?有学者认为,声誉成本有助于评级结果的客观性和独立性,评级机构不太可能为短期的收益而牺牲其信誉。① 笔者以为,对此不应寄予太大的期望。在特定的市场条件下,声誉机制这种"蕴有形的经济利益于无形的约束之中"的治理机制有其内在的脆弱性,在短期巨大的利益诱惑下,信用评级机构往往会越过这条生存的生命线,去寻求更贴近真实的眼前利益。

自治约束机制的另一种方式是保证信用评级市场的高度竞争性。首先,确保信用评级市场中的评级机构数量足够多,迫使信用评级机构为维持

① Charles Adams et al.. *International Capital Markets Developments, Prospects, and Key Policy Issues*, at http://www.imf.org/external/pubs/ft/icm/1999/index.htm, 2007-05-27.

现有客户并获得新的客户而不断地提高评级质量。其次，要保证用户有充分的自由来决定是否购买或拒绝购买信用评级机构的评级产品。如果被评级公司对某一信用评级机构的评级结果不满意，可以另行选择其他信用评级机构，而信用评级购买者可以自由选择是否购买某信用评级机构的评级产品。

然而，完全的市场竞争只存在经济学的假设之中，而用户所谓的充分的自由也是有具体条件限制的。如果信用评级机构的数量过多，可能会造成评级质量良莠不齐，反而导致用户筛选信息的成本大大增加。再者，要维持评级市场的高度竞争性，有赖于政府的适当监管政策。

笔者以为，无论是声誉机制还是高度市场机制，其功能的发挥往往视具体的法律环境而各不相同。在声誉机制和高度的市场竞争机制都不能很好地对信用评级机构的负面效应进行矫正的情况下，只能求助于政府监管这一机制。

(二)政府监管型的外在约束机制

然而，对资产证券化是否应进行政府监管，仍存在较大的争议。由政府通过立法或行政方式对资产证券化进行干预，并不一定就能解决信用评级机构目前所面临的问题，相反还有可能滋生其他新的问题。

其一，就经济学意义上的效率而言，对信用评级机构进行监管非但不能增进效率，相反有可能会产生负面效应。一般而言，监管的产生是基于市场的失灵，只要信息不完善或者市场处于非完全竞争状态，市场失灵的情况就会发生。在此，笔者所讨论的监管对象主要是评级市场，但“效率”一词则涵盖了证券市场、评级市场以及政府监管三者的效率问题。

评级市场的效率依赖于信用评级机构间的良性竞争，良性的同业竞争能够促使信用评级机构提高评级程序、简化评级流程等。政府不适当的管制可能会破坏评级市场的竞争环境，人为地制造评级市场的垄断现象。证券市场的效率与评级市场的效率息息相关。对于证券市场的效率问题，信用评级机构所执行的评级在事实上履行了规范证券市场并促进证券市场效率的公共职能。信用评级机构能够促进证券市场的效率，作为发行者和投资者之间的非正式媒介，能够提升证券的透明度，从而减少信息的不对称现象。当个体投资者面临着与投资相比较为巨大的成本来评估发行者证券的信誉时，对信用评级的依赖程度越为严重。数量相对较少的信用评级机构能够使这种评级代表多数个体投资者的利益，从而实现经济上的规模效益。政府的监管行为如果影响到评级市场的效率，势必会影响证券市场的效率，增加投资者在证券市场中获得信息的成本。此外，政府管制还涉及政府自身的行政效率问题。行政效率的低下、行政壁垒的不必要设置，都会直接影响评级市场的效率和证券市场的效率。

其二，政府监管未必能降低投资者的信息成本。政府监管的理由之一是信用评级机构的费用过高，增加了投资者的信息成本。但是，信用评级机构的费用通常由市场定价，由信用评级机构根据拟评级交易的规模和复杂程度加以决定。对公开交易而言，评级费用还包括对评级的现行监控。这些费用反映了评级所需的经济分析成本，以及信用评级机构因评级不公正被起诉的风险成本。政府监管往往不能降低评级机构的成本，相反，政府监管会增加其评级成本，因为信用评级机构需要维持专家顾问团就如何遵守政府监管部门所制定的法规提供意见。

其三，政府监管的介入未必能促进评级的可靠性。信用评级机构在评级的可靠性方面已经取得引人注目的成就。大多数对信用评级的批评仅仅关注被评级公司财务危机发生时的债务违约问题，却没有注意到信用评级的稳定性问题。据标准普尔的内部分析，根据 9169 家使用评级服务的公司的财产数据库信息对评级的稳定性进行分析，发现所有在年初被评为 A 级的公司，至年底有 87.94％的公司仍然维持在同一评级。①

声誉的约束机制能够保障评级的可靠度。信用评级机构的利润水平直接依赖于其声誉。不精确的评级会损害信用评级机构的声誉，信用评级机构比会计师和律师更依赖于其声誉，如果投资者对信用评级机构判断的诚实性失去信任，那么他们就不会再聘请信用评级机构进行评级。如果失去投资者的信任，信用评级机构的意见不能再影响证券化产品的价格时，被评级公司就不会愿意向其支付费用。这种市场选择会使信用评级机构注意维护其良好的声誉。因而，无论是否存在政府的监管，信用评级机构都会愿意继续提供精确的评级。相反，政府监管的介入也可能会损害评级的可信度，因为它会增加政治

---

① Leo Brand & Reza Bahar, *Corporate Defaults: Will Things Get Worse Before They Get Better*, *Standard & Poor's Credit Week*, at http://www.standardpoors.com/Forum/RatingsCommentaries/StructuredFinance/Articles/12901corporatedefaults.html, 2007-01-31.

操纵的可能性，并且降低声誉成本的重要性。

其四，政府监管未必能解决信用评级机构对资产证券化结构革新的保守态度。相反，政府监管有可能造成人为的壁垒，减少信用评级机构间的竞争从而强化了信用评级机构的保守态度，不利于信用评级机构对新型结构的资产证券化中的资产给予较高的信用评价。

其五，由于权威的信用评级机构本质上具有国际性，而且主要资产是人力资本，具有较强的可流动性。一国对信用评级机构进行监管，有可能导致信用评级机构转移到其他未受监管或者监管程度相对较轻的国家。

然而，尽管由政府立法的形式对信用评级机构进行规范可能会存在以上问题，鉴于实践中自治约束机制的失败，政府监管成为不得已的选择。问题的关键不在于是否需要政府监管，而是在于政府应采用何种方式进行监管。上文所提及的政府监管所存在的诸多问题，都可以通过改善政府监管的手段和方式得以避免。如在促进效率方面，政府监管可以一方面改进政府的行政效率，另一方面在监管模式上避免条条框框的干涉主义，在总体方向上加以规范，即可以实现效率与公正之间的平衡。另如在政治操纵的可能性与强化信用评级机构的保守态度方面，也都是可以通过适当的制度设计加以避免的。

第二节 NRSRO 监管模式

一、安然事件前的 NRSRO 制度

(一)实行 NRSRO 制度的理论基础

在上一节，笔者提出有必要对信用评级机构进行政府监管。然而对信用评级机构应给予何种监管呢？笔者以为，首先要明确监管目标，即为具体的监管措施设定总体性的目标。对于监管目标的设定，目前学界存在两种不同的争论，有学者认为，促进效率应该成为监管信用评级机构的基本原则。[①] 然

① Steven L. Schwarcz, Sovereign Debt Restructuring: A Bankruptcy Reorganization Approach, *Cornell Law Review*, 2000, Vol. 85, pp. 956, 993, 1009.

而，对信用评级机构的监管不应局限于经济上的考量，还应该加入分配性目标，因为信用评级具有社会效应，它不仅会影响被评级公司募集资金的能力及其成本，还可能会反过来影响被评级公司的正常运营以及与之相关的劳动力雇佣等，关涉到就业率和社会稳定问题。当然，这两者并不是截然分开的，而是互补的，如提高信用评级机构的效率以及评级的准确性，有助于投资者获得更精确的信息，更有利于保护投资者的利益和维护资本市场的稳定。

问题的关键在于，如何维持经济效率与规范性之间的谨慎性平衡。安然公司等丑闻的发生在某种程度上强化了美国国内对信用评级机构加强监管的呼声，监管机构如 SEC 不得不对原有的 NRSRO 制度进行适当的修改。换言之，信用评级机构的监管在不同的时期重点有所不同，目前的转向趋势是加强对信用评级机构的规范性引导，以保护广大投资者的利益为目的。

(二)安然事件前的 NRSRO 制度

在安然事件之前，SEC 主要采用间接的管理方式进行监管。自 1975 年以来，SEC 在许多金融监管领域都利用了被市场普遍认可的信用评级机构所提供的评级结果。这些信用评级机构被称为“全国认可的统计信用评级机构”(Nationally Recognized Statistics Rating Orginisation，简称 NRSRO)，由 SEC 官员通过发布无异议函(no-action letter)予以确认。在 20 世纪 90 年代以前，共有 9 家机构被 SEC 认可为 NRSRO。从 90 年代开始，由于有数家信用评级机构被合并，目前只剩下 5 家 NRSRO，分别为：A. M. Best、Dominion 债券评级服务有限公司、惠誉公司(Fitch Rating)、穆迪公司(Moody's)和标准普尔公司(Standard & Poor's)。

NRSRO 的提法，最早出现在 1975 年 SEC 新增的 1934 年《证券交易法》第 15c3－1 条的净资本条款(Net Capital Rule)①中。根据净资本条款，经纪商在计算净资本时，需按资本证券市值的一定比例冲销净资本，这样做的目的是抵御因资本证券市场价格波动、缺乏流动性而带来的损失。SEC 规定，持有被 NRSRO 评为投资级资本证券的经纪人可减低冲减比例，因为这些证券比低级别证券的流动性好，价格波动小。

随着时间的推移以及信用评级越来越被投资者所接受，NRSRO 逐渐被广泛接受。如今，NRSRO 评级结果已广泛在联邦和州立法中被用作流动性

① See 40 FR 29795.

和信用价值评定的重要指标，被指定为 NRSRO，意味着政府对该信用评级机构的支持。如果某信用评级机构被指定为 NRSRO，其所作出的评级可以用于满足政府机构如 SEC 在特定的联邦监管程序中所设定对评级的要求。《1933 年证券法》、《1934 年证券交易法》和《1940 年投资公司法》以及 SEC 发布的部分法规中都引用 NRSRO 概念。例如，《1940 年投资公司法》第 2a－7 条要求货币市场基金只能投资于高质量的短期工具，NRSRO 的评级结果为货币市场基金提供了最低投资标准。根据该条款，货币市场基金允许投资于 NRSRO 评出的两个最高级别或类似质量的短期债券，并对基金持有的低级别证券的数量加以限制。① 此外，根据《1933 年证券法》，SEC 规定，被至少一家 NRSRO 评为投资等级的不可转换债（nonconvertible debt）、优先证券（preferred securities）和资产抵押证券（asset-mortgage securities）可按 Form S-3 方式注册。② 1934 年《证券交易法》第 3(a)(41)条③中对抵押类证券（mortgage related securities）进行定义时，要求这类证券应是至少被一家 NRSRO 评为两个最高级别之一的证券。④

从监管形式看，政府以 NRSRO 形式对信用评级机构进行监管只是最低形式的政府控制，即对符合特定标准的信用评级机构给予官方承认。然而，这些标准通常是模糊的，或者是不正式的，而且这种承认仅仅是基于有限的目的。SEC 并未对申请成为 NRSRO 的规则和条款进行明确的规定。

但是，在 NRSRO 的资格审定过程中，SEC 总结出了一系列的审查指标。目前这些指标主要是信用评级机构的经营情况、市场占有率以及其他一些决定信用评级机构能否被认定为 NRSRO 的特殊因素。SEC 认可信用评级机构时最重要的单一指标是看信用评级机构的评级结果是否被主要使用者所信赖。此外，SEC 还为对信用评级机构的经营能力和可靠性进行评估，其中包括：信用评级机构的组织结构；财务状况；员工的数量和素质（看信用评级机构是否有能力独立完成评级工作）；独立于被评级公司情况；评级程序；信用评级机构是否建立了内部制度保证非公开信息不被错用和这些制度的执行情况。

---

① See 17 CFR 270. 2a－7(a)(9).

② See 17 CFR 239. 32,239. 33.

③ See 15 U. S. C. 78c(a)(41).

④ See e. g. ,17 CFR 242. 101;17 CFR 242. 102.

NRSRO 资格的获得对于信用评级机构本身、被评级公司以及投资者都非常重要。所有受监管的金融机构，如银行、保险公司以及养老基金必须依赖于 NRSRO 的评级来决定是否购买某公司的某项债券。例如，银行不得购买低于“投资等级”的债券。相应的，没有获得 NRSRO 的信用评级机构很难获得债券发行者的认可。新成立评级公司所作的评级对银行和其他金融机构的投资决策几乎没有任何影响力。因此，可以说 NRSRO 制度实际上为信用评级机构进入债券评级市场设定了很高的壁垒。

（三）对 NRSRO 制度的评价

从本文先前所讨论的监管目标来看，如果从提升信用评级机构的效率来考虑，对信用评级机构进行监管是不适当的。而且，NRSRO 这一监管形式的目标不在于促进信用评级机构的效率，而是为了肃清评级市场。

对 NRSRO 制度的理解应该放置于特定的法律语境中加以分析，尤其是应该与证券法相联系予以考虑，因为评级的目的是为了评估与证券支付相关的风险，而且信用评级机构所发挥的功能事实上与证券法类同，即都是减少证券发行者与投资者之间的信息不对称。

表面上，NRSRO 制度似乎与现行美国证券法存在冲突。在美国历史上，曾经发生过有关证券性法律的争论，争论的焦点主要集中在这些法律是否应只是规定充分的信息披露制度，还是应对证券进行实质监管。最后达成的一致意见是，由各州蓝天法就证券的实质监管进行规定，联邦证券法则不应建立实质监管的体系，只需建立充分信息披露的监管框架，由投资者自己对可行的投资作出评价。

从监管方式来看，NRSRO 构成了间接的实质监管形式，因为对 NRSRO 的指定必须基于对信用评级机构的实质监管，而且这种实质监管优于充分信息披露制度。联邦证券法之所以秉承充分信息披露制度，主要是基于这一理念，即投资者自我判断是否投资的能力削弱了对费力和耗时的实质监管的需要。但在资产证券化尤其是跨境资产证券化中，仅仅依靠投资者的自我判断能力是不够的。即使投资者拥有足够的判断能力，在复杂的资产证券化结构中，如果每个投资者分别对其投资进行评估，成本也是非常高的。而 NRSRO 制度将信用评级的权力集中于 NRSRO，以经济规模优势获得了成本的降低。同时，对 NRSRO 进行最低限度的实质监管的成本并不高，也不耗时。因而，NRSRO 制度即使在表面上呈现出实质监管的形式，对于资产证券化而言，仍然具有一定的正当性。

SEC 对 NRSRO 的实质监管模式在某种程度上契合了现代商法体系的发展方向。传统的市场监管模式是由公共机构对私人行为进行直接的管制，而现代商法体系下仅仅要求国家建立所必需的最低限度的制度结构确保公共资源的合理分配，私人即可依市场机制正常运作。对 SEC 而言，对信用评级机构进行间接监管更为适当，因为间接监管的成本较低，SEC 仅需依赖简单的承诺机制与信用评级机构的声誉机制即可实现其监管目的。但 NRSRO 制度并非单纯的间接监管模式，它还带有直接监管的主要目的，即维护交易的合法性。显然，NRSRO 制度反映了 SEC 的态度，即既强调对评级市场进行规范，又不愿意过分约束信用评级机构，试图在效率与合法间求得平衡。

然而，NRSRO 制度并没有解决信用评级市场的问题，相反还引发了新的问题：

首先，NRSRO 所使用的评级依据缺乏可靠性。信用评级机构或根据被评级企业公布信息资料进行评级，或根据自己掌握的信息进行所谓独立评级。但实际表明，这两种根据的科学性存在疑问。1992 年，加州保险司长曾指控标准普尔及穆迪给予倒闭之前的 Executive Life 保险公司评级过高，明显不符合实际情况，从而导致投资人的巨额损失。

其次，NRSRO 制度加剧了市场的垄断性。1975 年，SEC 认可穆迪、标普与惠誉三家信用评级机构为 NRSRO，并规定外国筹资者在美国金融市场融资时必须接受 NRSRO 信用评级机构的评级，由此确立了三大信用评级机构的垄断地位。NRSRO 限制了获得支持的信用评级机构的数目，因而限制了竞争，并阻碍了新的信用评级机构的进入与发展。由于信用评级机构缺乏生存的竞争压力，因此缺少革新的动力，并因其垄断地位而要求获得垄断利润。

再次，NRSRO 缺乏必要的监督。SEC 对 NRSRO 的监督不力。在事前监督方面，SEC 并没有规定评级公司申请成为 NRSRO 的成文规则和条款，从而导致 NRSRO 指定过程的不规范性和暗箱操作的可能性。除此外，SEC 对 NRSRO 的事后监督方面也过于放松。名义上，NRSRO 须接受 SEC 监管，但事实上标准普尔、穆迪、惠誉三大信用评级机构极少向 SEC 报送相关资料，SEC 平均第 5 年才实施 1 次例行检查。可以说，长期以来，三大信用评级机构基本处于无人监管的状态。

二、安然事件与NRSRO制度的发展

尽管NRSRO制度存在许多问题，但一直到2002年安然事件发生后，关于NRSRO制度的改革建议才成为讨论的焦点。美国国会与SEC意识到应对NRSRO制度的改革加以慎重的考量。

显然在安然事件中，信用评级机构没有发挥应有的风险防范作用。在安然申请破产前，标准普尔等三大信用评级机构一直将安然公司的评级维持在"投资等级"以上。随后接连发生的如Worldcom系列丑闻，进一步激化了有关NRSRO制度的争议。

(一)NRSRO制度的建议

关于对信用评级机构实行NRSRO制度是否合适，如何对信用评级机构进行更为有效的监管，SEC曾就此广泛征求意见。基本而言，对NRSRO制度的观点呈现如下分歧：或者认为NRSRO虽然存在诸多不足，但对于资本市场的发展仍不可或缺，只是某些不足之处需要加以改进；或者认为NRSRO制度应予以废除，由市场机制来调节信用评级机构的发展。

反对NRSRO制度的理由是，在评级实践中，NRSRO制度未能确保评级质量的高水平和可信度，以安然为例，信用评级机构在发行人宣告破产前几天才匆忙降低评级。因此，适当的方法是放松对信用评级机构数量的控制，通过引进信用评级市场的竞争机制提高评级的效率与质量。其次，NRSRO制度使投资者和被评级公司对NRSRO产生了虚假的安全感，而事实上获得NRSRO资格的信用评级机构并不能为评级的质量提供任何保证。

美国富达投资公司(Fidelity Investments)认为，尽管NRSRO制度目前尚存在不足之处，但因噎废食并不足取，一一批驳了主张取消NRSRO制度的观点，同时对改进NRSRO制度提供了新的建议。

首先，虽然NRSRO制度导致评级市场的份额集中于少数大型信用评级机构手中，但问题是，放松对信用评级机构的管制，或者降低NRSRO制度的门槛并不能解决信用评级机构评级质量缺陷问题，相反会使类似的问题更为突出，因为信用评级机构的鱼龙混杂和缺乏适当的分级标准，很难保证评级的质量。

其次，认为主张NRSRO制度是目前相对比较可行的方法。SEC曾提出以主观的"最低信用风险"(Minimal Credit Risk)测试替代现有的NRSRO制

度。但富达投资公司指出，考虑到目前的市场情况，如果仅仅依赖主观的“最低信用风险”测试来购买资产证券化的债券，不能为投资者提供充分的保障，也无助于防止或发现类似的会计上的不当行为。相反，这种测试标准的变化可能导致资本市场上的风险不对称，并严重损害投资者对投资安全的信心。

因此，富达投资公司认为，应支持 NRSRO 的现行制度，但同时提出以下建议：在执行程序方面，以往 SEC 并未对 NRSRO 的业绩表现进行正式的评估，只是通过定期的非正式会晤来探讨有关行业及其监管发展等问题，SEC 要更为严格、经常性地监控和审查现有的 NRSRO，并对 NRSRO 的地位进行两年或三年一次的审查和再许可。此外，NRSRO 应接受公众的审查。NRSRO 的指定标准应更为严厉、更加正式化。同时，SEC 应建立取得 NRSRO 资格的明确承认程序，以取代目前的无异议函方法。考虑到 NRSRO 的特殊地位，NRSRO 指定的程序应更具透明性，并保证信息的流动。①

然而，Lawrence J. White 明确地对 NRSRO 制度表示反对，认为 NRSRO 制度对评级业的竞争和变革无益，也无助于被评级公司与投资者。Lawrence J. White 的反对理由是：首先，NRSRO 制度是对金融市场的外在干预，造成金融市场的扭曲，主张应由金融市场自由决定使用哪家信用评级机构对公司债券所作的投资等级评估；其次，由于信息和通信技术的发展，人们可以较以前更为容易地获得被评级公司的相关资料，这使得信用评级机构这一信息提供者的地位与作用远不如以前重要；再次，即使金融市场需要信用评级机构，也应由市场来决定以何种商业模式选择信用评级机构；最后，现有评级制度存在严重的结构性问题，即由被评级公司向信用评级机构支付评级费用，除非恢复到 1970 年前向投资者收费的付费模式，否则 NRSRO 制度不能很好地保证评级的公正性与准确性。

然而，这种全盘否定 NRSRO 制度的想法过于极端，良好的监管体系应能够在保护投资者与信用评级机构的效率之间保持适当的平衡。鉴此，有人建议应增加信用评级机构的数量，在维持 NRSRO 标准的同时降低 NRSRO 的潜在反竞争效果，如将 NRSRO 的部分名额给予某些外国信用评级机构，或给

① Steven C. Nelson, *Re: Concept Release: Rating Agencies and the Use of Credit Ratings under the Federal Securities Laws*, at http://www.sec.gov/rules/concept/s71203/snelson072503.htm, 2007-06-25.

予参与评估本公司的商业活动和证券的内部附属机构，同时为这些机构进入NRSRO设置必要的门槛，如这些机构的资本充足率水平较高，在投资界的财务报告质量分析方面具有较好声誉，而且在证券化产品评级方面具有令人满意的表现。也有人指出，可以允许申请NRSRO资格的信用评级机构在获得正式的NRSRO地位前可以在试用期内获得临时的NRSRO地位，一方面增加了准NRSRO机构的数量，另一方面又保证了NRSRO评级的高门槛。

笔者以为，SEC应废止现有过高的准入壁垒，允许所有符合条件的信用评级机构获得NRSRO的资格。SEC应将监管重心放在对信用评级机构的评级结果进行评估，以及对NRSRO的业绩表现的评估。以往SEC所设定的NRSRO标准集中于评级结果，而非信用评级机构的业绩表现，往往会导致逻辑上的自相矛盾：为获得NRSRO的指定，信用评级机构必须被美国主要的被评级公司认可为可信的、可靠的评级发布人，而尚未成为NRSRO的信用评级机构却很难被主要的评级用户认可为可信赖的信用评级机构，因而很难获得NRSRO的指定。[①] 为避免这种自相矛盾，NRSRO的资格标准应集中于信用评级机构的精确、效力以及能力等业绩表现方面。

2006年8月7日，美国资产证券化论坛(American Securitization Forum，简称ASF)针对现在的NRSRO改革进程发布了一套政策性建议，以供对信用评级机构监管的现有框架进行立法、监管或市场为基础的改革时用作参考。[②] ASF认为，对NRSRO制度进行改革时，首先要明确四个广泛目标：促进信用评级机构的独立性，提高信用评级机构间的竞争，改善信用评级机构会计准则、方法、评级结果的透明度和信息披露，简化政府指定NRSRO的程序。

但ASF的建议并没有就任何新的立法或规章的详尽内容提出建议，只是勾勒了一系列步骤以促进信用评级机构间的竞争、评级方法和结果的透明度，同时保持评级机构的独立性，并就改善信用评级机构寻求并获取政府指定的程序作出建议。如ASF建议对目前SEC指定NRSRO的程序进行改革，使

---

① Lawrence J. White, *The Bond Rating Game*, at http://www.stern.nyu.edu/Sternbusiness/fall_winter_2003/bondrating.html,2007-05-26.

② American Securitization Forum, *ASF Issues Policy Recommendations for Credit Rating Agency Oversight Reform*, at http://www.americansecuritization.com/story.aspx?id=917,2007-05-1.

指定过程更为开放和透明，要求 SEC 就是否授予某信用评级机构 NRSRO 地位的最终决定向申请者公布审查标准及结果，同时设定一定的期限供申请者就审查标准及结果进行质疑。

综合已有的建议，笔者以为，NRSRO 制度的改革可从如下方面着手：

(1)确保 NRSRO 的独立性。独立地位的保有是 NRSRO 作为私人参与跨境资产证券化治理首先需具备的条件。为确保 NRSRO 的独立性，首先需要取消现有的无异议程序(no-action process)和"国家认可"的标准，转而采取登记程序，即只要符合一定标准的信用评级机构可以通过向 SEC 登记获得 NRSRO 资格，无须经过 SEC 的资格审查。

其次，NRSRO 应保证在评级业务的实务中不存在任何利益上的冲突。这意味着信用评级的利益结构应有所调整，即信用评级机构不得因评级业务从被评级公司收取费用，被评级公司也不得压制 NRSRO 所发布的评级报告。目前，已经有数家信用评级机构采用了无冲突(No-Conflict)商业模式，并通过评级报告与研究成果的销售维持机构的持续运营。如果信用评级机构不能解决信用评级中的利益冲突，则 SEC 有权在一定期限内中止 NRSRO 公开发布评级结果的资格。如果在给定的期限内信用评级机构仍不能达到要求，则应剥夺信用评级机构的 NRSRO 资格。

退一步讲，现有的 NRSRO 继续维持目前利益冲突的商业模式，则 NRSRO 与被评级公司或者其代理人在向公众发布评级时，应充分披露如下事项：该评级是否是主动评级；被评级公司是否向信用评级机构支付费用，包括为评级出版物或出版权所支付的额外费用；是否存在其他商业上的联系，如咨询服务，以及因这些服务所获得的收入；被评级公司得以延迟或隐瞒评级结果的正式或非正式途径。

(2)加强 SEC 对 NRSRO 的监管力度。前述强调 NRSRO 的独立地位并不意味着 SEC 应该完全放弃对 NRSRO 的监管，相反 SEC 应进一步加强对 NRSRO 的监管，但需对监管方式进行调整。如通过对 NRSRO 资格的中止和临时授予，SEC 对 NRSRO 的监管应由事前监管扩展到事中、事后监管，从而保证 SEC 对取得 NRSRO 资格的信用评级机构实行有效的监管。

要实现这种持续性的监管，SEC 应要求 NRSRO 定期向 SEC 进行备案。目前，SEC 对 NRSRO 信用评级的可靠性和可信度缺乏持续的评估，SEC 对 NRSRO 的审查也主要停留在偶然为之的程度。另外，根据无异议函条款，一旦信用评级机构获得 NRSRO 地位，那么仅当信用评级机构经历实质性的变化并导致其难以达到最初认可标准时，才须向 SEC 报告。由于 NRSRO 地位对于信用评级机构的重要性，NRSRO 一般不愿意向 SEC 报告此类变化。因此，将 SEC 的监管建基于 NRSRO 的自我监管和自我报告是不可行的。SEC 要求信用评级机构在向 SEC 进行登记时提供充分的信息，如有关利益冲突的信息、进行评级时所使用的程序、评级业绩测量数据的获得以及防止滥用非公开信息的程序，并应每年向 SEC 报告上述信息所发生的非实质性变化，而且应立刻向依赖 NRSRO 评级报告的投资者进行披露。

(3)NRSRO 应信息公开，并接受公众监督，同时为受影响的投资者提供相应的法律救济途径。NRSRO 应按评级类型建立有关历史违约率的数据库，并向公众开放数据库以供检索，提供有关违约率信息的方式应明确、一致，能够为一般投资者所理解。NRSRO 应在内部建立审查董事会，对 NRSRO 的过去业绩进行比较性评估，并定期向公众披露。NRSRO 应建立正式的投诉程序，被评级公司可以就 NRSRO 的故意敲诈进行投诉。①

(4)建立 NRSRO 的责任机制，NRSRO 应为其评级承担法律责任，以激励 NRSRO 认真分析所获取的资料，并对发行人的业绩进行质疑。根据规定，SEC 豁免了 NRSRO 在《1933 年证券法》第 11 条项下的法律义务(但其他信用评级机构并未豁免此项责任)，同时授权 NRSRO 对招股说明书和财务报告进行信用评级。② 笔者以为，应修改相关的法律规定，使 NRSRO 为评级错误承担法律责任，并对信用评级程序加以改革，使 NRSRO 为违反信息披露程序和标准的评级行为承担法律责任。

(二)NRSRO 制度的改革

安然事件发生后，美国国会制定了《2002 年公众公司会计改革和投资者保护法》(*Public Company Accounting Reform and Investor Protection Act of 2002*，又名萨班斯—奥克斯利法案，简称 SOX 法案)。由于信用评级机构在此

---

① The Street. com Ratings, *Improving the NRSRO System: Statement to the Securities and Exchange Commission*, at http://www. weissratings. com/nrsro. asp, 2007-06-26.

② Paul Schott Stevens, *On Assessing the Current Oversight and Operation of Credit Rating Agencies*, at http://www. ici. org/statements/tmny/06_sen_credit_tmny. html, 2007-06-26.

前公司破产中未能作出有效的预警报告，法案授权 SEC 对改善与提高信用评级机构及其作用进行研究。SEC 需要考察的内容如下：信用评级机构的评级对发行者的重要性，以及它对于投资者和证券市场健康运行的重要性，阻碍信用评级机构作用发挥的因素，提高评级信息流动的措施，进入信用评级行业的壁垒设置以及利益冲突等。①

2003 年，SEC 就改革 NRSRO 制度公开征求意见，其中焦点主要是信用评级机构间的竞争和不正当行为、信用评级机构的勤勉以及 SEC 的监管方法。在公开征求意见的过程中，SEC 对 NRSRO 的监管政策逐渐发生变化，即 SEC 对信用评级机构的认可从模糊的 NRSRO 概念性认可向有确定标准的认可模式转变。

2003 年 6 月，SEC 在美国全国范围内广泛征求意见时，内容涵盖信用评级是否应该被继续用于联邦证券法的监管，是否在联邦证券法规中继续把评级结果用于监管目的，如何选择信用评级机构，如何监管等内容。同年，SEC 发布了界定 NRSRO 的标准：(1)评级机构的组织结构；(2)评级机构的财务来源(作为判断信用评级机构是否能不受被评级公司的经济压力影响或控制的标准)；(3)评级机构员工的规模和质量(判断该机构能否完全地胜任对发行者信用的评估)；(4)评级机构独立于被评级公司的程度；(5)评级机构的评级程序(用以判断信用评级机构是否能够制定系统的程序保证评级的可靠性和精确程度)；(6)评级机构是否存在防止非公开信息滥用的内部程序，以及这些程序的遵守程度。②

2005 年，SEC 在 1934 年《证券交易法》增加新的规则，即 Rule 3b-10，对有关 NRSRO 的定义进行官方的界定。③ Rule 3b-10 认为，NRSRO 须符合以下三个标准：(1)公开发布的信用评级报告，该评级报告是对债务人特定证券或者货币市场工具的商誉的评估；(2)评级报告在金融市场上被证券评级的主要使用者普遍认为是可信的、可靠的，包括获得某一特定行业或地域的使用者

---

① *Sarbanes-Oxley Act of* 2002, Pub. L. No. 107－204, § 702(b).

② SEC. *Report on the Role and Function of Credit Rating Agencies in the Operation of the Securities Markets*, at http://www. sec. gov/news/studies/credratingreport0103. pdf, 2007-05-28.

③ 70 Fed. Reg. 78, 21306.

的认可;(3)信用评级机构内部使用设定的系统化程序确保评级的可靠性与可信度,能够处理好潜在的利益冲突,防止对非公开信息的滥用,并有充分的金融资源确保这些程序得到遵守。

SEC 在评判一个信用评级机构是否符合 NRSRO 时,提出了以下八项关键指标:(1)评级分析师的培训和素质(和评级分析师对相关信息的分析与理解能力有关);(2)评级分析师平均负责评级的次数(关系到分析师是否能够持续跟踪和评价其评级结果);(3)对信息来源的检查以及对评级过程中信息完整性的评价(关系到评级基础信息的质量与范围);(4)信用评级机构与发行主体管理层(包括管理高层和其他相关部门)的关系(关系到发行主体的管理能力和可信度,以及发行主体的财务和经营情况);(5)信用评级机构的组织结构(包括不受被评级公司控制,不受与相关业务或分支机构的潜在利益冲突影响,具有独立运作能力);(6)信用评级机构如何确定、控制与处理这些利益冲突;(7)防止非公开信息被不当使用的内部管理制度及其严格执行情况;(8)信用评级机构的财务实力(与之相关的是,一个机构是否有足够的财务资源来确保在经济压力下的独立运作能力,不受被评对象控制,拥有足够数量、受过良好教育和具有经验丰富的人员队伍)。

SEC 新定义的优点在于对 NRSRO 分类的程序和实质进行了澄清和透明,但 NRSRO 的准入壁垒仍然很高,SEC 仍然保留着对 NRSRO 地位的授予权力以及 NRSRO 被市场接受程度的要求。此外,SEC 拒绝了关于给予信用评级机构临时 NRSRO 地位的建议,即给予实际上符合 NRSRO 的认可标准,但尚未被全国所认可的信用评级机构以暂时性的 NRSRO 地位。临时 NRSRO 的设置可以增加 NRSRO 的数量,从而促进信用评级机构间的竞争。但 SEC 指出,临时 NRSRO 尚缺乏市场地位的认可,所作的评级缺乏可信度和可靠度,会损害评级结果的有效性。尽管如此,SEC 还是对 NRSRO 标准作了一定的放宽,即如果某信用评级机构在债务市场的特定领域内或特定区域内具有比较优势,那么 SEC 可能会给予该信用评级机构以 NRSRO 的地位。

在 Rule 3b-10 中,SEC 在界定 NRSRO 时指出应通过加强信用评级机构的内部程序控制以确保评级的可信度,防止信息的滥用,并处理利益冲突关系。但是,SEC 并没有提及是否需要对信用评级机构进行直接监管,以及如果需要直接监管的话,应采取何种类型的规则。究其原因在于,SEC 对信用评级机构实行直接监管，有待于通过国会立法赋予其此项权力。在国会未明确表态的情况下，SEC只能将重点放置于对信用评级机构的间接监管制度以及对信用评级机构的自律规制方面。

在2007年2月，SEC进一步发布了有关信用评级机构改革法案的试行规则。在该试行规则中，SEC试图解决国会所提出的两个问题：其一，以无异议函指定NRSRO的方式缺乏透明度，并导致信用评级机构无法得到更大范围内的认可与获取更大的市场份额；其二，鉴于信用评级机构对于金融机构乃至金融体系的稳定性与重要性，SEC应考虑加大对信用评级机构的监管力度。① 该试行规则的主要内容如下：

1. 利益冲突问题的防范。Rule 17g-5对可能发生利益冲突的四种情形作出禁止性规定：(1)在最近的会计年度内，NRSRO及其附属机构的净收入的10%以上来自于请求发布评级的某一客户；(2)NRSRO、负责评级的信用分析师或者与负责信用增级的NRSRO关联人士，持有被评级公司的证券，或者在被评级公司中拥有其他所有权权益，或者是与被评级公司相关联的借方或贷方；(3)被评级公司是NRSRO的关联企业；(4)负责信用评级的信用分析师，或者负责信用增级的NRSRO关联人士，同时担任被评级公司的经理或其他领导职位。②

2. 防止实质非公开信息滥用的政策和程序。Rule 17g-4规定，NRSRO应建立、维持和实施正式的政策和程序，以防止未确定的信用评级报告被不适当地散播出去，从而造成金融市场的恐慌，或对被评级公司产生负面影响。③

3. 记录的保持。Rule 17g-2规定，NRSRO应制作并保留所有的外部和内部的通信记录，包括电子通讯，NRSRO及其雇员开始、决定、保持、改变乃至撤回信用评级而发生的通迅记录，这些记录应该保持3年。④ SEC指出，这些书面通讯记录具有非常重要的作用，它有助于SEC确认有关NRSRO以外其他受监管的机构是否遵守法律。

---

① 72 Fed. Reg. 6379.

② See 72 Fed. Reg. 6399～6401.

③ See 72 Fed. Reg. 6398.

④ See 72 Fed. Reg. 6393－96.

4. 反评级区分条款(Anti-Notching Provision)[①]。根据 Rule 17g-6 规定,NRSRO 不得实施下列行为:发布或威胁发布较低的信用评级,或者降低或威胁降低既有的信用等级,撤回现有的评级,或者拒绝对资产池所发行的证券或货币市场工具进行评级。[②]

SEC 的建议性规则遭到了有关机构的异议。2007 年 3 月,ASF 就信用评级机构监管的建议性规则向 SEC 提交意见函,提出了针对性的异议。[③] 首先,在利益冲突问题方面,ASF 认为,SEC 的禁止性规定可能会妨碍客户较少的 NRSRO 的正常经营。为了促进信用评级机构的竞争,ASF 建议应对 SEC 规则作适当的修改,应该允许存在利益冲突,即只要 NRSRO 披露了利益冲突的存在,并采用适当的政策和程序来阐明并管理利益冲突。[④] 其次,在防止实质非公开信息滥用的政策和程序方面,ASF 认为,既有的信息分享实践不应被认定为构成 Rule 17g-4 规定下实质非公开信息的不适当散布行为。[⑤] 再次,在记录保持方面,ASF 对 SEC 的暂行规则表示赞成,但同时表示该规则对 NRSRO 及其发行者和订户间的通信造成不良好的震慑效应。ASF 还指出 Rule 17g-2 要求 NRSRO 保留其内部记录,包括非公开信息和工作文件,以决定信用评级并保留三年,这一规则足以帮助 SEC 监控 NRSRO 的行为,但要求评级机构保留外部记录的规定过于严厉。在这方面,发行人特别是外国发行人,对于保持他们所提供给 NRSRO 的信息的严格保密性非常关注,保持通信记录的要求对于发行人与 NRSRO 间的信息流动会产生"寒蝉效应"(chill-

① 信用评级机构对同一家公司或集团所发行的债务授予不同评级的方法,以反映若干债务持有人因法律和从属结构有所不同的潜在预期损失,这种做法称为"评级区分"(Notching)。

② See 72 Fed. Reg. 6401—03.

③ George P. Miller, *Re: Oversight of Credit Rating Agencies Registered as Nationally Recognized Statistical Rating Organizations*, at http://www.americansecuritization.com/uploadedFiles/ASFfinalRatingAgencyCommentLetter032207.pdf, 2007-05-1.

④ George P. Miller, *Re: Oversight of Credit Rating Agencies Registered as Nationally Recognized Statistical Rating Organizations*, at http://www.americansecuritization.com/uploadedFiles/ASFfinalRatingAgencyCommentLetter032207.pdf, 2007-05-1.

⑤ George P. Miller, *Re: Oversight of Credit Rating Agencies Registered as Nationally Recognized Statistical Rating Organizations*, at http://www.americansecuritization.com/uploadedFiles/ASFfinalRatingAgencyCommentLetter032207.pdf, 2007-05-1.

ing effect)①,最终会损害投资者的利益。② 最后,在反评级区分条款方面,ASF 的成员对 Rule 17g-6 规定的意见未达成一致,总而言之,有如下两种意见:有的成员认为,试行规则仅仅适用于 NRSRO 出于不公平、强制性或滥用的意图进行评级区分的情形;有的成员则认为,无论 NRSRO 出于何种意图,只要存在这种行为,就应当认定为违法。③

2006 年 9 月 29 日,美国总统布什签署了《信用评级机构改革法案》(*Credit Rating Agency Reform Act*),对《1934 年证券交易法》的相关条款进行修订,旨在提高信用评级的质量,通过强化评级机构的责任、评级的透明性以及评级行业的竞争来保护投资者的利益。

该法案的主要条款包括:承认 SEC 具有 NRSRO 注册和资格认定的专有权力;明确评级机构成为 NRSRO 的标准;强调 SEC 对 NRSRO 的日常检查;SEC 将发布关于利益冲突以及 NRSRO 不恰当使用非公开信息的规则;NRSRO 有义务披露提高行业透明性的要求,包括披露在决定信用评级时所使用的程序和方法。

其中,该法案最为核心的内容是有关利益冲突的规定。第 15E(h)(1)条规定,每个 NRSRO 必须建立、维护并加强合理设计的书面政策和程序来解决和管理可能来自经营业务中的利益冲突。第 15(E)(h)(2)条则要求 SEC 发布规则,以禁止或要求管理并披露可能存在的任何利益冲突,包括与下列相关的利益冲突:评级机构发布级别或提供相关服务从债务人获得的补偿方式;NRSRO 为债务人提供的咨询、顾问或其他辅助;NRSRO 或其他与债务人及其附属公司之间存在的业务关系、所有者权益或其他财务的、个人的利益关

---

① 寒蝉效应(chilling effect)是法律用语,特别在讨论言论自由或集会自由时,指人民害怕因为言论遭到国家的刑罚,或是必须面对高额的赔偿,不敢发表言论,如同蝉在寒冷天气中噤声一般。寒蝉效应的发生,将导致公共事务乏人关心,被视为过度压制言论或集会自由的不良后果。

② American Securitization Forum, *ASF Issues Policy Recommendations for Credit Rating Agency Oversight Reform*, at http://www.americansecuritization.com/story.aspx? id=917,2007-05-1.

③ American Securitization Forum, *ASF Issues Policy Recommendations for Credit Rating Agency Oversight Reform*, at http://www.americansecuritization.com/story.aspx? id=917,2007-05-1.

系;NRSRO 分支机构或个人与使用评级结果的证券或货币市场工具认购者之间存在的关系等。①

有学者指出,从法案的相关规定看,SEC 对 NRSRO 资格进行认可的地位得到了法律的认可,而评级市场的垄断现状有望因新的加入者有所改观。此外,透明性以及客观标准的建立得到了加强。② 但该法案只是原则性的框架而已,有待于 SEC 制定更为详尽的规则和监管条例。

2007 年 5 月 23 日,SEC 通过了《实施 2006 年信用评级机构改革法案最终规则》(Final Rules to Implement Provisions of the Credit Rating Agency Reform Act of 2006),标志着有关 NRSRO 的争论暂时告一段落。规则的内容主要如下③:

(1) Rule 17g-1 规定,信用评级机构必须向委员会申请登记成为 NRSRO,如果申请获得通过,则应提供最新信息(如果已提供的特定信息变得实质上不准确的话)以及 NRSRO 表格的年度认证。在 NRSRO 表格中,信用评级机构应提供如下信息:所申请登记的评级类型,信用评级业绩评价数据,测定信用评级程序和方法的组织结构,防止重要非公开信息滥用的程序,处理并管理利益冲突的程序,机构的信用分析师和信用分析师监管者的最低资格条件,有关合规官员(Compliance Officer)的信息。此外,信用评级机构须提供适格机构购买者(Qualified Institutional Buyer)的证明文件,最大客户的名单,已审财务报表,特定的简要财务信息。SEC 在法律允许的范围内保证这些信息的机密性。

(2)Rule 17g-2 规定,NRSRO 应制作并保存从事信用评级期间的记录。此外,规则对保存记录的期限与方式作出规定。

(3)Rule 17g-3 规定,NRSRO 应在审慎的基础上向 SEC 提供特定的财务报告,年度财务报告应包含已审财务报表。除已审财务报表外,NRSRO 应提

---

① *Credit Rating Agency Reform Act of* 2006, at http://frwebgate. access. gpo. gov/cgi-bin/getdoc. cgi? dbname=109_cong_bills&docid=f: s3850enr. txt. pdf, 2006-09-29.

② 袁敏:《资信评级的功能检验与质量控制研究》,立信会计出版社 2007 年版,第 173～174 页。

③ SEC, *Final Rules to Implement the Credit Rating Agency Reform Act of* 2006, at http://www. sec. gov/news/press/2007/2007-104. htm, 2007-06-25.

供单独的未审财务报告以协助 SEC 履行《信用评级机构改革法案》所规定的法定责任。

(4)Rule 17g-4 规定，NRSRO 应采取书面政策，并合理地制定程序，以防止以下情形：A. 在 NRSRO 内外部不适当地散布提供信用评级服务过程中所获得的重要非公开信息；B. NRSRO 内部人员在占有提供信用评级服务过程中所获得的会影响证券或货币市场工具的重要非公开信息时，购买或销售此类信息，或从此类信息中获益；C. 发布信用评级前，在 NRSRO 内外部不适当地散布未决的信用评级行为。

(5)Rule 17g-5 规定，NRSRO 应披露并控制参与发布信用评级的过程中所存在的利益冲突。例如，NRSRO 的利益冲突可能包括由发行商或承销商付费对他们所发行或承销的证券或货币市场工具进行评级。

(6)Rule 17g-6 规定禁止 NRSRO 从事特定的不正当、强制性或舞弊行为。如 NRSRO 不得威胁发布采用不符合 NRSRO 既定的确定信用评级的程序和方法的信用评级，无论被评级方是否将购买或已经购买了该 NRSRO 的其他产品。此外，Rule 17g-6 规定，如果证券或货币市场工具是由资产池所发行的，或者构成资产支持或抵押支持证券交易的一部分，则 NRSRO 不得出于反竞争的目的，发布或威胁发布较低的信用评级，降低或威胁降低已有的信用评级，拒绝发布信用评级，撤回或威胁撤回信用评级，除非资产池的全部或部分，或者该项交易的部分也是由该 NRSRO 提供评级。

三、针对 NRSRO 不当行为的诉讼救济

除了信用评级机构的国家监管外，私人诉讼也是控制信用评级机构不当行为的方法之一。要对信用评级机构提起诉讼，目前可借助的理论依据如下：(1)发行人主张信用评级机构对发行人债务的错误分析构成对发行人的诽谤；(2)使用评级报告的投资者主张信用评级机构的过失性虚假陈述(negligent misrepresentation)构成侵权，并违反了机构的注意义务(duty of care)；(3)发行人主张，未经自己请求擅自发布错误的评级是故意妨害合同，构成侵权；(4)主动评级与评级区分行为会导致对评级市场竞争行为的排除，违反了反垄断规则。但就现有实践而言，信用评级机构通常能够规避基于这些理由所提起的诉讼。

(一)诽谤之诉

如果发起人要以诽谤为由提起诉讼,他所面临的首要任务是确定信用评级报告的性质,即信用评级报告是意见(opinions),还是事实(facts)。与之相联系的问题是,信用评级机构是否属于媒体,因为媒体享有宪法第一修正案的言论自由保护,而非媒体则不享有此种保护。

根据 New York Times v. Sullivan 案①、Curtis v. Butts 案②、Gertz v. Robert Welch 案③等案所确立的原则,新闻媒体及其从业人员在对政府要员(public officials)、知名人士(public figure)以及公众关注的事情(public concern)的报道过程中出现的非恶意错误,可以豁免一般的诽谤之诉,其目的是为了捍卫美国宪法第一修正案所规定的言论自由和出版自由。

简言之,要对信用评级机构提起诽谤之诉,须明确如下三个问题:其一,信用评级机构是否属于新闻媒体;其二,评级报告内容针对的对象是否属于政府要员或知名人士,或者其内容不属于公众注意的事情;其三,信用评级机构发布评级报告是否出于恶意。

信用评级机构是否属于媒体,目前尚未有统一的定论。在 Dun & Bradstreet v. Greenmoss Builders 一案中,佛蒙特州最高法院拒绝承认信用评级机构具有新闻媒体的身份,理由是信用评级机构和新闻媒体在信息传播范围与提供的信息种类之间存在很大的差别。信用评级机构提供信用评级报告的对象仅限于向这些机构支付费用的报告订阅者,根据信用评级机构与订阅者之间的合同条款,订阅者负有对这些报告中所涉及的金融信息保密的义务。换言之,信用评级机构的服务对象具有一定的特定性。此外,与一般信息不同,信用评级机构所提供的信息是专业化的信息。相对而言,一般媒体的服务对象是不特定的公众,所提供的信息则是供公众消费的新闻消息。④ 根据美国《侵权法重述》,诽谤的构成要件之一是通过不正常的途径散布虚假的信息,如前所述,信用评级机构与评级报告订阅者间的信息传送不构成散布,不容易被认定为诽谤。

---

① New York Times Co. v. Sullivan, 376 U. S. 254 (1964).

② Curtis v. Butts, 388 U. S. 130, 153 (1967).

③ Gertz v. Robert Welch, Inc. , 418 U. S. 347 (1974).

④ Dun & Bradstreet v. Greenmoss Builders, 472 U. S. 749, (1985).

但在某些情况下，法院可能认定信用评级机构属于新闻媒体，理由是信用评级机构不仅仅是应客户的要求提供评级报告，同时还会向广大投资者披露评级报告的内容。在信用评级机构被定性为新闻媒体的情形下，评级报告的定性就至关重要了。如果评级报告被定性为意见，那么评级报告中的错误可以享受美国宪法第一修正案的保护。如果原告以评级报告的事实错误为由提起诉讼，则要求信用评级机构承担责任的成功概率相对较大。至于如何区分某一对象是事实还是意见，在 1984 年的 Ollman v. Evans 案中，法院曾指出，对信用评级机构的性质判断应结合日常习惯用法、可核实程度、背景与更为广泛的社会背景等因素加以总体考虑再作出判断。① 信用评级机构通常主张它们的信用评级仅仅构成对被评级对象的意见，并不构成事实本身，而且这种观点得到了法院的支持。

就第二个条件而言，信用评级报告内容所针对的对象通常是工商企业，不属于政府要员。至于工商企业是否属于知名人士，美国法院对此尚存在争议。在 1985 年的 Schiavone Construction Co. v. Time Inc. 案②中，法院认定公司属于知名人士，而在同年的 Bank of Oregon v. Independent News，Inc. 案③中，法院的结论与前完全相反，认为公司不属于知名人士。鉴于评级对象多以企业形式存在，将其认定为知名人士存在诸多困难。

那么，信用评级报告的内容是否属于公众关注的事情呢？在 Dun & Bradstreet v. Greenmoss Builders 案中，被告提出信用评级满足了工商业界对企业信用评级信息的需求，符合公众利益，应属于公众关注的事情。因此，即使信用评级机构不属于新闻媒体，其所发布的信用评级报告也应受到宪法第一修正案的保护。④ 显然，信用评级报告的内容确实属于公众关注的事情。然而，要享受美国宪法第一修正案的保护，仅满足这一条件是不够的，还必须注意一个前提，即信用评级机构属于新闻媒体。如俄勒冈州最高法院认为，非新闻媒体机构的诽谤性报道不享受第一修正案的保护。⑤

---

① Ollman v. Evans 750 F. 2d 1300，1986.

② Schiavone Construction Co，v. Time Inc. ，619 F. Supp 684，702 — 707 (1985).

③ Bank of Oregon v. Independent News，Inc. 693 P. 2d 35，41～43 (1985).

④ Dun & Bradstreet v. Greenmoss Builders，472 U. S. 749，(1985).

⑤ Denny v. Mertz，106 Wis. 2d. 636，318 N. W. 2d. 1419(282).

至于第三个条件，要对恶意加以界定比较困难。通常而言，就诽谤案件中被告是否具有恶意，普通法总的原则是，当言辞本身具有诋毁他人名誉的性质时，那么就可以推定为具有恶意，这种言辞属于本身具有可诉性的言辞。要把握该项原则，须注意例外情形，即关于雇员的品德评语，或者出于合法目的的保密咨询意见，以及发给索取此种信息并有权知道此类信息的人的信函，不能仅仅因言辞本身诋毁他人名誉而断定传播者具有恶意。但是，如果某些言辞的诋毁性侵害他人的专业名誉或企业特性，如错误地报道某一企业破产，则无须外部证据，即可提起诽谤之诉。[①] 但由于信用评级报告通常是以中立、公正的表述对被评级对象的具体进行反映，不太容易认定信用评级机构存在主观上的恶意。

（二）过失性虚假陈述的侵权

对信用评级报告的用户而言，可以以过失性虚假陈述的侵权为由要求信用评级机构承担法律责任。《美国侵权法重述（第二次）》规定："在商业、职业、雇佣或者其他有金钱利益的交易过程中，而提供作为他人交易引导的虚假信息的人，如果怠于合理注意或者没有合理的能力而取得或者传递信息的，须就该他人因合理信赖该信息的经济损失承担责任。"在 1963 年的 Hedley Byrne & Co Ltd v. Heller & Partners Ltd 案中，法院确认过失虚假陈述构成过失侵权，可以作为侵权法上的诉因，即便陈述人与受害人之间并没有任何法律关系。

证券市场上的一般投资者并非评级合同的当事方，与信用评级机构并无合同关系，可以过失侵权为由提起诉讼。但是，根据美国宪法第一修正案，如果信用评级机构被认定为媒体，除非信用评级机构存在故意或者无视真相而鲁莽行事的行为，否则信用评级机构通常不因过失的错误陈述承担责任，这意味着以过失性虚假陈述追究信用评级机构的侵权责任并非易事。

（三）故意妨碍他人合同

如果信用评级机构发布了不利于发行人的主动评级，并对发行人的筹资能力产生不利的影响，则可能不适当地妨碍了被评级公司的合同或者预期合同，受害者可以因此以恶意妨碍合同为由提起诉讼。

在 Jefferson County Sch. Dist. V. Moody's Investor's Servs. ,Inc. 案[②]

---

① Darling v. Clement, 69 Vt, at 292, 300, 37 A. at 779, 781(1897).

② Jefferson County Sch. Dist. V. Moody's Investor's Servs. ,Inc. ,175 F. 3d 848 (1999).

中，穆迪未经 Jefferson County School District 的请求即发布评级报告，对 Jefferson County School District 的财务状况进行评价，断定其面临财务问题，并作出负面的结论。对此，Jefferson County School District 声称，穆迪的评级是恶意妨碍其合同，有关其财务状况的评级报告是错误的，所依据的信息并不准确。Jefferson County School District 进一步指出，穆迪发布该信息是出于报复的目的，因为该公司决定选择其他的信用评级机构。受穆迪评级报告的影响，该公司被迫重新对债券进行定价，并因此不得不支付更高的利息。

法院在审查案情时，对第一修正案有关意见的保护条款进行审查，认定被告穆迪的报复动机不仅仅导致妨碍合同关系，甚至导致原告因为负面的评级而蒙受商业利益的损失。但法院同时指出，原告以故意妨碍他人合同为由提起诉讼，必须证明信用评级机构存在武断地发布不真实的信息，并具有损害债务人债券进行报复的动机。①

在判断信用评级机构的行为是否故意干预被评级公司的合同或预期合同关系时，需考虑以下因素：信用评级机构行为的本质，信用评级机构的动机，信用评级机构干预行为对被评级公司利益的影响，信用评级机构所试图获得的利益，保护信用评级机构行为自由所体现的社会利益与被评级公司的合同利益，信用评级机构行为与干预之间的亲疏关系，各方之间的关系。

就本案而言，穆迪所作的评级报告是否对被评级公司的合同或预期合同关系构成干扰，甚至达成不适当的程度呢？原告的败诉反映出，以此为诉由具有较强的局限性，因为信用评级机构的评级报告作为意见的表达，不仅合法，而且受到宪法的保护，将其视为不适当地干预被评级公司的合同或预期合同关系，缺乏法律上的支持。

（四）违反反托拉斯法

在 Jefferson County Sch. Dist. v. Moody's Investor's Servs. ,Inc. 案中，原告提出的另一个诉由是，穆迪发布或威胁发布主动评级的目的在于阻止竞争，违反了联邦的反托拉斯法。宪法第一修正案不免除出版者反垄断法下的法律责任。但穆迪辩称，穆迪享有宪法赋予的作为金融信息出版机构的特权，原告关于其违反反托拉斯法的指控不成立。法院最终判定，信用评级机构的

---

① Jefferson County Sch. Dist. v. Moody's Investor's Servs. ,Inc. 175 F. 3d 855～858 (1999).

评级只是意见而已，信用评级机构不存在其他非法行为，也未违反反托拉斯法，而且第一修正案对言论自由的保护排除了信用评级机构仅仅因发表意见而承担责任的可能性。①

总而言之，要求信用评级机构承担法律责任的难度非常大，目前对信用评级机构的诉讼很少取得成功。显然，要依赖法律诉讼对信用评级机构尤其是NRSRO的行为进行规制，在现有的法律制度下是很难成功的。相对而言，前已提及的声誉机制、提高市场竞争以及SEC对NRSRO监管力度的加大和水平的提高，对于约束信用评级机构可能更为有用。②

第三节 信用评级机构的跨境监管

一、信用评级机构的跨境服务

信用评级机构不仅仅局限于在本国国内开展业务，而且把评级业务扩展到世界其他国家。在推进全球化的过程中，信用评级机构努力实现评级技术、公司管理、人力资源投入、营销网络等方面与本国以外的其他国家和地区进行对接。目前，最重要的信用评级机构是标准普尔、穆迪以及惠誉，这三家信用评级机构都成立于美国，并为全球范围内的客户提供服务，为全球投资者提供评级。③ 如惠誉在纽约和伦敦设有总部，并在75个国家设有分部。

如前所述，信用评级市场具有天然的垄断性，标准普尔、穆迪等信用评级机构几乎垄断了美国的信用评级市场。由于美国资本市场在全球的领导地位，美国信用评级机构的权力得到极大的膨胀，甚至以一种准规章的形式左右全球资本市场。如果SPV发行的证券被美国信用评级机构认定为"低投资级

---

① Jefferson County Sch. Dist. v. Moody's Investor's Servs.,Inc. 175 F. 3d 859～861 (1999).

② See Gregory Husisian, What Standard of Care Should Govern the World's Shortest Editorials? An Analysis of Bond Rating Agency Liability, *Cornell Law Review*, 1990, Vol. 75.

③ Steven L. Schwarcz, The Universal Language of Cross-Border Finance, *Duke Journal of Comparative and International Law*, 1998, Vol. 8, p. 252.

别”，那么养老基金及其他机构投资者对该企业及债券的投资就会受到限制，融资者为此需要支付更高的利率。实质上，信用评级机构已变相掌握了企业的生杀大权。美国评级公司已经成为国际资本市场的监管者。随着中国利用外资程度的加大，国内企业将越来越多地通过海外上市、离岸资产证券化等方式进行融资，从而导致不得不依赖于标准普尔等信用评级机构的评级报告。

二、对信用评级机构跨境服务的规制

(一)国内法对信用评级机构的监管

信用评级机构跨境影响的途径比较便捷，不需要其他国家设立办事处，甚至不需要任何物理存在，也不需要国家的认可，就可以通过主动评级对他国的企业施加影响。2003 年 3 月，德国企业接二连三地被标准普尔降低信贷评级，由此导致包括最大的钢铁制造商 ThyssenKrupp 在内的相关企业股价跌至有史以来的最低点。信用评级机构的影响模式在某种程度上增加了对其进行监管的难度。就中国而言，尽管这些评级机构都没有获得在国内独立评级的许可，但它们借助在香港的子公司对中国内地金融领域进行渗透，通过委托评级、私下搜集与收买资料等渠道，获取中国政府与中资企业的信息。

但国家仍然可以对信用评级机构进行一定程度上的限制，主要包括人员流动的限制、开业权限制、业务经营权限制、税收歧视、补贴、外汇管制等。针对信用评级机构跨境服务的方式，东道国可以采取不同的方式。如针对信用评级机构暂时性进入东道国境内提供服务的，东道国可以对信用评级机构员工是否可以入境、在东道国的居留时间、提供服务的范围等进行限制。针对信用评级机构在东道国直接设立服务机构的情形，东道国可以对信用评级机构在东道国设立机构的组织形式、业务范围、与东道国信用评级机构及其员工的关系等进行规范。

然而，对信用评级机构在本国向外国投资者提供评级服务的方式，外国投资者母国没办法进行有效的监管。这在一定程度上反映了在跨境资产证券化领域内，私人治理发挥作用的领域可以绕过国家的控制与监管。

(二)国际法对信用评级机构的监管

通过国内法对国际性的信用评级机构进行监管存在许多问题。首先，母国对信用评级机构实行监管时，母国的政策取向是保护本国投资者的利益，当信用评级机构利益与外国投资者利益相冲突时，倾向于保护本国信用评级机构，因此母国监管是否能够保证监管的中立性、公正性值得怀疑。如果东道国对信用评级机构进行监管，则缺乏适当的监管渠道，因为如前所述，信用评级机构可以不依赖于任何在东道国的实体存在即可提供评级服务。而且，信用评级机构具有较强的流动性，如果受到相对严厉的监管，它可能轻易地转移到其他监管制度相对宽松的国家。这可能导致竞次(race to the bottom)的现象，即各国竞相降低本国监管水平以吸引信用评级机构。

与国内法的监管相比，以国际法对私人治理主体的监管更为困难。对国内私人治理主体，国内公共机构可以对其治理行为进行监控或者矫正。在全球层面上则缺乏相应的公共机构，而且监管成本过高。

有学者建议，可以考虑模仿美国的 NRSRO 制度，建立“全球认可的统计评级组织”(Globally Recognized Statistical Rating Organization，简称 GRSRO)的指定制度。然而，建立 GRSRO 制度并非是必要的选择。首先，NRSRO 制度足以解决 GRSRO 所打算解决的问题，因为在某一项给定的交易中，真正可能适用的是证券发行地国的 NRSRO 制度。在跨境资产证券化交易中，如 X 国公司向在 Y 国的 SPV 销售应收款，Y 国的 SPV 通过 Z 国的 SPV 发行证券获得融资，那么仅仅 Z 国的 NRSRO 制度是与该项交易相关联的。其次，GRSRO 指定的程序即使可行，实施成本也很高。此外，单一的 GRSRO 制度削弱了本国信用评级机构培育并发展的可能性，由此所产生的反竞争效应可能更为严重。①

三、中国对跨境资产证券化中信用评级机构的监管

中国要发展跨境资产证券化，一方面要借助于本国国内的信用评级机构，另一方面要注意更为有效地利用国外著名的信用评级机构。目前，我国的信用评级机构与国际著名的信用评级机构仍存在着较大差距。中国对信用评级机构的监管需要平衡三个目标：培育中国国内信用评级机构参与跨境资产证券化的治理能力，加强对国外信用评级机构进入中国的审慎监管力度，保护广大投资者。

---

① Steven L. Schwarcz，Private Ordering of Public Markets：The Rating Agency Paradox，*University of Illinois Law Review*，2002，Vol. 2002，p. 26.

(一)国内信用评级机构的发展状况

1987 年,国家对企业债券实行统一管理,信用评级机构开始兴起。1988 年,上海成立了全国第一家非银行系统的地方性信用评级机构——上海远东资信评估公司。此后,全国陆续建立了 90 多家信用评级机构。目前国内还有 50 多家,其中规模较大、能在全国开展业务的只有 4 家:中诚信国际(1999 年中国诚信证券评估有限公司与惠誉国际等合资成立)、大公国际(1999 年与穆迪合作)、上海远东和深圳鹏元。此外还有几家虽也具有在全国开展债券评级资格,但实际业务仍没走出所在区域的机构,如福建省资信评级委员会(现为联合资信评估公司)、辽宁省资信评估公司、长城资信评估公司、云南资信评估事务所等。

从全行业经营情况来看,我国信用评级业务范围有限,收入来源单一,收费率低下,由此产生的恶性竞争严重影响了信用评级业的声誉。企业债券评级历来是信用评级业的主营业务,但年均 300 多亿元的发债额对于 9 家被中国人民银行授权进行信用评级的公司来说,根本是杯水车薪。千分之一二的收费标准,分摊下来每家公司业务量平均只有数百万。加上中诚信垄断了大部分市场,其余各家的经营更为艰难。而中诚信即便是做到了行业之最,2000 年仍旧亏损 300 万元。规模位居第二的大公国际成立于 1994 年,1999 年与美国穆迪结为战略联盟,其经营状况目前也相当拮据。[①]

(二)外资信用评级机构进入的大致状况

1999 年,惠誉率先进入中国评级市场,以合资的方式设立了中诚信国际中外合资信用评级机构。合资公司于 2000 年开始正式运作,惠誉持股 30%,中诚信信用管理持股 45%。惠誉在合资公司一直都没有获得控制权,该合资公司的盈利状况也一直不好。2003 年 7 月,惠誉从合资公司中撤离。1999 年,穆迪与大公国际信用评级公司签署了为期 3 年的技术合作协议。2001 年,穆迪北京办事处成立;2003 年,穆迪独资的北京穆迪风险信息技术服务有限公司成立;最近,穆迪又和中诚信成立了合资信用评级机构,中诚信占有 51%的控股权。2004 年,标准普尔在北京设立了自己的代表处。

伴随三大国际信用评级机构的进入,一些专业类的国际评级公司纷纷效

① 袁铭良:《"三大评级机构"地位震荡》,at http://www.p5w.net/newfortune/old/200504/t307832.htm,2007-03-9.

仿。2005年初,国际基金评级的权威机构——晨星公司把中国公司的总部设在了深圳,并首次推出了《中国基金业绩排行榜》。

(三)国内信用评级机构的管理现状

1. 国内信用评级的法律环境

目前我国涉及信用评级方面的法律法规,仅散见于各相关的法规条例中。主要有《证券法》、《公司法》、《企业债券管理条例》、《可转换公司债券管理暂行条例》、《贷款通则》、《保险公司投资企业债券管理暂行办法》、《证券公司债券管理办法》以及配套的法规规章。此外,在上海和深圳证券交易所的上市规则中也有所涉及,但缺乏专门规范信用评级行业的统一的基础性法律法规。

上述法律法规条例规章中所涉及的评级对象主要是债券(包括企业债、上市公司可转债、证券公司债券)和贷款企业。这些法律法规对信用评级机构的规定存在许多空白点,如对信用评级机构的市场准入和退出、合规经营、不正当竞争等方面的管理政策法规仍付诸阙如,而且对评级的强制性规定较少。法制建设的空白点加剧了信用评级机构的不规范运营和机构间的恶性竞争。

2007年中国证监会发布《证券市场资信评级业务管理暂行办法》(简称《办法》)①后,这种现象得到了一定的缓解。根据《办法》,中国证监会将对资信评级机构从事证券市场资信评级业务实行许可制管理。所谓"证券评级业务",主要包括针对以下四类对象开展的资信评级服务:证监会依法核准发行的债券、资产担保证券以及其他固定收益或者债务型结构性融资证券;在证券交易所上市交易的债券、资产担保证券以及其他固定收益或者债务型结构性融资证券,国债除外;上述证券的发行人、上市公司、非上市公众公司、证券公司、证券投资基金管理公司;证监会规定的其他评级对象。

《办法》在对证券市场资信评级实行业务许可管理的基础上,对评级对象、业务规则、监管要求、法律责任等作出了规定。《办法》确立了信息披露制度、利益冲突防范制度、回避制度、评级委员会制度、复评制度、跟踪评级制度、评级结果公布制度、保密制度、评级业务档案管理等九项业务规则;明确了对资信评级机构高管人员的管理、信息报送、重大事项报告、监督检查、资质维持、违规处理、自律管理等七项要求;并且强化了非法执业、未勤勉尽责、虚假陈述

① 中国证券监督管理委员会:《证券市场资信评级业务管理暂行办法》,at http://www.csrc.gov.cn/n575458/n776436/n804920/n4264509/4264609.html,2007-08-24.

及违背相关规则行为的法律责任。

《办法》对证券评级机构与评级对象存在利害关系的情况进行了规范。根据规定，如果证券评级机构与评级对象为同一实际控制人所控制或同一股东持有证券评级机构、评级对象的股份均达到5%以上，则该评级机构不得开展证券评级业务。此外，证券评级机构及其实际控制人若在开展证券评级业务之前6个月内买卖受评级证券，也不能受托进行评级。《办法》规定，证券评级机构人员或其直系亲属若持有评级对象股份达到5%以上，或者是评级对象的实际控制人，应当在评级期间回避。较之前的法律法规而言，该《办法》更具针对性，但这只是暂行办法，法律效力等级过低，实际效果如何仍有待于进一步的实践检验。

2. 监管部门的行政协调问题

我国信用评级业务一直处于多头管理、无序竞争、发展不规范的状态。我国目前信用评级机构没有具体的归口管理部门，对评级业的管理主要根据债券的发行主体由不同的政府部门监管。发改委主要对企业债券评级进行管理；证监会则负责可转债和证券公司债信用评级的管理，金融债券的信用评级管理由央行负责。

各部门在缺乏基本法规的前提下，从各自业务监管的角度对信用评级工作提出了一些要求。如保监会只允许保险公司投资其认可的五家信用评级机构评定的2A以上级别的企业债，证监会在可转债的发行业务中设计了对可转债的选择性评级制度，人民银行则发文认定了9家获得债券评级资格的信用评级机构。但从整体上来看，对信用评级机构没有一个主管部门，未能形成有效的监管体系，各监管机构之间缺乏沟通与协调。

由于对信用评级机构没有统一的主管部门，未能形成有效的监管体系，从而出现许多监管的空白点，如一些基本的从业要求、业务规范。由于没有相关的业务规范，各信用评级机构的评级程序、评级方法、评级结果相差很大，很难发挥评级的作用。而且，我国对评级结果也缺乏全国范围内统一的复审、监管机构，这使得许多信用评级机构不惜牺牲评级质量来争取评级业务，严重影响了信用评级业的健康发展。

(四)私人治理与国家监管：发展与完善信用评级机构监管的政策建议

1. 重视对中国信用评级机构治理能力的培育

笔者以为，应由主监管机构牵头协调其他监管机构起草与制定一部有关信用评级机构的基础性管理法规，各有关监管机构在此基本法规的基础上制定相应的管理办法和规章制度，从而不断完善我国评级市场的法规体系。其中，建立严格的评级市场机构准入与业务准入制度是提升评级市场整体素质的重要途径。再者，应进一步完善市场筛选机制，对信誉低下、业务水平不合格、管理混乱以及为获得眼前业务而进行评级等级许诺的信用评级机构通过退出机制，将其从评级市场中淘汰出去。最后，在培育信用评级机构治理能力的同时，应避免对信用评级机构的过分干预。中诚信国际CEO邬润扬和大公国际总裁关建中曾呼吁，政府应尽快制定相应的法律来规范评级行业，例如要求发债企业接受至少两家评级公司评级、连续评级以及将评级结果与利率挂钩等等，以强化信用评级机构的治理功能。

2. 加强对外国信用评级机构的审慎监管

目前我国国内信用评级机构在评级技术与人才争夺上尚不具备与外资竞争的实力，有些涉及国家主权与经济安全的评级内容也不宜外资过多介入。评级市场开放的进度应与国内金融市场改革的速度相匹配，如可考虑先合作合资，条件成熟后再允许外资信用评级机构独资开展业务。欧洲议会曾要求欧盟委员会进行调查，并针对“确保评级公司运转的透明度”和“国际评级市场过度集中化”等问题提出是否需要立法的建议。我们也应借鉴国外经验，通过立法的途径，不断强化监管，并对境外评级机构设定市场准入制度，以培植本土民族信用评级机构发展壮大的土壤。

第三章 >>>

会计准则制定机构的私人治理法律问题

资产证券化过程中，证券化资产是否被有效地转让，直接关系到资产证券化的成功与否。资产的有效转让，不仅取决于法律上的认可，还取决于会计准则的认可。跨境资产证券化因关涉不同国家的会计准则，还需要进行国际协调。以FASB为代表的国内会计准则制定机构与国际会计准则制定机构IASB，主导着关系跨境资产证券化成功与否的会计准则的政策取向。然而，私人属性的会计准则制定机构在参与公共治理时，因委托——代理关系的存在招致诸多的质疑。如何防范会计准则机构参与治理所产生的弊端，并为我国会计准则制定模式提供借鉴，是本章的重点所在。

第一节　会计准则与跨境资产证券化

一、跨境资产证券化中的会计准则

（一）规范资产证券化的会计准则

会计是资产证券化过程中非常关键的部分。资产证券化能否顺利地进行，关键在于资产是否被有效地转让，尤其是在会计上是否被转移出表外。资产证券化的发展是由会计准则所决定。资产证券化会计较一般业务的会计而言，要复杂得多，主要涉及以下问题：

1. 资产证券化的会计确认问题

会计确认问题是资产证券化会计的核心问题。“所谓会计确认，是指将某一项目作为资产、负债、营业收入、费用等之类正式地记入或列入某一具体财务报表的过程，它包括同时用文字和数字描述某一项目，其金额包括在报表总计之中。”[①]

(1)资产证券化中有关资产和负债的确认

根据财务会计理论，资产是可能的未来经济利益，是特定个体从已经发生的交易或事项所取得或加以控制的，负债则是将来可能要放弃的经济利益，是特定个体由于已经发生的交易或事项，将来要向其他个体提交资产或劳务的现有义务。两者的共同特征是：它们都是由过去所发生的交易或事项所引起。而且，无论是资产还是负债，其产生都引起了真正的实物包括现金的流动。

资产证券化的产生对传统资产和负债的定义提出了挑战。资产证券化，尤其是与衍生金融工具相结合的资产证券化，如附带清算买权的资产证券化、附带利率调期或远期合约的资产证券化，其最大的特点是对未来经济利益的交易，以资产未来流入的经济利益为基础，将其提前变现为分期偿付的债权。对此，吴群认为，会计针对资产证券化的特殊情形，将确认资产的标准抽象为三个基本特征：是否具有未来的经济利益，是否为个体所拥有或控制，能否以货币计量。据此，资产证券化交易中所涉及的项目，如担保资产组合[②]、担保合约权利[③]、未销售收入剥离[④]、保留服务权利[⑤]、其他衍生金融工具[⑥]都可以确认为会计意义上的资产。[⑦] 确认为负债的标准会计准则可以抽象为如下特征：是否是将来可能要放弃的经济利益，是否是特定个体的现有义务，是否是

① 吴群：《资产证券化与资产证券化会计》，经济管理出版社 2005 年版，第 97 页。

② 担保资产组合，是指资产证券化中 SPV 所获得的单项基础金融资产或多项基础金融资产组成的资产池，SPV 据此经过结构化安排后可发行证券从而实现基础金融资产的资产证券化。该资产池所产生的未来现金流量便成为所发行证券本息偿还的源泉。

③ 担保合约权利，是指资产证券化中 SPV 所获得的收取未来现金流量的抵押权。通过该抵押权，SPV 可通过结构化安排后对外发行证券并从抵押物未来所产生的现金流量中去支付债券的本息。

④ 未销售收入剥离，是指原始权益人所持有的、从已转让基础金融资产中继续收取未来利益的权利。

⑤ 保留服务权利，是指原始权益人对所转让金融资产保留日后继续提供服务的权利，如收取已转让基础金融资产上的本金、利息；取消抵押品赎回权；向担保人、信托人或其他服务商支付费用等。

⑥ 其他衍生金融工具，是指资产证券化交易中所签订的与转让资产有关的衍生金融工具合同，如期权、远期合同、互换。常见的是类似于利率互换的安排、回购协议中所持有的远期承诺和期权。

⑦ 吴群：《资产证券化与资产证券化会计》，经济管理出版社 2005 年版，第 102～108 页。

已经发生的交易或事项所引起的。根据上述特征，资产证券化交易中的服务负债[①]与剩余权益[②]可能产生会计意义上的负债项目。至于原始权益人转让基础金融资产的行为、附追索和担保的协议[③]及回购资产的协议[④]则需视具体情况进行判断。[⑤]

(2)资产证券化中有关销售的确认

究其本质，资产证券化是指对已转让基础金融资产的资产证券化。从会计的角度来看，资产证券化的会计确认首先需要确认基础金融资产的转让是否属于销售。为提高资本充足率，减少风险资产的总额，大多数发起人希望将交易作表外处理，并确认交易损益。关于销售的确认，目前资产证券化的会计处理采用了如下标准：

第一，风险与报酬全部转移的确认标准。一般会计理论认为，当销售已实现或可实现，并已赢利时才能予以确认。已实现或可实现，并已赢利是确认销售的两个条件。根据"风险与报酬全部转移"这一标准来分析资产证券化，只有假定所转让资产上的全部风险和收益转让给他人时才允许进行终止确认。因此，发起人只有在转让了相关资产组合所有的风险和收益后，资产证券化交易才能作为销售处理，所获得的资金可作为资产的转让收入，同时确认相关的损益。如果发起人仍然保留已转让资产组合的所有风险和收益，则资产证券化交易被视为担保融资，证券化资产组合仍然保留在资产负债表中，通过资产证券化获得的资金则被确认为负债。

第二，控制权放弃的确认标准。根据这一确认标准，只要资产证券化交易发生后，转让方放弃了对所转让基础金融资产的控制权，资产证券化交易即认为

① 服务负债，是指原始权益人所发生的服务成本大于服务收益时的净损失。

② 剩余权益，是指资产证券化信托结构中与从属债券对应的那部分剩余权益。在超额抵押中，当担保资产组合产生的现金流量在偿还优先债券固定数额的本息之后，余额可能会超过预期数量，这部分"超额利润"即属于剩余权益。

③ 附追索和担保协议，是指基础金融资产转让后，转让人(原始权益人)有义务向受让人(SPV)付款或在特定情况下(例如在债务人违约达到一定百分比的情况下)回购已经销售的基础金融资产的书面承诺。

④ 回购资产协议，是指转让人向受让人转让基础金融资产以取得现金，并按取得现金金额加上一定比例的利息在将来某一天再重新获得该资产的书面承诺。

⑤ 吴群：《资产证券化与资产证券化会计》，经济管理出版社2005年版，第108～111页。

是销售交易，所转让的基础金融资产就应该终止确认；反之，若转让方并没有放弃对所转让基础金融资产的控制权，则资产证券化交易就可确认为融资活动，所转让的基础金融资产就不能终止确认，必须保留在转让人的资产负债表中，因转让所获得的资金则作为转让方的负债进行确认。衡量转让方是否放弃对所转让金融资产的控制权，可根据以下三个条件加以判断：被转让资产与转让人破产隔离；受让人是适格 SPV，并以受让金融资产为基础而发行证券；转让人不得通过提前回赎或购回等协议安排获得对已转让资产的有效控制权。

2. 资产证券化的会计计量问题

如何对发起人因资产证券化交易所产生的新的资产和负债，以及所保留的资产及负债进行计量，是资产证券化会计计量的难题。在资产证券化过程中进行会计计量时，一般按合同产生条款的具体性质采取公允价值或账面价值进行计量。公允价值，是指在公平交易中，熟悉情况的交易双方，自愿进行资产交换和债务清偿的金额。对有市场或近似市场的资产而言，公允价值是指该资产在市场上形成的竞争价格或相似资产的市价，如果不存在本资产和类似资产的市场，则可依其未来现金流量采取适当贴现率计算其价值而定。在资产证券化交易中，由于缺乏可借鉴的市场价值，只能采用公允价值的估计原则，同时还要考虑资产证券化交易具体项目的特殊性，如追索权负债的估计应考虑到贷款类型、贷款数量、贷款质量、追索义务的形式、应收款的统一性、追踪记录、成熟期等因素。

但在资产证券化过程中，可能会存在某些资产证券化项目无法估计其公允价值的问题。如果一项资产的公允价值不能可靠地予以计量，则说明其未来现金流量流入的可能性不明显，不会被确认为资产。但如果转让者因资产转让而放弃旧的资产，从而承担相应的负债，那么当负债的公允价值不能可靠地估计时，只是说明该项负债尚未不确定，但负债确实存在。对此，比较稳妥的处理方法是，暂不确认转让利得来推断负债，待负债的公允价值较为明显时，或有足够证据证明负债的公允价值时，再予以调整。①

3. 资产证券化的会计报告问题

资产证券化交易中，在编制发起人的会计报表时，是否应将 SPV 纳入合并范围，成为资产证券化会计亟须解决的又一个难题。

---

① 吴群：《资产证券化与资产证券化会计》，经济管理出版社 2005 年版，第 143～146 页。

如果SPV被视为发起人的子公司，就应纳入发起人的合并会计报表编制范围，分别作为独立法人实体的发起人和SPV，将被视为一个经济实体，两者之间的交易将成为经济实体的内部交易，在编制合并会计报表时必须作抵销处理。不管发起人将资产证券化业务作为真实销售处理还是作为有担保的融资处理，对合并报表结果都不会产生任何影响。这将与资产证券化发起人的设计初衷相违背。

对SPV的会计账户的合并，在实践中均以是否存在投票控制权为标准来判断，但这一标准在SPV管理的金融资产属衍生金融产品时很难适用。此外，尚未有专门的会计准则和其他监管条例来说明SPV是否应参与合并。

在资产证券化过程中，判定是否合并SPV账户时，原则上应从其经营活动、决策制定、利益及风险等方面加以考虑。简而言之，如果发起人与SPV之间的关系表明SPV被发起人所控制，则SPV应该参与发起人的合并。根据现行的会计报表合并理论，母公司应以对关联公司活动的实际控制程度作为合并与否的判断依据，而不是单纯取决于法定持股比例；凡是对关联公司的经营活动和财务活动有实质控制权的，都应纳入合并报表编制范围。也就是说，SPV一般情况下应当被纳入发起人合并范围。①

（二）具体例证：以真实销售为例

资产证券化交易中所涉及的应收款转让是否构成一项销售，或者该项资产是否应保留在会计簿记中，是资产证券化会计中的关键问题。如果它构成一项销售，则所转让的资产不会记载在簿记中，所募集到的资金也不会在会计簿记中记载，因此该项转让可能导致销售的损益。因而将资产移出的处理通常与销售收益的处理联系在一起。反之，如果该项交易不被视作一项销售，则可能构成一项债务或担保贷款。在此，笔者拟以真实销售为例讨论会计准则在资产证券化中的作用。

1. 风险与报酬分析法

风险与报酬分析法是最典型的资产证券化传统会计确认方法。按照这种方法，如果发起人仍保留已转让资产的"绝大部分"收益和风险，则资产证券化交易视同担保融资，证券化资产仍被确认为一项资产，通过资产证券化所募集

---

① 杨瑾：《资产证券化会计问题探讨》，at http://www.51kj.com.cn/showdetails.asp?id=13128&na=str1，2007-02-26.

的资金则被确认为负债。如果发起人转让了相关资产的绝大部分收益和风险，那么该资产证券化交易被作为销售处理，所转让的资产转移出资产负债表，募集资金作为一项资产转让收入，并同时确认相关的损益（即表外处理）。在风险与报酬分析法下，金融工具及其所附属的风险与报酬被看成是一个不可分割的整体，因此，如果发起人仍保留证券化资产相关的一部分风险和报酬，则发起人在其资产负债表上仍然要继续确认这项资产，同时将来自于证券化资产的转让所得确认为担保负债的收益。

1991 年，国际会计准则委员会（International Accounting Standards Committee，简称 IASC）首次提出风险与报酬分析法，认为金融资产和负债只有在“假定全部风险和收益转让给他人”时才可以终止确认。如果发起人仍然保留已转让资产组合的所有风险和收益，则资产证券化交易应当视为有担保的融资，证券化资产仍保留在发起人的资产负债表中，通过资产证券化所募集的资金确认为发起人的一项负债。

1995 年 6 月，IASC 发布了国际会计准则第 32 号《金融工具：披露与列报》（International Accounting Standards No. 32，Financial Instruments：Disclosure and Presentation，简称 IAS 32），对“风险与报酬分析法”作出了进一步改进，要求“实质上风险与报酬全部转移”后才能进行终止确认。根据这种方法，会计确认的关键在于找出资产证券化结构安排的主导性合约及其特性，并以此来判断整个交易是否符合“实质上风险与报酬全部转移”的标准。①

风险与报酬分析法只对资产证券化交易作出了简单而不全面的反应，这很明显与会计所追求的“公允（True and Fair）反映”目标背道而驰。同时，风险与报酬分析法中“绝大部分”的判断，很难在数量上予以确定，它要求辨认和估价资产证券化过程中带来的各种风险和报酬所保留或转让的部分是否占绝大部分，这无疑会增加实际操作上的难度和主观性。在资产证券化过程中，多项复杂合约安排使得控制权与风险、收益相分离，转让方可能保留了部分风险和收益，却放弃了对该资产的控制权，如资产证券化发起人可以通过超额抵押、追索权、持有次级证券等提高发行证券的信用等级，如果因此将资产证券化视为担保融资，将会与金融工程的发展背道而驰，使得资产证券化的交易本

① IASB. *International Accounting Standard No. 32*: *Financial Instruments*: *Disclosure and Presentation* (1995), at http://www.iasplus.com/standard/ias32.html, 2010-03-4.

质无法得到充分的显示。

2. 金融合成分析法(Financial Component Approach)

风险与报酬分析法的局限性使其难以适应越来越复杂化的金融环境,给金融交易的进一步创新与有效管理带来了诸多不便,迫切需要会计准则的改进与创新。1996 年,美国财务会计准则委员会(Financial Accounting Standards Board,简称 FASB)颁布了第 125 号财务会计准则《转让和经营金融资产及金融负债的取消会计》(*Financial Accounting Standards No. 125, Accounting for Transfers and Servicing of Financial Assets and Extinguishment of Liabilities*,简称 FAS 125),提出了"金融合成分析法"。按照这种方法,在涉及金融资产转让的情况下,应当将已经确认过的金融资产的再确认和终止确认问题与因金融工具的转让合约所产生的新的金融工具的确认问题严格区分开来。换言之,对已经确认过的金融资产因发生转移性的交易所面临的再确认或终止确认的处理,取决于转让方的销售意图,即决定一项资产交易能否进行销售处理要看其控制权是否已由转让方转移给受让方,而非看其交易形式。这与资产转移方保留了多少与金融资产相关的风险和报酬是两个不同的概念,转让方保留的风险和报酬可视作转移合约的产物,因而可以作为新的金融工具加以确认。

根据 FAS 125 规定,出让方转让资产控制权给受让方的标准是出让方在资产转移过程中是否获得了受益权益之外的对价。此外,出让方还须满足三个条件:(1)将被转让的资产与转让方分离——推定即使在转让方破产或清算时,转让方和其债权人也不能追及已转让的资产。(2)资产受让方享有将该资产出质或再转让的权利,并不受任何限制。(3)资产出让方不得以如下方式保留对资产的有效控制:签订回购协议,约定资产出让方有权或有义务在到期之前回购该资产;签订回购协议,约定资产出让方在尚未取得转让资产的情况下将未来转让的资产回购。①

现行的合并理论与实务是以母公司对关联公司活动的实际控制程度作为判断合并与否的依据,而不是注重法定持股比例的多少,凡是对关联公司的经

① FASB. *Statement of Financial Acccounting Standards No. 125: Accounting for Transfers and Servicing of Financial Assets and Extinguishments of Liablities*(1996), at http://72.3.243.42/pdf/fas125.pdf,2005-06-4.

营活动和财务活动有重大控制权的都被纳入合并范围之列。显然,问题的实质在于判断以信托形式存在的SPV是否属于发起人的准子公司,通常有以下三个判断标准:(1)SPV为发起人带来收益与发起人真实的子公司无实质性差异;(2)发起人直接或间接地控制着SPV,并从SPV的净资产中获利;(3)发起人承担与这些利益相关的风险。只要符合其中之一,就可判断SPV为准子公司。这就意味着,如果发起人拥有相当比例的剩余权益,把SPV纳入合并范围似乎更符合会计惯例。

2000年9月,FASB为了使资产证券化会计更具操作性,颁布了第140号财务会计准则《金融资产转让与服务以及债务偿还会计》(Financial Accounting Standards No. 140, Accounting for Transfers and Servicing of Financial Assets and Extinguishments of Liability,简称FAS 140)对金融合成分析法作了进一步的补充和完善,对控制权放弃的条件和SPE进行详细规定,并认为会计师在进行会计核算时,必须依赖法律意见来确定某一资产的转让是否可以视作销售。①

金融合成分析法以是否放弃"控制权"作为资产转让的终止标准,但"控制"的概念无法明确界定,存在相对量的确认问题,在实务中要依赖于专业判断,这容易导致相同经济性质的交易采用不同的会计处理,从而影响到会计信息的可比性。另外,FAS 140对销售确认的条件依赖于法律判断的做法不利于各国之间会计准则的协调,可能会影响到信息的可比性。

3. 后续涉入法(Continuing Involvement Approach)

1998年,国际会计准则理事会(International Accounting Standards Board,简称IASB)发布了第39号会计准则IAS 39《金融工具:确认与计量》(Financial Instruments: Recognition and Measurement),对金融工具的确认和计量进行了规范。② 2002年,IASB在发布的关于IAS39修改意见的征求意见稿中提出了"后续涉入法",以"没有后续涉入"作为金融资产终止确认的

① FASB. *Statement of Financial Accounting Standards No. 140: Accounting for Transfers and Servicing of Financial Assets and Extinguishments of Liabilities* (2000), at http://72.3.243.42/pdf/fas140.pdf, 2005-06-4.

② IASB. *International Accounting Standard No. 39: Financial Instruments: Recognition and Measurement* (1998), at http://www.iasc.org, 2005-06-4.

判断标准。按照该办法，只要转让者对被转让资产的全部或部分存在任何的后续涉入，则与后续涉入有关的部分作为担保融资处理；不涉及后续涉入的部分作为销售处理。涉入的标准相对简单，只要资产转让后，转让者对被转让资产存在着任何的控制、权利和义务的事项均可认为是后续涉入。①

与前两种方法相比，后续涉入法巧妙地采用了"部分销售"的概念，解决了资产转让的相对量问题，在具体的会计处理中只需要解决"有没有"的问题，而不需要解决"有多少"的问题，避免了对后续涉入程度的判断，具有较强的可操作性。但后续涉入法也存在不足之处。由于任何资产证券化业务或多或少都会对被转让资产有一定的后续涉入，而且常常涉及整个被转让资产，如果因此认为整个资产不符合销售条件，可能无法公允地反映交易的经济实质，从而将在一定程度上遏制资产证券化的发展。此外，后续涉入法还需进行实践的检验，具体到不同国家、不同的业务处理来进行评定与修改。

二、会计准则的规范性分析

（一）会计准则的经济后果与政治性

如前所述，对资产转让采用不同的会计准则，会导致完全不同的会计结果，从而影响资产证券化的顺利进行。那么，会计准则对资产证券化的影响是纯粹技术性的吗？如何认识会计准则的性质？

关于会计准则的性质，目前存在不同的主流观点：其一，会计准则具有技术性，即会计准则被认为是一种纯粹的技术手段；其二，会计准则具有经济后果性，即会计准则会影响社会资源的配置和社会财富的再分配。② 美国著名会计学家 Stephen · Zeff 于 1978 年指出，"'经济后果'指的是，会计报告对公司、政府、工会、投资者和债权人决策行为的影响。这些个人或团体行为的后果被认为可能影响其他团体的利益"。③ 根据"经济后果论"，会计准则不是纯

① Marty Rosenblatt & Jim Mountain, *Accounting for Securitisation Transactions Under the New Revised IAS* 39:*Good News or Bad News*, 9 *Speaking of Securitization* 1 (2004), at http://www.deloitte.com/dtt/cda/doc/content/vol9%231.pdf. 2005-06-7.

② 聂志萍：《论会计准则制定机构组织架构的国际趋同性》，载《外国经济与管理》2003 年第 12 期。

③ 冯淑萍：《国际会计准则理事会咨询委员会第三次会议有关情况及体会》，载《会计研究》2002 年第 5 期。

粹的技术规范,而是公司利益集团关系的调节器,会计准则对财务报告的规范,会影响利益在相关集团之间的分配格局。同理,对外财务报告规范的任何修订都会引起利益在相关集团之间的分配关系的调整。譬如,会计准则的颁布和修订所引起的收益确认的情况对股东、税收、员工工薪和福利以及奖励的影响,以及资产金额因应会计准则修订的变动对财产税负、中介费用、债务契约后果的影响等等。

会计准则是公司对外财务报告的规则,这种对外报告的目的是反映公司经济活动的过程和结果。不同的会计准则势必生成不同的会计信息,从而决定公司利益关系集团的利益分配格局,使一些方面受益而另一些方面受损。因此,会计准则的实施会导致影响信息使用者决策、影响相关利益主体之间经济利益分配的"经济后果"。任何一项会计法规的出台,总是或多或少地影响到有关方面的利益。会计准则的重大变动,会导致利益关系集团各相关方面利益的重新分配,并会产生相应的社会影响。因此,在会计准则国际化乃至全球趋同化的过程中,每一个国家都不可避免地要度量自身的利弊得失,从而采取相应的对策。

总而言之,会计准则可能会影响公司的价值以及财务状况。虽然看上去会计准则是纯粹技术性的,但是这些会计准则会激励或指导公司参与某些行为而避免其他行为,或者在追求特定目标选择某一方法时制造某些激励机制,从而影响公司的行为甚至国家政治经济的重要方面。

(二)会计准则的规范性要求:程序正义

如上所述,会计准则不仅仅是一种单纯的技术手段,还会产生一定的经济后果。进言之,会计准则的制定与实施,实质上是利益分配和稀缺资源配置的过程。因此,会计准则的规范性基础在于利益分配的正义性,即在社会成员或群体成员之间进行会计权利、义务和责任配置的问题。

判断会计准则在利益分配方面的正义与否,可以从结果正义和程序正义两方面进行考量。所谓的结果正义,是指会计准则的内容对利益的分配结果,由谁来分配利益,分配给谁,分配多少。然而,对结果正义的感知受各主体认知能力、主观愿望和客观结果的反差影响,过于主观。相对而言,程序正义是现代社会市场经济条件下实现分配公正的基本程序机制。只要正义的程序被人们恰当地遵守时,更容易产生正义的结果。在会计准则领域,程序正义是指在会计准则的制定过程中,是否提供了适当的机制供利益相关方参与其中,充分地表达各自的意见，并得到应有的重视。其间涉及行政法上的问题，如程序公开、利益相关方的参与机制。

1. 会计准则制定权的合理配置

一般而言，谁拥有会计准则制定权就意味着谁拥有对资源的配置和财富分配的权力。因此，会计准则制定权的配置是会计准则是否能做到分配公正的重要影响因素。根据会计准则制定权配置理论的研究成果以及会计准则制定权逐渐向政府转移的国际趋势，一般认为会计准则制定权的“三权分立”模式有利于实现会计准则制定权安排的公平与效率，即政府享有一般通用会计准则的制定权，经营者享有剩余会计准则的制定权和通用会计准则的选择权（也称会计准则的剩余控制权），独立、客观的会计职业界则拥有对经营者遵循一般通用会计准则和制定剩余会计准则的监督权。这种模式既能满足政府对市场（包括用于规范会计信息生成的会计准则）进行管制和干预的需要，以充分地保持自由市场在配置资源方面的效率和财务报告信息的有效性，降低交易成本，提高交易效率，同时也确保企业能最大限度地行使自主权，以保护自身的利益不受损害。

2. 正当程序原则

正当程序原则起源于英国的“自然正义”，发达于美国法所继承的“正当法律程序”。程序本位主义认为，只要程序自身具备公正性，并能满足正当程序的最低要求，那么实体法的公正目标就可以依靠公正程序的自然演进而实现。具体到会计准则制定上，亦是如此。会计准则制定的正当程序是指在会计准则制定过程中能够遵循一整套完整、充分、严密、稳定的程序，目的是为了保证会计准则的公正性，即在会计准则最终发布前有充分的机会让会计准则制定者听取各利益相关者的意见，同时也保证会计准则制定者能够公正对待所有利益相关者，保持会计准则制定者的独立性。笔者以为，在会计准则制定过程中应用正当程序，能够使会计准则制定过程成为一个经过多次动态博弈的过程，从而制定出帕累托最优或接近于最优的会计准则，以实现会计准则的公正性目标。

（三）会计准则制定过程中的结构性问题

然而，会计准则的经济效果与其对公正的规范追求存在不和谐的地方，甚至相互冲突，原因在于会计准则制定过程中存在着结构性的弊病。

由于会计准则具有经济后果，会影响相关利益集团的经济利益，其制定过程必然引起各利益集团的关注和参与，尤其是那些可能会承担会计准则不利经济后果的利益集团，必然会试图对会计准则的制定或修订施加影响，迫使会计准则制定机构改变对其不利的会计准则规定。会计准则的制定过程便如同其他法规政策的制定过程一样，成为政治化的过程。换言之，会计准则不可避免地成为一种政治结果，即各方利益斗争与妥协的结果。

会计准则制定过程本身就是政治化的程序，都是在政治程序中达成的协议，没有什么两样。强势的利益集团，对最终的会计准则有着相当程度的影响。Zeff对会计准则制定征求意见过程中的"政治"游说进行了探讨，他对"政治"一词的解释是：报表编制者及其他利益相关方出于自利的考虑或劝说，可能会损害到投资者或其他报表使用者的利益，并指出这种现象是和"经济后果"紧密相关的。① 在实际中，会计准则制定过程中的政治行为，在很大程度上就是经济后果的直接延伸。

因此，相关利益集团对会计准则制定程序的广泛关注源自会计准则的经济后果，从而使会计准则制定过程成为一种政治程序，使会计准则不可避免地成为一种政治结果。会计准则的经济后果，就是对相关经济利益的重新配置。因此，会计准则制定机构将承受来自不同方面的压力，必须协调不同集团的利益冲突，以期寻找相关利益集团各方能够接受的会计准则。

第二节 美国FASB的私人治理法律问题

一、英美会计准则有关资产证券化的规定

（一）美国会计准则中有关资产证券化的规定

美国会计准则中涉及资产证券化的有FASB于1983年发布的第77号财务会计准则《转让者转让附有追索权的应收账款的报告问题》(Financial Accounting Standards No. 77, Reporting by Transferors for Transfers of Receivables with Recourse，简称FAS 77)，1997年发布的FAS 125以及2000年发布的FAS 140。

---

① 曲晓辉、陈瑜：《会计准则国际发展的利益关系》，载《会计研究》2003年第1期。

FAS 77 规定，要构成资产证券化中的真实销售，资产转让时应将该资产所承担的风险完全转让给受让者。如果资产转让时带有一定的追索条款，则必须满足下列三个条件：第一，资产销售方放弃对资产的控制权，且没有回购资产的选择权，不能对已销售的资产进行替换，除非符合追索条款；第二，资产销售方在追索条款下的义务可以被合理估计；第三，资产受让方不能要求销售方回购该资产，除非符合追索条款。①

FAS 125 采用金融合成分析法，对资产证券化的会计确认问题提出了明晰的判断标准。根据 FAS 125 规定，在涉及金融资产的情况时，应当将已确认的金融资产的再确认和终止确认问题与因金融资产转让合约所产生的新金融工具的确认问题区分开来。决定一项资产交易能否进行销售处理要看其控制权是否由转让方转移给受让方，而非看其交易形式。判断金融资产的控制权是否转让必须符合一定的条件，包括：第一，转让的金融资产已跟转让人无关；第二，受让人可以无条件地将金融资产用作抵押或再转让；第三，转让人不再通过回购等途径保持对已转让资产的有效控制等。② 所以在利用金融合成分析法对证券化资产的控制权进行测试时，要将整个资产证券化体系分解成若干相互独立的合约组件，再按各组件的重要性进行判断。其中涉及三个值得关注的关键性特征：一是在合约期间，哪一方拥有抵押或销售转让资产或资产的获利权的权利；二是受让人是否拥有向转让人追索的权利；三是合同中隐含哪些选择权。因此，会计人员需要对资产证券化的整个合约安排体系进行细致的分析和辨认，操作上具有一定的难度。

2000 年 9 月，FASB 发布了 FAS 140，取代了第 125 号会计准则。FAS 140 对资产证券化的会计确认和计量问题仍然采用金融合成分析法，但又有了一些变化：其一，合格特殊目的实体(Qualified Special Purpose Entity，简称 QSPE)的资产和负债不必合并计入转让人的资产负债表中，即使是在转让人保留 100%股权或不保留股权的情况下，也不予以合并。如发行人为不合格

① FASB. *Statement of Financial Accounting Standards No. 77: Reporting by Transferors for Transfers of Receivables with Recourse*(1983), at http://72.3.243.42/pdf/fas77.pdf, 2005-06-4.

② FASB. *Statement of Financial Acccounting Standards No. 125: Accounting for Transfers and Servicing of Financial Assets and Extinguishments of Liablities*(1996), at http://72.3.243.42/pdf/fas125.pdf, 2005-06-4.

特殊目的主体，那么只有在第三方投资者进行实质性（超过3%的资产）、控制性（超过50%的所有权）、承担第一损失风险并采取股权投资的形式才可不进行合并处理。其二，新会计准则对QSPE所从事的业务活动、持有的资产及衍生物、销售资产及销售的时间等都作了具体的规定。根据FAS 140的规定，QSPE应为符合下述所有三个条件的信托或其他合法的载体：(1)与转让人必须有显著的区别，这要求转让人、其附属单位或其代理不能单方面解散QSPE；(2)对QSPE能够持有资产的限制；(3)对QSPE的资产销售、交换、卖方期权以及分配的限制。其三，资产证券化的发起人应披露有关的会计政策、数量、现金流量、确定保留权益公允价值的关键假设以及公允价值对关键假设变动的敏感程度。新的披露主要包括以下几项内容：(1)静态资产组合的现状及预计的损失；(2)反映由于提前支付、损失及折扣率的不利变化可能对保留权益的公允价值减低的重点测试；(3)本期内资产证券化特殊目的主体与转让人之间全部的现金流量；(4)转让人所管理的表内和表外资产中期末拖欠债务及本期的净信用损失。①

除FASB外，美国注册会计师协会(American Institute of Certificated Public Accounts，简称AICPA)也发布了相应的会计准则对资产证券化加以指导。安然事件之前，AICPA发布第51号会计研究公报《合并财务报表》(Accounting Research Bulletin No. 51：Consolidated Financial Statements，简称ARB 51)。按照ARB 51的规定，财务报表是否合并应以拥有决策权为标准，即直接或间接拥有50%以上在外流通的表决权股份。② 2003年1月安然事件之后，FASB颁布了第46号解释《可变利益实体的合并》(FASB Interpretation No. 46. Consolidation of Variable Interest Entities，简称FIN 46)，对ARB 51重新作出了解释，提出了新的合并方法，即可变利益法。这种方法将控制以及合并建立在实体收益或损失潜在变动的基础上，如果某一实体不能在参与方之间有效地分散风险，则该实体应由主要受益人合并。主要受益人

---

① FASB. *Statement of Financial Accounting Standards No. 140：Accounting for Transfers and Servicing of Financial Assets and Extinguishments of Liabilities*(2000), at http://72.3.243.42/pdf/fas140.pdf，2005-06-4.

② AICPA. Accounting Research Bulletin No. 51：Consolidated Financial Statement，(1959).

是承担实体大多数预期损失、享有实体大多数预期剩余收益的实体；如果某一企业承担实体的大多数预期损失，而另一企业享有实体大多数的预期剩余收益，承担损失的企业作为主要受益人。根据上述标准无法确定主要受益人，则该实体不被任何一方合并。[①]

改进后的资产证券化处理方法对整个资产证券化过程的判断提出了更多可操作性的数量性标准，更加以经济业务的实质而不是以其外在形式来作出判断。针对多数资产证券化主体将“真融资”变为“假销售”的倾向，FAS 140对资产证券化主体的披露作出了详尽和严格的要求，使其会计处理更加规范。

(二)英国会计准则中的资产证券化规定

英国会计准则委员会(Accounting Standards Board，简称 ASB)于 1994 年颁布了《财务报告会计准则 5：交易实质报告》(*Financial Reporting Standard 5*，*Reporting the Substance of Transactions*，简称 FSR 5)[②]。该会计准则的适用规则 D 特别对资产证券化交易作了规定，关于贷款转让的适用规则 E 也与资产证券化有所关联。

FSR 5 的适用规则 D 第 21 项规定：“当转让人满足一定条件，对资产证券化的资产没有保留显著的收益和风险且没有责任偿付资产担保证券的收益时，就可以对资产证券化的资产终止确认，并确认损益。”[③]此处的一定条件是指：(1) 对 SPV 的销售属于公平交易(an arm-length transaction)；(2) 购买价格确定，并且就因任何原因引起的损失对发起人没有追索权；(3) 发起人不会因资产预期的盈余或亏损表现而获益或受损。

如上可知，英国的会计准则制定机构在面临给予资产证券化表外待遇时，采取了与美国会计准则不同的方法，即并非给予资产完全的终止确认，而是制

① FASB. *FASB Interpretation No. 46*：*Consolidation of Variable Interest Entities-an interpretation of ARB No.* 51(2003)，at http://72.3.243.42/pdf/fin46.pdf，2005-06-4.

② Accounting Standards Board，*Financial Reporting Standard* 5：*Reporting the Substance of Transactions* (1994)，at http://www.frc.org.uk/images/uploaded/documents/FRS%205.pdf，2010-03-1.

③ Accounting Standards Board，*Financial Reporting Standard* 5：*Reporting the Substance of Transactions* (1994)，at http://www.frc.org.uk/images/uploaded/documents/FRS%205.pdf，2010-03-1.

定了披露制度，即允许以资金抵减资产以反映交易的融资本质，从而满足披露的要求。这一抵减方法是关联列表(linked presentation)，即允许发起人实行一定数量的表外处理。这种做法虽然缺乏会计理论上的支持，但却是有助于资产证券化的折衷办法。①

根据英国会计准则的相关规定，不能仅仅根据其法律结构将某一特定交易归类为表外或表内处理。相反，每个交易的会计影响应该在对交易作出分析后才能作出判断，包括参与交易的原因，尤其是实际交易的效果。如果交易所涉及的资产并没有显著地改变这些资产的收益或风险，公司会计已经确认的资产应该继续予以确认。因此，一项资产只能在转让了所有显著的收益和风险才能终止确认。而且，收益和风险的定义相当广泛，不限于信用风险。

二、会计准则制定机构的国别模式

如前所述，会计准则对于资产证券化的重要意义，主要体现在资产与负债的确认、销售的确认以及有关项目的计量等方面。在跨境资产证券化中，尤需注意跨境融资过程中所涉及的各国会计准则相应规则的差异。尽管会计准则呈现出在全球范围内融合统一的趋势，但鉴于会计准则对本国经济发展的重要性，各国在对国际会计准则保持谨慎欢迎甚至主动吸取态度的同时，仍然坚持适用本国会计准则。换而言之，跨境资产证券化所分解的各部分，须受各国国内会计准则约束。

当今发达国家会计准则制定的模式主要有两种：一种是私人运作并制定会计准则的模式，比如英国和美国；另一种是政府机构运作并制定会计准则的模式，如法国和日本。其中私人会计准则制定模式，根据私人实际享有的会计准则制定权力的大小又分为两种：一种是由私人制定、政府通常不干预的模式，比如英国和加拿大；另一种是在政府监管下由私人制定的模式，比如美国。

（一）法国的会计准则制定模式

法国的会计准则是由政府制定的。这一模式的优点主要在于：其一，可以保证会计准则的权威性。企业必须无条件地遵守由国家制定的强制性会计准则。其二，可以保证会计信息的可比性。官方制定会计准则时，对有争议的会

---

① Margo Jensen, Accounting Treatment for Securitisations: Uncertainty and Alternatives, at http://www.gtnews.com/articles<uscore>se/4087.html, 2006-07-3.

计问题具有最终的裁决权。当存在可供选择的会计核算方法时,完全由官方进行统一规范,企业几乎没有自由选择的余地,从而保证了会计信息的可比性。其三,有利于国家宏观经济政策,尤其是税收政策的贯彻落实。

但由政府制定会计准则存在严重的问题:其一,经费问题,政府部门在会计准则制定方面的有限开支可能会影响会计准则制定的质量,比如会计准则制定中未能实施充分而必要的程序,以及难以吸引一流的会计人才;其二,会计准则的公正问题,由政府单方面制定会计准则,难免使政府制定有利于本国国家利益的会计准则,从而使会计准则失去公正性。①

(二)英国的会计准则制定模式

英国的会计准则制定模式是政府几乎不干预的独立的私人会计准则制定模式。与政府会计准则制定模式相比,私人会计准则制定模式有以下几个优点:其一,可以减少政府在会计准则制定方面的开支,同时又能够吸引大量优秀的专家进入会计准则制定机构。其二,最大限度地体现出会计准则的技术性,保证其科学化和合理化。由私人在法律的框架内独立地制定会计准则,能迅速地听取并吸收社会各界对会计准则的意见和建议,较好地代表社会各阶层的利益,从而使会计准则不至于有明显的、不合理的倾向性。其三,能够代表公众的利益。能否代表公众的利益制定会计准则通常被列为评价会计准则制定模式合理与否的标准之一。与国家会计准则制定模式相比,人们倾向于认为私人会计准则制定模式更能够代表公众利益。②

(三)美国的会计准则制定模式

美国的会计准则制定模式是在官方领导下的私人会计准则制定模式。FASB 在运作机制上相对独立,它不隶属于其他组织,经费则来源于美国财务会计基金会(Financial Accounting Foundation,简称 FAF),重要的工作人员由 FAF 任命,但 FAF 不干涉会计准则的制定过程。

与英国模式相比,美国模式具有以下几个显著特点:其一,经费充足,有充分的经济实力创新和发展会计准则。FAF 能为 FASB 提供足够的基金,以保

---

① 梁爽:《中外会计准则制定模式比较研究》,载《东北财经大学学报》2003 年第 3 期。

② 梁爽:《中外会计准则制定模式比较研究》,载《东北财经大学学报》2003 年第 3 期。

证独立研究人员的高薪和其他研究费用，也使得FASB能够吸引到全美一流专业人士，从而使它有更强的专业实力深入研究会计准则问题。其二，专职的委员和广泛的公众参与有利于会计准则的公正性。FASB共有7名委员，均为专职，他们分别来自于会计职业界、经济分析界、教育界、工商企业界。FASB下设一个由30～40名来自企业、教育、投资和普通公众等各界人士组成的财务会计准则咨询委员会（Financial Accounting Standards Advisory Council，简称FASAC），这种机制使得美国会计准则制定机构的研究能力比英国更为强大，来自于各阶层的代表也使得美国的会计准则有可能真正代表"公认的会计原则"。其三，政府干涉和利益集团游说的现象较为突出。美国"公认的会计原则"并非完全由FASB独立制定的，而是私人和政府"共同协商"的结果，其中夹杂着大量利益集团游说的痕迹。从历史上看，美国的《1933年证券法》最初将制定会计准则的权力交给了SEC，但SEC将这项权力直接交给了会计职业界，同时保留了监督和否决权。在发展壮大的过程中，FASB不断地受到政府的管制。政府在游说集团的影响下，对企业合并中的合并法、商誉是否冲减成本、石油天然气行业废井成本的处理、研究与开发费用、外币折算以及最近的补偿性认股权等会计准则的制定过程都曾经先后进行了强烈的干预。

迄今为止，美国政府对会计准则制定的影响越来越大，有关利益集团对会计准则制定工作的干涉也越来越多。从逻辑上讲，FASB很难站在"局外人"的立场上独立制定代表大多数民众利益的科学的会计准则，美国会计准则不可避免地在某种程度上体现出官方利益以及其他游说集团的利益。FASB并非截然独立的地位使得美国模式的先进性大打折扣。①

有学者指出，会计准则制定机构是民间、官方、还是半官方并不是问题的本质。在制定机构、制定人员、制定程序、适用范围四要素中，决定会计准则质量的主要因素应该是制定人员和制定程序。② 一般而言，官方性质的会计准则制定机构的权威性较高，开展工作的条件较为优越，会计准则与相关法规的协调更为容易。私人性质的会计准则制定机构与会计师执业团体关系密切，

---

① 梁爽：《中外会计准则制定模式比较研究》，载《东北财经大学学报》2003年第3期。

② 阎德玉：《会计准则制定模式的比较研究》，载《会计研究》1999年第8期。

自由度较大，但权威性需要较长时间才可能形成，实施力度相对较弱。

综合比较三种会计准则制定模式，私人参与公共治理是其发展趋势。如法国也逐渐接受美国的影响，吸收了私人参与官方的会计准则制定机构。目前许多国内外专家学者都认为，美国的会计准则制定机制代表了当今会计准则制定的潮流，因为"它尽力营造出一个纯粹独立的、以其能按照各方利益代表的要求来制定会计准则"。因此，本章主要以美国的会计准则制定机制来阐述私人参与治理的法律问题。

三、美国 FASB 的组织结构

(一)美国会计准则制定机构的沿革

最早获得授权发布会计准则公告的私人机构是成立于 1934 年的会计程序委员会(Committee on Accounting Procedure，简称 CAP)，是当时美国会计师协会(American Institute of Accountants，简称 AIA)下属的一个部门。1959 年，会计原则委员会(Accounting Principles Board，简称 APB)取代 CAP，成为发布会计准则的主要机构。APB 名义上独立于 AICPA，但委员会成员全部是 AICPA 的会员，而且全部受雇于当时美国的八大会计公司。不仅如此，AICPA 还设立会计研究处 (Accounting Research Department，简称 ARD)来指导 APB 的工作。

鉴于 APB 与 AICPA 之间所存在的委托——代理关系，当时 APB 所发布的会计准则公告，通常被认为主要是 AICPA 意见的体现。但与此同时，AICPA 在其制定的职业道德规则中，并没有要求审计师在发表审计意见时必须遵守 CAP 和 APB 制定的会计原则。会计准则制定机构受制于审计界，而审计职业界对会计准则缺乏明确认可的事实，使得 CAP 和 APB 的独立性受到广泛质疑，所发布公告的权威性也被大大削弱。

不仅如此，CAP 和 APB 的工作无法满足实际需要。CAP 成立于 20 世纪 30 年代经济大萧条之后，急于解决当时的实际问题，没有来得及建立统一的会计准则理论框架，所发布的会计公告也往往前后矛盾。1959 年取代 CAP 后，APB 一直努力创建公认会计原则的基础理论框架，其努力也初见成效，如在 1962—1973 年间 APB 共发布 51 个会计公告，其中很多仍是目前的"会计原则之本"。但进入 20 世纪 60 年代，美国经济高度繁荣，上市公司规模扩大非常迅速。20 世纪 60 年代末，美国企业间出现合并浪潮。然而，与这些新变化相对应，虽然在实践中不断有新的会计方法以及滥用这些方法的事件出现，APB对此却迟迟拿不出有效的解决方案。

更为重要的是，SEC对会计准则制定的支持力度不够。在1970年以前，SEC对会计行业的管理，主要集中在对上市公司会计违规行为依法进行处罚。但在会计准则的制定方面，一方面SEC将制定权委托给私人团体，另一方面SEC却没有对这些团体的工作予以足够支持。如APB成立以后，由于APB在"投资税抵免"会计处理问题上的态度与SEC意见相冲突，使得SEC对APB的工作态度冷淡，导致APB的地位不稳。

(二)会计准则制定模式的内外权力结构

20世纪70年代初，ABP地位风雨飘摇，会计师事务所陷入诉讼浪潮，SEC受到严重挑战，美国规范证券市场会计行为的工作也陷入困境。面对社会各界的尖锐批评，SEC和会计职业界开始积极采取改进措施。以1973年FASB的建立为标志，美国进入了政府与私人通力合作、全面高效地规范上市公司会计信息披露的新历史时期。

1. 会计准则制定模式的内部权力结构

1973年后，会计准则制定模式由三个机构组成，即FAF、FASAC以及FASB。其中，FAF由受托管理人组成，职能就是任命FASB的成员，并进行全面监管。同时，FAF负责向公司募集资金以支付FASB的薪水和开销。受托管理人任期三年，可连选连任一次。另一制度支柱是FASAC，该组织代表与会计准则有利害关系或受会计准则影响群体的利益。FASAC每季召开一次会议，就技术性问题与FASB进行交流，成员通常由FAF指定产生。FASB应聆听FASAC的要求与建议，但不一定需要加以考虑，而且FASB不需要向其解释不考虑其要求和建议的原因。

FASB是会计准则制定体系的核心，有七名专职成员，任期五年，可连任一次。FASB的成员通常是注册会计师，或者其他相关领域的专业人士。他们与FASB的特别小组以及外部专家一起合作，共同起草有关会计准则。

FASB的任务、结构、运作以及与外部团队的关系，由FAF每隔3～5年审查一次，并就制度和程序的改变提供建议。为回应FAF的建议和早先对FASB缺乏透明和责任机制的批评，FASB着手制定出有关程序规则，以保证所有利害关系者可以参与会计准则的制定程序，并对他们所提交的建议和意见给予适当的考虑。1977年，"阳光改革"(Sunshine Reforms)提高了公共参与FASB的程度，以及FASB与特别小组报告的可获得性，并建立了技术项目定期出版的计划。FASB在程序上的变化进一步在私人治理机构内植入了行政法的规范和实践，这些程序包括在FASB表决最终草案建议前先行出版有关讨论备忘录（discussion memoranda）以及征求意见稿（exposure drafts）以供评论的规定。

2. 会计准则制定模式的外部权力结构

1973年，SEC明确规定，FASB的会计原则得到“权威性的支持”，是公认的会计原则（Generally Accepted Accounting Principles，简称GAAP），禁止与FASB会计准则相悖的会计行为。SEC对FASB工作的全力支持，使FASB在成立之初地位就非常稳固。同样，FASB也积极配合SEC和AICPA的工作。FASB与SEC始终保持密切接触，并在绝大多数情况下，能就会计准则问题与SEC达成共识。而对AICPA发表的有关财务问题的意见，FASB都立即着手进行研究，并常常大段引用AICPA意见的原文佐证自己的观点。

美国财务会计准则制定的这种分权处理方式，一方面可以保证会计准则制定的及时性，充分吸引优秀的技术专家，另一方面维护了政策的权威。由独立的私人机构制定会计准则的好处在于，它们比较注重会计准则的理论依据和技术性，通常依靠独立性、公允性、权威性以及技术能力来获得社会公众的信赖，从而保证了会计准则的质量，有效地推动会计准则的实施。

3. 对会计准则制定模式的简要评价

较之前的CAP和APB时代而言，1973年成立的FASB以及以其为中心建立起来的会计准则制定模式，在以下方面取得了长足的进步。

首先，FASB在组织结构上更为独立。为避免FASB的工作被利益集团控制，由来自政府、金融界、证券和会计学术团体的代表共同组成了FAF，负责为FASB提供研究资金并领导其工作。同时，FASB工作的委员都是全职工作人员，任期内没有任何其他的职业和业务关系。FASB组织和人员上的独立性为其制定会计准则权威性提供了保障。

其次，FASB制定的会计准则具有权威性。FASB非常清楚，它发布的会计准则要想得到广泛认可，必须兼顾到社会各个方面的利益。在会计准则的制定过程中，FASB鼓励政府机构、公司以及其他社会相关团体积极参与，听取各个利益集团的不同意见，最后发布的会计准则往往是各方利益的折衷产物。正因为FASB制定会计准则非常慎重，其发布的会计准则得到了社会各界特别是SEC的认可和执行。

最后，FASB已步入一条自我管理的良性发展轨道。FASB自成立伊始就有非常明确的工作目标，即建立统一的会计理论框架，来指导证券市场会计实务问题。FASB注重对以往CAP和APB工作的继承和延续，承认CAP和APB发布的公告都是有效的GAAP。迄今为止，FASB陆续发布的财务会计概念框架，成功地为制定会计准则建立起内容相当广泛的理论纲领，也为其今后解释和处理会计问题建立了"法律"依据。此外，FASB在机构改革方面也进行了深入探索。1988年FASB与SEC合作，成立了新问题工作小组（Emerging Issues Task Force，简称EITF），以及时解决会计实务中的新问题。

四、FASB中的私人治理：委托—代理的困境

（一）委托—代理理论

委托—代理理论源自20世纪60年代末70年代初经济学家对企业内部信息不对称和激励问题的研究，其中心任务是研究在利益相冲突和信息不对称的环境下，委托人如何设计最优契约来激励代理人。根据委托—代理理论，随着社会分工的细化，一方面权力的所有者由于知识、能力和精力的原因不能行使所有的权力，另一方面专业化分工产生了一大批具有专业知识的代理人，他们有精力、有能力很好地代理行使被委托的权力。从经济学角度来看，由于委托人与代理人的目的不相一致，委托人追求的是自己财富更大化，代理人则追求自己的工资津贴收入、奢侈消费和闲暇时间最大化，这必然导致两者的利益冲突。为了预防和惩治代理人的败德行为，委托人通常采取"胡萝卜与大棒"政策：一方面是对其代理人进行激励，力求实现激励相容；另一方面对代理的过程实行监督，充分发挥"经理人市场"的作用，这样才能使得代理人的行为符合委托人的目的。

委托—代理理论有助于解释FASB的私人治理问题。政府将制定会计准则的权力委托给代理人，主要基于如下考虑：其一，降低委托人的工作负担，通过职能分工与专业化保证工作效率。其二，降低成本。政府部门和公共机构如果仅仅出于监管的目的而维持这种专门化技能，成本过于昂贵，而拥有专门技能的私人除接受政府部门所委托的任务外，还可以将专门技能用于其他商业目的，因而更具有经济性，从而降低成本。其三，将治理职能委托给私人的另一动机是"规避责难"（blame avoidance）或者"转嫁责任"（shifting responsibility)。将治理职能委托给私人，更有利于政府委托人推卸责任。公共政府与私人相对独立，如果私人行使公共职能失败，很难直接将责任归咎于公共委托人。

将治理权委托给私人代理人与委托给公共代理人的区别在于，前者会产生所谓的多重委托人(multiple-principals)的困境。一般而言，私人代理人的组织形式多是公司、私人协会、工会、环境保护组织乃至科技咨询委员会等，当私人代理人获得公共监管部门委托的监管权力时，他们实际上拥有至少两个委托人，他们首先是组织成员、资金赞助者或者所有者的代理人，然后才是公共监管部门的代理人。

多重委托人的存在会导致集体行动困境或者搭便车问题。在只存在单一委托人的情况下，委托人会亲自对代理人进行必要的监控。而在多重委托人情况下，某一委托人为减少监控成本，会放松对代理人的监控，期望能坐享其他委托人监控所带来的收益。FASB 既是 SEC 的代理人，同时也是其他公司的代理人。多重委托人会影响到 FASB 制定会计准则的公正性和独立性。

(二) FASB 与公司的关系

FASB 与公司之间存在资金供给关系。自成立 30 多年来，FASB 的资助来自于经由 FAF 的自愿捐献，其中大多数是来自于商业团体。公司尤其是具有雄厚的资源和专业技能的大公司都乐于对 FASB 进行资助。公司的资助基于如下考量，即由此建立与 FASB 之间的委托——代理关系，希冀 FASB 在制定相关会计准则时能考虑到公司的利益，并顺应其对某些政策的偏好。

1. 影响途径

公司对 FASB 的影响可以通过如下方式进行：(1)私人意见。当公司认为 FASB 偏离它的偏好时，公司选择通过非正式的途径发表对 FASB 制定的会计准则的不满，如批评 FASB 过于坚持会计理论，而牺牲了会计准则的实用性与可行性，工作效率太低，或者制订的会计准则过于复杂，或者新的会计准则增加了公司成本。① (2)经济威胁。当公司对 FASB 决议不满时，威胁将停止经济资助，以提醒 FASB，它能否在经济上继续存续取决于公司的持续资

① Robert Van Riper, *Setting Standards for Financial Reporting*: *FASB and the Struggle for Control of a Critical Process*, Quorum Books, 1994, p. 178.

助与否。[①] (3)第三方游说。以美国具有较强影响力的游说团体商业圆桌会议(Business Roundtable)为例,该团体成员包括约150名前任或现任美国各行业和区域内最大的公司的首席执行官。商业圆桌会议成立于1972年,并于20世纪70年代晚期建立了会计原则特别工作小组(Accounting Principles Task Force,简称APTF),由与会计事务有特殊利益关系的主要公司领导人组成。APTF通过FAF对FASB的工作施加影响。理论上,FAF的规章制度禁止委托人干预会计准则制定者的技术性决议,然而,在实践中,APTF的干预行为往往取得成功。此外,APTF可以在与SEC的会谈中提出意见,或者向国会提交议案,说服持反对意见的FASB成员。[②] (4)公司可以通过正当程序影响会计准则的制定,特别是通过引入公众听证和协商程序影响会计准则的制定。[③] 从表面上,公众听证和协商程序有利于更大范围的公众参与,有利于平衡公众利益与公司利益的潜在冲突。但实际上,公司尤其是大型公司具有雄厚的资源,包括专业技能和组织结构,公司在FASB的讨论备忘录和征求意见稿的回应中占据60%~65%。在个别项目中,协商阶段的意见稿回应可能有80%来自于大型公司和行业协会。在公众听证中,他们所占的比例也在60%~70%。[④]

2. 影响范围

通过上述提及的影响途径,公司严重地影响着FASB在程序和实体方面的改革方向,甚至成功地迫使FASB撤销或修改有关的会计准则。

(1)会计准则内容

以FASB于1976实施的关于外汇交易和外汇财务报表翻译的会计准则为例,为方便投资者和会计师,FASB在新会计准则中要求将因此所产生的汇兑损益计入当前货币周期,不得延期计算,货币性资产和债务,如现金、应收款

---

① Robert Van Riper, *Setting Standards for Financial Reporting: FASB and the Struggle for Control of a Critical Process*, Quorum Books, 1994, p. 178.

② Paul B. W. Miller and Rodney J. Redding, *The FASB: The People, the Process, and the Politics*, Irwin, 1998, pp. 55~58.

③ Paul B. W. Miller and Rodney J. Redding, *The FASB: The People, the Process, and the Politics*, Irwin, 1998, pp. 55~58.

④ See Stephen Mezias & Seungwha Chung, *The Process and Participation at FASB: A Study of the Comment Period*, Financial Executives Research Foundation, 1989.

以及应付款,应按制定资产负债表时的汇率予以换算,其他资产和负债应按资产获得或负债发生时的汇率予以换算。[①] 但跨国公司极力反对这一会计准则,联合起来组成统一同盟,通过 FAF 和其他游说团体,向 FASB 施加压力,要求撤销这一会计准则。1979 年,FASB 不得不制订新的会计准则以替代 1976 年的会计准则。

(2)FASB 的制度结构与运作方式

公司不仅仅在改变会计规则的内容方面上具有重要的作用,同样也影响会计准则制定机构的制度结构和运作方式。其一,在公司的压力下,FASB 于 1984 年建立了 EITF,协助确认会计准则领域内新的趋势,解决新的问题。通过 EITF,公司得以对 FASB 的议程施加更大的影响。其二,应公司的要求,FAF 托管人在 20 世纪 90 年代同意增加 1～2 名企业界代表为 FASB 成员,同时确保公司在 FAF 的托管人中占据一定的地位。其三,公司干预 FASB 成员的任命情况。其四,早期 FAF 的规则明确禁止干预 FASB 的技术性决议。1991 年 FAF 对规则加以修改,允许托管人就特定问题向 FASB 提出建议和意见。1992 年,商业圆桌会议和其他商业组织一致反对 FASB 有关股票期权费用的提议,托管人根据该规则向 FASB 提出反对意见,成功地迫使 FASB 放弃了这一项提议。其五,1977 年,为加快制定会计准则,FASB 将表决规则从特别多数票制改成简单多数票制。但在 20 世纪 80 年代中期,美国公司认为简单多数票制下会计准则的制定过于随意,应该对此加以约束,建议将表决规则从简单多数改回到特别多数。最终,FASB 的表决机制又恢复到了特别多数票制。[②]

根据以上分析,可以看出 FASB 的独立地位受到了一定程度的影响。安然事件发生后,美国国会内部对公司与 FASB 之间的委托——代理关系提出了质疑,认为 FASB 的资金来源结构对 FASB 作为监管代理人的独立地位产生了不良影响。2003 年 8 月,SOX 法案规定,FASB 的经费预算是由 7,500

---

① Robert Van Riper, VAN RIPER. *Setting Standards for Financial Reporting: FASB and the Struggle for Control of a Critical Process*. Westport, CT: Quorum Books, 1994, p. 178.

② 2001 安然事件发生后,FASB 的表决制度遭到批评,认为特别多数票制使得 FASB 一直无法通过有关 SPV 的会计准则,因此 FAF 又决定重新采用简单多数票制。

家上市公司的强制性捐助支付。[①] 这种从自愿向强制的融资方式的变化在一定程度上消除了FASB受到的来自于公司的压力。

(三) FASB与SEC的关系

作为FASB的公共委托人,SEC负责监管私人部门制定会计准则的行为。SEC有权撤销FASB制定的会计准则,或者以自己的规则取而代之。同时,SEC也负责监督FASB会计准则的实施及遵守情况。SEC与FASB之间的密切合作关系可作如下描述:"两个组织间维持着紧密的联系……员工几乎每天就广泛的事项通过电话联系……(SEC)首席会计师参与咨询委员会的会议……(FASB)与委员会定期举行联席会议……以讨论相互关注的问题。另外,如果环境允许,两个组织主席会非正式会晤。"[②]

尽管如此,实际上SEC很难对FASB进行有效的监管,主要原因如下:

首先,从员工数量上看,FASB的人力资源相当丰富。1973年,FASB员工仅仅只有8名,但到20世纪90年代中期,人数迅速发展到85名。SEC首席会计师办公室的员工人数一直比较稳定,徘徊在25名左右。FASB的员工三倍多于SEC首席会计师办公室,人数上的劣势使得SEC撤销FASB会计准则或建立自己的会计准则的权力无法得到有效的实施。由于国会对SEC的资金支持力度远远不足,SEC缺乏应有的专业技能和能力制定会计准则,甚至无法有效地对FASB的行为实施监控。

其次,从员工素质上看,FASB的员工素质也高于SEC。FASB支付给员工的薪水远远高于SEC员工的工资。1997年,SEC首席会计师收入为123000美元,同时期的FASB的理事会董事或者研究部经理收入为345000美元。SEC首席会计师属下的专业员工收入在47180美元到99250美元之间,FASB项目经理收入则在80000美元到125000美元之间。收入上的差距,导致大量优秀的人选择去FASB任职。"尽管在SEC任职,可能在执行公共服务时会获得无形利益,但它似乎不能一直笼络、雇佣、培训和保留那

---

① Sarbanes-Oxley Act of 2002, Pub. L. No. 107～204, Title 1,109.

② Robert Van Riper, *Setting Standards for Financial Reporting: FASB and the Struggle for Control of a Critical Process*, Quorum Books, 1994, p. 178.

些才能和背景能胜任FASB的人，以及那些希望得到长期承诺的人。”①

FASB在员工数量和质量上的优势，客观上提高了会计准则的质量以及制定会计准则的有效性，相应地也削弱了SEC的监管能力。SEC的地位被弱化为信息反馈者，即将现行会计准则的执行问题反馈给FASB，或者向FASB报告执行特定FASB会计准则时可能遇到的困难。信息的反馈对FASB修改会计准则和提高会计准则质量有所帮助。然而，专业能力上的劣势使SEC无法指导FASB应就哪些项目开展工作。

(四)宏观政治环境下FASB、SEC以及会计准则利害关系人的关系

在宏观政治环境中，如果只是考虑FASB和SEC的关系是不全面的，还应考虑另外三个与会计准则有利害关系的群体：编制和发布财务报表的公司、会计报表的使用者（通常是投资者）以及会计师。

作为官方性质的监管机构，SEC在人事任命上受政府控制。SEC成员须由总统任命，并经参议院同意。此外，SEC应接受国会的监管。因此，SEC的监管方式，包括对会计准则的制定的监管，在某种程度上受特定政治和经济环境的影响。

政府经济政策的自由化取向直接反映为对FASB监管的放松，而SEC对FASB监管的放松，使公司有机可乘，强化了对FASB的控制力度。这种现象在美国里根总统任期内表现得极为明显。公司对FASB的过分影响引起了人们的担忧。20世纪80年代中期，前众议院能源和商业委员会及其监管和调查附属委员会主席John Dingell向SEC主席写信，期望SEC防止FASB受到公司不适当的影响。同样，如前已提及的股票期权会计准则制订失败后，众议院电信与金融附属委员会议员Edward Markey对该事件中公司对FASB的要挟表示不满，认为：

“联邦政府之所以允许会计职业建立自己的规则和会计准则，并施加有限的联邦监管，是因为它获得该职业能够客观而负责任地行事的保证……被披露的威胁不得不使人严重怀疑将如此广泛和重要的责任委托给会计职业是否

① Paul B. W. Miller and Rodney J. Redding, *The FASB: The People, the Process, and the Politics*, Irwin, 1998, p. 158.

适当。”①

公司对 FASB 的控制牺牲了其他财务信息使用者(如投资者、债权人及其他人)的利益。从其他财务信息使用者的角度来看,会计准则应该最大限度地披露公司的资产及其负债,并以一致、易懂的形式提供给他们,会计准则的制定过程应是透明的、包罗万象的标准化过程。然而,他们缺乏足够的资源,缺乏紧密的组织联系,不足以对抗公司对 FASB 的影响。

负责审计公司财务报表的会计师是与会计准则有利害关系的第三个主要群体。通常,会计师在对公司提供审计服务时,往往还提供各种形式的咨询工作。尽管会计师的专业素养和分析能力在某种程度上能保证审计的公正性,但这种关系的存在使会计师为维持与被审计公司之间的业务关系,更容易向被审计公司妥协,出具不真实的审计报告。

正因如此,有人提出,会计准则应该由 SEC 制定,或者由国会授权并受 SEC 直接控制的自律组织制定。2001 年安然事件发生后,宏观政治环境的变化促进 SEC 采取更为积极的态度。学者普遍认为,有必要实施更为严格的监管,以重建安然事件后人们对金融市场的信心。如特别调查委员会指出,虽然安然公司的会计制度存在问题,但 FASB 的会计准则也难辞其咎,因为 FASB 没有就公司财务报表应如何处理 SPE 问题提供应有的指导和明确的答案。②

2002 年,SEC 首席会计师 Robert Herdman 指出:“在安然崩溃之前,我们已呼吁 FASB 与我们合作解决会计准则的及时性、透明性和复杂性问题。我们计划采取适当的变化,委托我们的权力机构以监管会计准则制定的过程。我们计划:(1)拓宽融资渠道,并使得融资强制化;(2)有意识地参与 FASB 成员的选择,并制定 FASB 议程;(3)对实际采用的会计准则进行审查;(4)确保 FASB 颁布规则导向的会计准则,以更快地适应日益变化的商业环境,并强调

① Robert Van Riper, *Setting Standards for Financial Reporting: FASB and the Struggle for Control of a Critical Process*, Quorum Books, 1994, p. 155.

② William C. Powers et al, Report of Investigation by the Special Investigative Committee of the Board of Directors of Enron Corp, at http://news.findlaw.com/hdocs/docs/enron/sicreport. 2005-05-30.

其精确性和完整性。”①另外，根据 SOX 法案，上市公司应依法履行向 FASB 提供资助的义务，这在一定程度上削弱了私人公司对 FASB 以及会计准则制定的控制与影响。

不仅如此，FASB 对行政程序加以改进，以提高 FASB 制订会计准则程序的正当性。2002 年，FASB 邀请对冲基金、投资银行和商业银行、信用评级机构，以及其他用户群体的首席执行官参与新设立的用户咨询委员会(User Advisory Council，简称 UAC)，目的是为用户提供与董事会直接交流的渠道。另外，FASB 于 2004 年成立了小型企业咨询委员会(Small Business Advisory Committee，简称 SBAC)。此前，小型企业很少参与会计准则制定过程，一方面是小型企业参加听证会的成本较高，另一方面是小型企业的组织性结构较弱，集体行动困境阻碍了小型公司的参与。SBAC 与 FASB 每年会晤两次，目的是克服小型企业参与 FASB 制订会计准则的困难，并保证会计立法进程中小型企业能得以充分的参与。

第三节 IASB 的私人治理法律问题

一、IASB 的组织结构

(一)国际会计准则制定机构的沿革

1972 年，澳大利亚悉尼召开的第十次国际会计师大会通过了一项倡议，组建了会计职业界国际协调委员会(International Coordination Committee for the Accounting Profession，简称 ICCAP)。通过该组织主要成员国代表的协商，提出了筹建 IASC 的方案。1973 年 6 月，ISAC 在英国伦敦成立。

IASC 成立二十多年来，一直致力于国际会计准则的制订工作，并于 20 世纪末完成了“可比性和改进计划”以及“核心会计准则制定计划”，强化了 IASC 的权威性。但由于自身的组织结构问题以及缺乏美国的参与和支持，

① Robert Herdman, *Address delivered at the Schmalenbach Institute for Business Administration, Cologne, Germany*, at http://www.sec.gov/news/speech/spch554.htm, 2006-05-10.

IASC不得不于1997年成立战略规划工作组(Strategy Working Party,简称SWP),研究IASC重组问题。1999年,SWP向IASC理事会提交了《关于重塑IASC未来的建议》的报告。IASC采纳了SWP的建议,并着手建立IASB。

(二) IASB的组织结构

2001年2月,IASB在美国特拉华州成立,由IASC基金会受托人负责监督。基金会受托人由19名具有不同地域及专业背景的专家组成。为保持地区间的平衡,首批成员中有6名来自北美、6名来自欧洲、4名来自亚太地区、3名来自其他地区,其中5名成员由国际会计师联合会(International Federation of Accountants,简称IFAC)推荐。基金会受托人除任命IASB、常设解释委员会(Standing Interpretation Committee,简称SIC)及会计准则咨询委员会(Standard Advisory Council,简称SAC)成员外,还负责对IASB的效率进行监控、筹集资金、审批IASB预算以及修改章程,其目的是保证IASB的可持续性以及对国际会计准则制定的全面监管。

2001年12月,SIC更名为国际财务报告解释委员会(International Financial Reporting Interpretations Committee,简称IFRIC)。IFRIC由12名有表决权的成员和1名不具有表决权的主席组成,此外还有2名官方观察员,即欧洲委员会和国际证监会组织(International Organization for Securities Committee,简称IOSCO)。IFRIC负责审查会计问题,IFRIC的解释仅仅在获得IASB通过后才具有效力。

SAC有15名成员,由基金会受托人任命,三年一轮换。2005年10月,SAC经改组后,成员增加为40名,其中非洲2名,亚太地区9名,欧洲14名,拉丁美洲3名,中东1名,北美4名,国际组织代表7名,分别来自巴塞尔银行业监管委员会(Basel Committee on Banking Supervision,简称BCBS)、国际保险监督官协会(International Association of Insurance Supervisors,简称IAIS)、IFAC、国际货币基金组织(International Monetary Fund,简称IMF)、IOSCO、联合国贸易与发展委员会(United Nations Conference on Trade and Development,简称UNCTAD)以及世界银行(World Bank,简称WB)。SAC的职责是对IASB的项目进行评论,并为托管人和理事会成员提供建议。SAC是向理事会和受托人提建议的正式渠道。

IASB是国际会计准则制定制度中最为关键的机构。IASB以FASB为模型,由14人组成,包括12名专职成员和2名兼职成员,14名成员中有7人负责联络英、美、加拿大、澳大利亚和新西兰、德、法、日等国家的会计准则制定机构。其中5名成员必须具有审计的工作背景，3名来自编制财务报表的公司，3名是财务报表的用户，1名来自学术界。在全职成员中，7名成员必须与国家会计准则制定机构具有正式的联系，其目的是为了促进国家会计准则和国际会计准则的融合。每名IASB成员具有一个投票权，在决定是否采取某一会计准则时，采用简单多数票制，即8票多数通过即可。2001年4月改组后的IASB制定的会计准则称为国际财务报告会计准则（International Financial Reporting Standards，简称IFRS）。

制定国际会计准则通常分为以下四个步骤：首先，在会计准则项目的早期阶段，IASB建立由理事会领导的咨询委员会，由咨询委员会就特定的会计准则议题提供建议，IASB也可邀请SAC发表意见。其次，在主要项目上，IASB发布最初的讨论文件接受公共评论。再次，对这些评论进行审查后，IASB发布征求意见稿，征求公众意见。最后，在对这些评论进行考虑后，IASB发布最后的会计准则。

经重组的IASB将战略从过去的"协调"发展到"标准化"甚至全球统一的倾向，第一次明确提出了"全球会计准则"这一概念，并且充满自信地表明国际财务报告会计准则是高标准的，使用IFRS可以达到提供透明的、可比的和充分披露的会计信息。[①] 但无论如何，IASB的改革并未改变原有的委托——代理关系。

二、IASB中的利益关系

（一）IASB与多重公共委托人

根据委托——代理理论，代理人往往更倾向于保护私人委托人所代表的利害关系人利益，而非公共委托人所代表的利害关系人利益。私人委托人与公共委托人之间的博弈或角力结果决定了代理人的政策取向。

尽管IASB的组织结构以FASB为模本，但国际领域内的会计准则制定所涉及的利害关系人与纯粹国内的FASB毕竟有所不同。以公共委托人为例，美国SEC是私人会计准则制定机构唯一的公共部门委托人，在国际层面，数个国家和国际组织声称在会计准则制定领域具有利害关系，认可IASB及

① 张端明：《国际会计准则委员会重组对我国的启示》，载《经济师》2004年第4期。

其所制定的会计准则,并承诺将IAS接受为权威性规则,从而成为IASB的多重公共部门委托人。

1996年,在新加坡部长会议决议中,WTO声称"我们鼓励顺利完成国际会计准则……由IASC制订"。Joel Trachtman认为,这一声称表明,WTO尊重这些非政府组织,并在实际上将权力委托给这些机构:

"WTO将建立会计准则的任务'委托'给特定的功能性组织以促进会计服务的自由流动。这一特定的委托与早先在其他领域内的实践并不矛盾,如食品安全标准(Codex Alimentarius Commission,简称CAC)和国际标准化组织(International Organization for Standardization,简称ISO)。我们发现通过非正式地委托专门性的功能性组织解决(贸易问题)的通用制度。然而,进一步的问题是,WTO(及其成员国)如何确保这种机构适当地反映关系到WTO的贸易视角?这是一个代理问题……WTO如何能确保(这些功能性机构)是忠诚而勤勉的代理人呢?"①

1998年,G7七国财长和央行行长发布一项类似的声明,对IASC的工作表示认可,并呼吁它"至1999年初确定涉及所有领域的国际普遍认可的会计准则。"这一声明以及其他机构所作的声明,如WB、IMF、BCBS以及欧盟的许可立法都隐含但肯定地赋予IASC制定全球性财务会计准则的权力。

2000年,BCBS重申支持IASC为会计国际协调作出的努力,并呼吁建立一套在世界范围内通用的会计准则。世界银行也再次强调,世界五大会计师事务所不能接受用有问题的会计准则编制的或缺乏充分披露的财务报表,换言之,这些报表必须遵守高质量的和国际认可的会计准则,如IASC的国际会计准则。欧洲委员会早在2000年6月就宣布,要求在欧盟上市的公司从2005年开始采用IAS。2002年6月,IAS规则获得欧洲部长委员会(European Council of Ministers)批准。由此IAS(IASB成立后改为IFRS)成为欧盟成文法的一部分。

(二)国际会计准则制定模式的委托——代理关系

作为代理人,IASB一方面要面对多重的公共委托人,另一方面是私人部

① Joel Trachtman, A Sectoral Analysis of Disciplines on Domestic Regulation and International Standard-Setting in Financial Services, *Law and Contemporary Problem*, 2002, Vol. 68, p. 22.

门的代理人，即IASC基金会受托人。那么，面临多重委托人时，代理人应以何者利益为先，是委托——代理理论所关注的问题。根据委托——代理理论以及通过对美国FASB模式的考察，可知代理人的偏好取决于与委托人之间关系的紧密程度。换言之，委托人对IASB的影响取决于其对IASB的财务、运营能力和立法效率的影响程度。

1. 资金来源

从资金来源来看，IASB的资金来源主要是公司的自愿捐助，这类似于2002年SOX法案颁布前的美国。2001年，IASB的资金来源中，有1100万美元来自125家公司，500万美元来自五大会计师事务所，100万～200万美元来自各国中央银行以及其他金融机构。

IASB的资金来源在某种程度上影响了IASB的独立性。这种融资渠道导致如下可能性，即资金实力雄厚的公司可能以资金资助换取会计准则中的利益。如果IASB的融资渠道仍然以公司自愿资助为主，那么IASB很有可能牺牲投资者和其他利害关系者的利益来换取资金支持。拓宽IASB融资渠道、改变IASB资金对公司的过分依赖是IASB有效独立的制度保证。就目前而言，适当的替代途径是由接受IASB规则的国家证券监管机构向公司征收上市费用，或者由各国中央银行、金融服务监管部门或政府进行资金资助。但是，后种融资渠道也蕴含另一风险，即发达国家可能以此要挟IASB，从而影响IASB的独立性和客观性。

2. 专业技能

鉴于美国和英国在全球资本市场中的统治地位及其对全球资本的吸引力，英美法系国家的会计专家是制定国际会计准则的核心力量。这种专业技能分布的不均衡体现在IASB成员的席位分布上。IASB的14个席位中，仅仅只有南非1个发展中国家，其余均为发达国家占据，其中英美法系国家占据7席。根据IASB规则，采用新的会计准则，只需过半数通过，即14名成员中有8名赞成即可。在SAC的全部49个成员席位中，美国一国即占了10席。英美国家在专业技能上的压倒性优势使其在IASB制定国际会计准则的过程中具有更大的发言权，作为结果，国际会计准则更多地体现了英美国家会计准则的特点和内容。

据曲晓辉研究，在IASB目前进行的13个项目中(除2项资料不全外)，有4项是明确地为与美国的相关会计准则趋同而设立的；有2项是为适应EC

决定采纳国际会计准则而设立的;有1项是与英国的合作项目;而其他4项则与美国、加拿大、欧洲国家以及IOSCO等国际组织有着或多或少的“密切”关系。因此,IASB会计准则的立项最主要考虑的是发达国家利益集团的利益并体现他们的利益趋向;与此同时,IASB积极地寻求与利益集团的合作,而利益集团也十分积极地参与到IASB的会计准则制定过程中来。这样,IASB制定的会计准则不可避免地成为各利益方利益之争的结果。而且,IASB现阶段更多地考虑了联络国会计准则制定机构的意见及与联络国相关会计准则之间的协调,而这些联络国均为发达国家。①

3. 会计准则的有效性

所谓的有效性问题,是指私人权威机构IASB所制订的会计准则是否被其他人接受并遵守。对于IASB而言,国际会计准则的效力正在日益提升,全球范围内的公司普遍倾向于使用单一的会计规则,各国监管当局也开始同意外国公司在本国采用IASB会计准则。加拿大证券管理委员会(Canadian Securities Administrators,简称CSA)于2002年6月发布了征求公众意见的讨论稿,提出2005年开始,在加拿大上市的国外公司可以采用IASB会计准则,而不需调整为加拿大的GAAP。

2000年6月,欧洲委员会发布了一份政策文件通讯稿(Communication),要求欧盟的7000多家上市公司(包括银行和保险公司)在2005年编制合并报表时,必须采纳国际会计准则(包括改组前IASC发布的IAS和改组后IASB发布的IFRS)。但欧盟并非毫无保留地接受IASB的国际会计准则。EC在多次声明中强调,要对国际会计准则的引入实行认可机制。该认可机制包括技术和立法两个层次。为了建立技术层次的认可机制,EC于2001年6月专门成立了欧洲财务报告咨询组(European Financial Reporting Advisory Group,简称EFRAG),主要职能之一是以事前介入的方式与IASB广泛接触,确保IASB在制定会计准则时充分了解和关注EU所提出的重大会计问题,另一职能对IASB发布的会计准则及其解释进行专业评估,提出是否予以认可和采纳的建议。为了建立立法层次的机制,EC成立了会计监管委员会(Accounting Regulatory Committee,简称ARC)。该委员会由EC领导,并由成员国的政府代表组成,负责审批EFRAG提交的采纳国际会计准则的建议

① 曲晓辉:《会计准则国际发展的利益关系分析》,载《会计研究》2003年第1期。

以及具体时间表。

(三)IASB 的因应性改革及其问题

IASB 多重委托人的存在,对 IASB 的公正性构成严重的威胁。此外,IASB 的决策程序也存在缺陷,如协商程序不够透明,公共参与程度不够等。安然事件发生后,IASB 改革显得更为紧迫。

迫于压力,IASB 不得不作出制度上的改变,主要是程序上的改革,使之更加符合行政法的基本原则。IASB 同意在发布会计准则最终定稿前先发布会计准则的准最终版本(near final versions),由此公司和投资者可以预先得到可能成为最终版本的会计准则内容,并对此发表评论。新的制度安排还确保在最终版本前会出现数个草案版本,公司和投资者可以由此观察规则发展的动向。此外,IASB 试图就有争议的会计议题发布讨论稿,并对会计准则建议稿进行更多的现场试验(field testing)。

IASC 基金会受托人决定对 IASB 的程序作进一步的修改,以确保 IASB 遵循正当程序原则并提高审议程序的质量。IASC 基金会受托人的改革措施如下:减少参与 IASB 程序的成本,如通过因特网直播 IASB 会议,在理事会会议前在 IASB 网页上公布观察家笔记(observer notes)。此外,IASB 同意扩大咨询范围,允许用户参与讨论准最终征求意见稿和会计准则草案。最后,托管人同意增加两个成员席位以分配给亚洲国家。

然而,IASB 在行政法意义上的改革面临不确定的因素。首先,由于存在多重公共委托人,代理人可以利用其中一个或几个委托人对抗其他委托人。其次,多重公共委托人的存在易产生集体行动困境。当每个委托人都能搭便车时,委托人都不愿意参与对代理人的正当监控,因为这种监管的成本较大,资源的耗费过大,而且要求具有较高的专业技能。通常而言,一般的政府间国际组织和跨政府组织不具有这种专业技能。更重要的是,公共委托人缺乏对 IASB 的实质性约束。要对代理人进行实质性的约束,至少需要数个国际或跨国机构的集体合作,达成国际条约或其他国际性协议进行协调,但这种协调的成本巨大。除非代理人明显地违反了多数委托人的利益,否则这种协调缺乏足够的动力。换而言之,多重委托人的结构导致了对 IASB 的软约束。当委托人之间存在政治冲突时,对 IASB 的约束将更弱。最后,IASB 在致力于提高行政法意义上的参与公正等问题时,仍然未解决所谓的公正问题。利害关系方在治理上的权力是不平等的,除非采取某些制度上的保障措施维护那些技能较差的人的利益。即使各利害关系方获得了同等的参与机会,但专业技能分配的不公平会导致会计准则的结果内容仍然偏向于某一强势的一方,导致结果的不公平。一般而言,专业技能相对比较薄弱的利害关系方(通常指财务报表的用户,主要是投资者)在会计准则方面的国内和国际治理方面几乎不能发挥任何影响力。为保障投资者的利益,公共监管机构采纳了某些行政法的程序,如通过通知——评论程序(notice-and-comment)向外界开放会计准则制定程序,倾听所有利害相关方的意见。但这种程序几乎无助于促进处于弱势的群体利益的增进。

第四节 中国的会计准则制定模式:走向私人治理

一、中国的模式选择问题

全球范围内,会计准则的制定模式正呈现出向美国私人机构制定会计准则模式靠拢的趋势。欧洲大陆法系国家的会计准则制定模式大有向英美法系国家的私人制定会计准则模式转化的趋势,明显的例证就是德、法等国近年来相继成立了会计准则委员会。尽管如前所述,由私人机构来制定会计准则具有许多弊端,如多重委托人的存在、被利益集团俘获的可能性、制定程序不够公开透明,从法学角度视之,有待从行政法角度来进行相关的制度建设以矫正这些弊端,并建立这些私人机构的负责任性。

然而,与其他会计准则制定模式相比,私人制定会计准则的模式自有其优势,如反应速度较快,能保持相对独立性(主要是从中立于国家利益的角度来看)等。除却这些比较优势外,私人制定会计准则的模式在全球范围内逐渐占据优势还具有如下原因:美国在会计准则制定领域内的相对优势地位使得美国不仅可能在会计准则的具体内容方面深刻地影响着世界其他国家,而且可能在制定模式上引导其他国家思考是否应向美国学习其会计准则的制定模式。IASB 的组织模式是美国会计准则模式成功输出的例证。经由 IASB,私人会计准则制定模式确立了其在国际准则制定领域内的主导地位,IASB 所制定的会计准则也被世界其他国家包括欧盟、加拿大、澳大利亚等所普遍接受。

前已提及,世界范围内会计准则的制定模式基本上可以划分为两种,私人制定会计准则模式和政府机构制定会计准则模式。那么,我国目前采用何种会计准则制定模式?向私人制定会计准则模式靠拢是否有必要,是否可行?

(一)目前我国的会计准则制定模式

我国会计准则的制定工作由财政部统一负责,会计准则从研究立项到起草公布都体现了会计工作由国家统一管理的特点。我国会计准则由政府制定的统一性,除由财政部统一领导外,还表现在会计准则的制定与运行以《会计法》为准绳,受制于公司法、税法等法律制度,以及其他会计规章制度和审计制度的监督多个方面。多种因素的综合使得中国模式成为一种极为标准的政府准则制定模式。财政部在制定会计准则的过程中具有绝对的权威性,基本上都是财政部会计司的工作人员直接参与准则的制定,其他方面社会人员的介入较少。

显然,与 FASB 以及 IASB 的私人会计准则制定模式相比,中国目前的会计准则制定模式存在问题,即我国会计准则的制定过程中存在比较严重的代表性不足,主要表现为:(1)会计准则的制定人员全部是财政部会计司的工作人员,他们作为政府机构的成员主要代表国有资产的利益,而忽略其他利害关系方的利益;(2)在会计准则的制定过程中,征求意见的范围过于狭小,没有广泛听取社会各界的意见。目前,我国会计准则制定大部分过程总体上是对外保密的,在征求意见稿对外公布前,虽然吸纳了政府官员、国内外专家、学者参与会计准则的制定,但实务部门、企业、投资者的利益代表则很少有机会参与。而且在征求意见阶段,对反馈意见如何处理,我国一般也不作公布。

(二)我国会计准则制定模式存在的合理性

尽管我国会计准则制定机构模式存在诸多问题,但就目前而言,西方英美国家的私人会计准则制定模式未必能取而代之。不应脱离具体的背景判断会计准则制定模式本身是否优劣,每一种会计准则制定模式的选择都有其历史必然性和合理性。[①] 衡量一个会计准则模式是否合理、有效的标准应该是这种模式是否"有能力"产生"公正的"会计准则。"有能力"是指会计准则制定机构是否有足够的经费来源,保证研制出高质量的会计准则;"公正的"会计准则

---

① 庄丹:《会计准则制订机构的模式选择问题》,载《财会月刊(会计)》2000 年第 10 期。

是指能够保护市场经济中多数利益主体的根本利益、不偏不倚的会计准则。公正的会计准则不应该偏袒任何一方的利益，包括国家。笔者以为，良好的会计准则制定模式需要具备上述的基本要求，至于是私人模式还是政府模式，孰优孰劣，应视各国的国情而定。

由政府部门财政部制定会计准则是最适合于中国国情的会计准则制定模式，理由主要有两个方面：

1. 私人模式未必适合中国

英美会计准则制定私人模式的产生和发展与它们赖以存在的会计环境息息相关，不可分离。该模式虽然理论上有诸多的优点，但它与中国的政治、经济、法律、文化等影响会计模式的主要环境因素都格格不入，主要表现在：

其一，从法律环境看，我国属于成文法国家，会计准则在我国属于法规，它应该由国家认可的法定机构来制定。财政部会计司自 1949 年 12 月 12 日成立至今，一直都是管理全国会计工作的法定机构。我国的《会计法》也明确指出"国家统一的会计制度由国务院财务部门根据本法制定"。财政部作为会计准则的制定机构有法律的依据。

其二，从文化大环境上看，中国仍然处于强烈依赖政府部门的社会定势，这与中国长期以来官主民辅的文化环境相关。在这种文化环境下，社会很难在短期内从根本上认识到私人在会计准则制定中的地位与作用。意识形态上的差距决定了在中国建立私人性质的会计准则制定机构绝非易事。从中国会计准则发展的历史上看，中国会计学会在 1989 年曾尝试着手制定会计准则，但是由于种种原因最终没有成功。针对中国会计学会试图插手制定会计准则的行为，会计事务管理司曾经两次建议中国会计学会不要直接参与会计准则的制定，而应该发挥其研究的特长。

2. 财政部制定会计准则与会计准则的公正性

英美会计准则制定的私人模式被人们称赞的原因之一是其有效性，即有能力、有可能制定出公正的会计准则。会计准则制定的有效性涉及会计准则制定所需的经费和会计准则制定的目标导向两个问题。一般认为，经费决定会计准则制定机构是否有充足的资金保证会计准则的研究质量，而会计准则制定的导向将决定社会资源能否得到合理的配置。在我国，由财政部制定会计准则能妥善地解决经费以及会计准则的目标导向两个问题，从而尽可能地保证会计准则的公正性。

其一，经费问题。创新一项会计准则或修订一项会计准则需要事先进行充分的市场调查、研究和论证，因而所需的开支非常大，由财政部来制订会计准则能保证充足的经费支持。

其二，会计准则的目标导向问题。在西方，会计准则制定的目标一般锁定在公众利益上。公众利益一般是指证券市场中的大众投资者，这种目标的提出是基于西方发达的证券市场和分散的债权和股权结构。为使财务会计报表不误导投资人，会计准则的目标导向必须维护参与投资的投资者利益，这是一种比较合理的会计准则制定目标。

会计准则的制定目标与社会的经济发展水平和所有制结构等经济方面因素有很大关系，具体的内容可能会因为社会的经济状况不同而有所不同，但只要能够维护市场经济中众多利益相关人的利益而非个别人或个别利益集团的利益就应该是合理的。目前，我国会计准则注意维护了当前多元化市场经济结构中各方面利益相关者的利益，而非一味地维护国家利益，这一点从具体会计准则中体现出的谨慎性、实质重于形式、可靠性及适度相关性等会计核算思想以及与国际会计准则保持了高度一致的做法中都可以得到验证。可以说，我国具体会计准则的目标导向不存在不合理的偏差。① 退一步讲，即使我国的会计准则尚存在利益代表性不足的问题，主要是从保护国有资产、保护国有经济的角度来看，但会计准则最终是由具有相对独立经济利益的企业来执行的，企业管理人员有可能在具体执行过程中出于局部利益的动机对会计准则作部分的矫正，以满足企业的利益诉求。

二、我国的应对之策

会计准则制定模式的适合与否需要结合各国的国情具体分析。但目前我国会计准则制定模式所存在的问题表明，现有的会计准则制定模式并非最优选择，只是现实环境下的无奈选择。与此同时，经济全球化背景下私人制定会计准则模式向中国的侵蚀，以及会计准则在全球范围的趋同化都对我国变革会计准则制定模式提出了要求。因应内部要求和外在压力，我国应主要从以下两个方面作出应对：

---

① 梁爽：《中外会计准则制定模式比较研究》，载《东北财经大学学报》2003 年第 3 期。

(一)对我国会计准则制定模式作适当的变革

对我国会计准则制定模式进行根本的变革,遽然由私人机构来制定会计准则,有可能造成适得其反的消极后果。其原因有二,一方面我国的私人机构尚缺乏相应的知识储备和财力,另一方面会损害我国目前占主导地位的公有制经济,损害我国国家利益,可能会造成严重的社会问题。笔者以为,在现阶段的现实条件下,可以从三个方面着手对我国会计准则制定模式作适当的变革:

其一,增强会计准则制定机构的广泛代表性,使我国的私人机构有权利参与到会计准则的制定过程。在会计准则制定机构中广泛吸收来自工商界、金融界、职业界的代表,包括各种经济性质与组织形式的代表,从而保证会计准则制定结果能够保护各集团利益。①

其二,增加会计准则制定过程的公开性,吸引更多的国内外专家、学者、实务部门、投资者参与会计准则制定、进行反馈意见的交流,使会计准则更具有公共接受性与科学性,从而减少会计准则实施过程中的阻碍。

其三,在不降低会计准则制定机构权威性的情况下,增强会计准则制定机构的独立性。会计准则制定机构的独立性主要是人员的独立以及经济的独立。为实现这一目的,有必要将会计准则制定机构从现有的行政隶属体系中分离出来,成为独立运行的机构,并吸引政府界、学术界、实务界等代表各方利益的优秀人才参与会计准则的制定与研究。为保证经费的充足,笔者以为应仍然由政府主管机构财政部来主导,但财政部对准则制定的技术方面不予干预。同时为保证会计准则制定机构的权威性,可通过修改《会计法》明确会计准则制定机构的地位及其发分布会计准则的适用范围、影响力,授权会计准则制定机构有权制定并直接发布会计准则。②

目前,我国已经对现有的会计准则制定模式进行了一定程度的改组。财政部于 2003 年对会计准则委员会进行重大改组,并于 2003 年 5 月 13 日印发了《财政部会计准则委员会工作大纲》,建立全新的运行机制,这在一定程度上

---

① 李阳、巩亦平:《我国会计准则制定机构模式的选择》,载《财会通讯》2003 年第 5 期。

② 宋金娥、宋晔:《论我国会计准则制定机构的利益代表性》,载《内蒙古统计》2003 年第 6 期。

完善了我国的会计准则制定模式，并向制定会计准则的私人模式靠拢。与英美国家的私人模式相比，我国的改革尚存诸多可商榷之处，从人员产生看，会计准则委员会的独立性不强，主席、秘书长、办公室主任均为财政部重要官员，且委员会委员均由财政部聘任；从具体职能看，会计准则的立项、起草、发布实施等重要职能仍主要由财政部实施；会计准则委员会只是起着咨询委员会的作用，与国际惯例中作为独立的准则制定机构相差甚远。①

(二)谨慎应对 IAS 对我国会计准则的侵蚀

我国对会计准则制定模式力求变革的同时，也要警惕以全球化的名义来损害我国在会计领域的经济利益、国家利益。在 IASB 中，绝大多数成员均来自于美国、英国、加拿大、澳大利亚和日本等发达国家，他们制定的所谓“全球会计准则”主要是从发达国家的角度出发，更多地考虑发达国家的利益，有可能损害发展中国家以及落后国家的利益。与许多发展中国家一样，我国在全球会计准则的发展趋势下，也将不可避免地面临这样一个难题：如果全盘接受全球会计准则，显然会忽视我国与发达国家会计环境的差别以及经济发展水平的差距，不符合我国国情的需要。但是，如果全然拒绝全球会计准则，必然会影响我国改革开放的进程，不利于我国吸收国际资本，更不利于我国进行跨境资产证券化。

20 世纪 90 年代以来，我国大力引进、借鉴国际会计准则，努力与会计国际惯例接轨，1992 年，我国第一次向 IASC 派出代表。1997 年，我国正式成为 IASC 的会员，并作为观察员参加了 IASC 的理事会议。我国一方面积极支持 IASC 为会计准则的国际协调作出的任何努力，另一方面，我国会计准则的制定也更多地借鉴了国际会计准则。

但我国在借鉴国际会计准则时需要注意以下问题：

其一，IAS 制定过程中的发达国家利益导向。会计准则作为一种制度安排，能够降低交易费用。但是由于分配收益和成本方面存在诸多不公平问题，其制定并非单纯的技术问题，也涉及各国经济利益之争。IASB 的领导机构基本上为英美所控制。改组后的 IASB 中，只有南非作为发展中国家拥有 1 个席位，大部分席位为发达国家所拥有。实际上是发达国家主导着国际会计

① 吴本洲：《试论会计准则制定机构发展的国际趋势及其对我国的启示》，载《技术经济》2005 年第 7 期。

准则的发展方向。发达国家在会计的国际化过程中获得诸多收益，广大发展中国家则仅获得较少的收益，而且要承担因IAS对发展中国家情况考虑不周所带来的负面经济影响，承担大量的改革成本和风险。再者，在发起推广IAS的制度变迁中，IASB具有正的、较高的利益预期；而相当数量国家的会计准则制定机构成为这一制度变迁的直接受害者，它们必须放弃已取得的各种资源优势。这些国家的会计准则制定机构必然要进行各种努力以求得生存，我国的会计准则制定机构也不例外，面临着丧失话语权的危险。

其二，市场经济发展不完善。IAS主要是根据市场经济发达国家的要求制定的，而我国市场远不及西方发达国家成熟。在西方国家常见的经济问题，在我国可能刚刚出现甚至还未出现，这使得IAS一些规定在我国没有用武之地。而且对于我国一些特殊会计事项，IAS并未考虑，如果单纯追求与IAS趋同，势必造成我国很多会计事项的处理无据可依。另外，我国资本市场的规模较小，海外上市公司较少，制度变迁的“主要行动集团”还非常弱小，因此我国会计准则与IAS趋同的动力不足，阻力较大。

其三，监管体系不完善。采用高质量的会计准则固然重要，但在目前我国的经济环境下，强化会计准则的执行机制与监管体系是当务之急。原则导向的会计准则留给执行者更大的操纵空间，如何判断财务报告是否虚假，将对证券监管部门提出更高的能力要求。而且进行职业判断要综合考虑企业经济活动的环境，这更增加了证券监管部门执法的难度。①

---

① 陈丽贤、董艳梅：《我国会计准则与国际会计准则趋同的障碍分析》，载《财会月刊》2005年第9期。

第四章 >>>

律师的私人治理法律问题研究

对跨境资产证券化过程中律师的治理作用，Tamar Frankel 给予极高的评价，认为律师在发挥着私人立法的功能。然而，律师立法的观点不仅在理论上存在漏洞，亟待进一步的补足，而且在实践中也面临着诸多制约因素，包括律师的内在原因以及外部环境的结构性限制。因此，在承认律师的私人治理甚至立法的功能时，仍然有必要对其功能的实际发挥持审慎的态度。

第一节 跨境资产证券化中的律师：一般性分析

一、律师的功能分析

律师的英文"Lawyer"，原意是指律师、法学家，"表示专业上有资格用一定权力从事法律工作的人的一般术语"，包括法官、开业律师和法学教师等。另外，"该术语时常也专指注册的开业律师，不包括法官和法学教师"。①

各国法律对律师的定性并不一致。德国《律师法》将律师定性为独立的司法人员和自由职业者，其活动不具有经营活动的性质。日本《律师法》规定，"律师以维护基本人权，实现社会正义为使命。律师根据前项使命应当诚实地执行职务，努力维护社会秩序和改进法律制度。"卢成燕对此总结指出，律师并非一般的社会服务人员，具有服务于国家政治和法律制度的政治属性，又具有

① [英]戴维·M. 沃克：《牛津法律大词典》，光明日报出版社 1988 年版，第 529 页。

服务于当事人的社会属性。[①] 不同国家对律师性质的认识不同，同一国家在不同历史时期对律师的认识程度也不尽相同。我国对律师性质的认识即经历了很大的转变过程。1980 年的《中华人民共和国律师暂行条例》第 1 条将律师定位为国家的法律工作者。随着我国政治、经济体制改革的深入，有学者将律师定位为社会主义市场经济中介人员，强调律师执业的经济性。1996 年《律师法》第 2 条规定，律师是指"依法取得律师执业证书，为社会提供法律服务的执业人员。"有学者指出，应强调律师的独立性，将律师的性质界定为"为委托人提供法律服务的自由职业者。"[②]

至于律师能发挥什么样的功能，存在不同的学术见解，如"保护当事人权利"、"社会规则的制定与实施"、"维护人权与实现正义"等不一而足。基本而言，律师具有如下三种功能：(1)服务政治的功能，促进民主制度的设立与完善，制定和完善法律制度，保证法律正确实施；(2)服务市场经济的功能，预防市场风险，保障经济行为的合法运转，维护市场经济秩序；(3)维护权利的功能，协助权利主体了解并正确行使权利，在诉讼中救济或维护权利。[③]

从西方律师职业产生、发展的历史看，促成律师职业出现的最主要因素是经济的发展。M. 韦伯指出，在经济交易活跃的社会中，用以调整利害当事人关系的法律日益增加和复杂化，对法律专业知识的需求也日益迫切。为此，能把当事人的主张准确无误地翻译成法庭标准用语的律师、能创造新的合同形式和法律概念并使之得到审判官承认的法律顾问等是必不可少的。[④]

一般而言，法律对权利、义务的界定应当借助法律形式、法律语言和法律技巧等外在形式表现出来。任何有关人们行为的法律规范，都要体现特定的立法思想、意图和任务，制定出的法律应当有恰当的表现形式、统一合理的布局和排列，贴切、规范的形式表述，技术处理的法律语言。但是，现实中的法律规范不一定都能达到这种标准，而且国家可能运用权力解释法律和修正法律的定义，这增加了民众理解、掌握法律的难度。因此，需要通过相对独立的职

① 卢成燕：《国际律师服务贸易法律制度研究》，法律出版社 2006 年版，第 5 页。

② 金苹：《我国律师性质的合理定位》，载《法律与经济》2006 年第 6 期。

③ 徐舜岐、孙文胜：《律师功能研究》，载《天津市政法管理干部学院学报》2006 年第 3 期。

④ 季卫东：《法治秩序的建构》，中国政法大学出版社 1999 年版，第 198 页。

业机构或个人对法律进行解释，帮助一般民众了解法律的权利、义务内容。

从历史上看，最早协助民众理解法律内容的主体是法学家。罗马时期，法学家的实际活动内容，主要有三个方面：(1)对具体法律问题作出解答，法学家之间发生意见分歧时，公开进行激烈论战；(2)撰拟契据，并在当事人进行法律活动时担任他的顾问；(3)协助当事人为诉讼行为，并向他指示应采用的诉讼程序。① 后来，律师从法学家中分离出来，专门负责解释法律，向公民阐释法律的内容，协助公民了解法律权利的内容。

但是，仅仅了解法律的内容，公民不一定能正确、有效地行使法律权利。因此，律师向公民提供法律服务，协助公民行使法律权利，主要表现在两个方面：一是充当公民或团体法律顾问，为其行使权利出谋划策，指明正确方向，提供行为指南；二是直接充任其代理人，代理行使权利，在代理权限内，成为法律权利的直接行使者。享有权利的社会主体出于对自身"与法律相隔甚远"的考虑，将"与法律有关"的事务交给律师，委托律师代为办理，以更好地实现自己的法律权利。在现代社会，律师的代理范围十分宽泛，涵盖社会的各个领域，如租赁房屋、订立遗嘱、处理财产、设立公司、银行信贷、国际贸易、文化教育等等。

一旦当事人的合法权益受到侵害，律师可以通过合法的途径，以公平原则救济被侵害的权益。律师是帮助当事人救济法律权利的重要角色。自古罗马始，律师就与救治法律权利的主要途径——诉讼相伴相随。代理当事人出席法庭审判，发表辩论，是律师的主要业务。律师有权对当事人给予诉讼方面的帮助，在法庭上为当事人进行辩护或代理。在现代诉讼中，律师在诉讼中的影响更加广泛和深远，成为救济法律权利的诉讼中不可或缺的重要成员。我国《律师法》第25条规定，律师可以"接受民事案件、行政案件当事人的委托，担任代理人，参加诉讼；接受刑事案件犯罪嫌疑人的聘请，为其提供法律咨询，代理申诉、控告；申请取保候审，接受犯罪嫌疑人、被告人的委托或者人民法院的指定，担任辩护人，接受自诉案件自诉人、公诉案件被害人或者其近亲属的委托，担任代理人，参加诉讼；代理各类诉讼案件的申诉。"

---

① [古罗马]查士丁尼：《法学总论——法学阶梯》，商务印书馆1996年版，第11页。

二、律师在跨境资产证券化中的作用

律师在资产证券化中扮演至关重要的角色，并贯穿于整个项目的运作过程。以信贷资产证券化为例，律师可以在以下方面发挥着关键性作用：

第一，审查发起人资质及其拟用于证券化的信贷资产的情况，对资产池中的资产开展尽职调查，预防并控制法律风险；参与资产证券化的发起和业务计划书的制定工作，参与资产证券化产品设计与方案论证，分析并协助排除资产证券化过程中可能出现的法律障碍。

第二，参与资产证券化业务的协调和谈判工作。根据证券化项目的具体要求，依法审查 SPV 的资格，协助选定受托机构；拟定或审查发起人与受托机构签订的信托合同，对信托合同中有关信托目的、受益人范围和确定办法、信托财产的范围、种类、标准和状况、赎回或置换条款、受益人取得信托利益的形式、方法、信托财产的管理方法、发起人、受托机构的权利与义务等主要内容提出法律意见和建议。

第三，协助受托机构设立 SPV，就信托产品的研发提供及时、有效的法律咨询，从法律角度审查信托产品的方案设计，提出审查分析意见；并对信托计划书、信托发行方案等提出法律意见。

第四，拟定或审查受托机构与贷款服务机构签订的贷款服务合同，为贷款服务机构管理信贷资产的活动提供法律支持。拟定或审查受托机构与资金保管机构签订的资金保管合同，为资金保管机构依照保管合同管理资金提供法律支持。

第五，为受托机构发行资产担保证券出具法律意见书，依法审查资产担保证券发行说明书，为资产担保证券的发行和交易、信托财产的管理和信托利益的分配提供法律服务，为受托机构依法披露信托财产和资产担保证券信息出具法律意见。就其法律意见书而言，其实质是对该意见书所列的证券的具体事项的真实性、合法性、完整性、准确性的证明，如对证券发行企业、证券上市公司的主体资格、信用情况所出具的法律意见书。

第六，为投资人投资资产担保证券提供法律咨询服务，向投资人提示资产担保证券投资的法律风险及其他风险，接受投资人委托代为处理投资法律事务，协助投资人依法行使各项权利，其中包括为资产担保证券持有人大会的召开等提供法律服务。

第七，其他法律服务工作。除上述工作外，律师还可以协助策划资产证券化的最佳税务方案，同时参加证券发行和承销过程中的其他工作，比如作为主承销商的律师按照要求参与对《证券发行说明书》的验证工作，出具验证笔录，以及参与起草和签订《证券承销协议》等等。

在跨境资产证券化交易中，律师所需考虑的法律问题更为复杂。律师在提供法律意见书时，至少必须考虑如下内容：(1)当事人在不同国家的法律地位。律师须就当事人是否具备法人资格、有无良好信誉、是否取得经营资格作出法律意见；(2)当事人的履约能力。律师应根据公司章程及有关法律，提出当事人是否具有签约、履约的能力、权利；(3)该合同是否合法、有效；(4)已获得官方批准的意见；(5)有无法律冲突；(6)不存在对当事人有不利影响的诉讼；(7)当事人有平等的法律地位；(8)外国法院判决的执行；(9)贷款合同准据法的适用。其中(5)、(8)、(9)是律师为跨境资产证券化交易提供法律意见书时需要特别考虑的内容。

简而言之，律师在跨境资产证券化中的作用主要体现为两点：出具法律意见书以及制定法律文件。对此，有学者认为，律师在参与证券业务(包括资产证券化中的证券业务)业务的性质属于公正证明的性质。[①] 然而，从律师在跨境资产证券化所发挥的多种职能来看，律师并非单纯地遵循现有法律开展业务，还包括某些创造性的类似于立法的行为，如为资产证券化进行产品设计以规避并排除可能出现的障碍。结合国家法律，律师为资产证券化的跨境开展提供了量身定做的交易结构，并为后来的跨境资产证券化实践提供了参考与借鉴。

第二节 律师立法与跨境资产证券化法律的发展

一、Lex Juris 的分析

在前一节，笔者对律师在跨境资产证券化中的作用进行了初步的阐述。那么，律师参与跨境资产证券化的行为应如何定性？对跨境资产证券化交易

① 孙毅刚：《论律师的证券法律业务工作》，载《现代法学》1994 年第 5 期。

会产生什么样的影响呢？对此，Tamar Frankel 给予律师的作用以较高的评价，并认为跨境资产证券化法律的基本特征是由律师的行为所决定，并称之为 Lex Juris。

(一)Lawyer-Made Law

1. Lawyer-Made Law 的范畴

要理解 Lex Juris，首先来考查与之相近的概念 Lawyer-Made Law（简称LML）。LML 并非新近产生的法律类型，曾经长期存在于英美法系国家和大陆法系国家。

LML 主要由两部分构成。第一部分是律师对法律的解释和言论。在近代以前的大陆法系国家，法院给予法学家的解释以非常高的地位，法学家的观点通常被认为是国家法律的组成部分。早在奥古斯丁时期，罗马皇帝就开始授予某些法学家以解答法律之特权，他们的解答具有特殊权威，是罗马法的重要组成部分。但当代的大陆法系国家多奉行成文法，律师的意见并非法律渊源之一。

在英美法系国家，律师的言论和行为并不直接构成法律的一部分，但律师的意见对于法律的形成具有非常重要的作用。尽管律师对法律的解释和意见并不具有约束力，但通常律师的意见能够使当事人免受诉讼或者法律的制裁，并改变客户与其他相对方之间的责任义务的平衡关系。

LML 的另一部分是律师所起草的法律文件，包括合同、合伙协议、信托工具或章程文件等。对当事双方而言，这些法律文件发挥着相当于法律的效用。在传统的法律视角下，当事人自治原则是合同法基本原则，除公共利益外，国家一般不干涉合同法领域内的私人行为。律师在促进合同的标准化，如格式合同的形成方面，所发挥的作用远较立法机构或法院要大。

一般而言，合同的条款、术语都是由律师所制定的。律师事务所制定合同时，往往会遵循之前已创设的合同格式或者其他律师所制定的合同格式。律师所起草的标准化合同可以适用于许多场合，并得到普遍的遵守。在人们的日常经济活动中，真正规范个人行为的并非立法机构或者行政机构所制定的书面法律，而是律师根据具体案件为维护客户利益而制定的法律意见书或其他法律文书。[①]

从名称上看，律师所制定的文件并非被称为法规、条例、法令等，也不是判决、裁定或者命令，而是被称为合同、契约、抵押契据、雇佣契约、租约、遗嘱、信托合同、许可证、公司章程等。从起源看，这些文件只是根据法律起草并只有在合法的情况下才能得以执行，只能视作在法律的实施阶段创设或转让权利和义务的一种有效手段。[②] 换言之，这些文件本身不能视之为法。但是律师所起草的文件所产生的约束力与法律类似。以律师所起草的合同为例，合同成立后，当事人须认真履行合同中规定的义务，不得以任何理由拒绝履行自己的义务。即使在履行合同的过程中发生了新的情况需要变更或解除合同，也必须依照合同法的有关规定办理。除不可抗力等法定情形外，合同当事人不履行或者不完全履行合同时，必须承担违约责任，应按照合同和法律的规定由违反合同的一方当事人向对方支付违约金和赔偿金。如果对方当事人要求违约方履行合同时，违反合同的一方当事人仍应当继续履行。

尽管法律与合同的启动机制不同，但效果和目的是一致的，即都是为了规范人们的行为，并因对方的不遵守行为取得一定程度的赔偿。因此，罗马法曾将合同视为“法锁”，是当事人之间因法律而形成的锁链。法国民法典第 1134 条亦规定：“依法订立的契约，对于契约的当事人双方具有相当于法律的效力。”[③]中国《合同法》第 8 条规定：“依法成立的合同，对当事人具有法律约束力。当事人应当按照约定履行自己的义务，不得擅自变更或解除合同。依法成立的合同，受法律保护。”因此，合同可以被视为当事人之间的法律。

2. 对 LML 的审视

将 LML 视作法律，面临着许多理论上的障碍。笔者以为，要确认律师的立法功能，须廓清以下认识上的误区：

首先，律师处理案件并非机械地全盘照抄法律条文。在最初接收案件时，如何理解案件所涉及的法律问题，应采取何种法律解决方案，尚存在诸多未解

① David F. Cavers, Legal Education and Lawyer-Made Law, *West Virginia Law Review*, 1952, Vol. 54, pp. 178～179.

② David F. Cavers, Legal Education and Lawyer-Made Law, *West Virginia Law Review*, 1952, Vol. 54, p. 179.

③ 郭明瑞：《新合同法原理》，中国人民大学出版社 1999 年版，第 9 页。

决的不确定性，有待于律师从这些不确定性中根据专业技能进行选择。在这种选择法律的过程中，律师对案件中法律关系的建构起着重要的决定作用。

其次，传统上对律师功能的认识，往往只是限于客户发生诉讼或者其他法律问题的特殊时期。而实际上，律师对客户的日常生活、经营活动提供各种法律咨询、建议，预防客户触及法律雷区，才是律师功能的常态。律师所提供的各种法律服务，成为客户的行为指南和守则，充当了法的功能。① 律师利用所学到的法律知识和能力来解决所面临的问题，对商业协议的可行性进行评估。另外，他们利用分析问题的能力和语言能力保证协议文件涵盖所有重要的偶然或意外事件，避免由于计划或语言的模糊性所可能导致的风险。② David F. Cavers 指出，律师在律师事务所办公室里的行为，应作如下理解：即一群律师与互相对立的争议双方在办公室里对争端进行仲裁，起草被称之为合同的法规以规范双方的未来行为。③

即使以传统的眼光视之，律师也确实发挥了创新型立法的作用。如信托制度即是律师的创新。雇员的退休金信托则是律师对信托机制所作的又一创新。此外，销售回租租赁④、百分比租赁⑤等都是近年来律师在实践中所创设出的创新型法律制度。

---

① David F. Cavers, Legal Education and Lawyer-Made Law, *West Virginia Law Review*, 1952, Vol. 54, p. 179.

② David F. Cavers, Legal Education and Lawyer-Made Law, *West Virginia Law Review*, 1952, Vol. 54, p. 180.

③ David F. Cavers, Legal Education and Lawyer-Made Law, *West Virginia Law Review*, 1952, Vol. 54, p. 180

④ 销售回租是指承租人为了筹集资金的需要，将自己所拥有的财产销售给租赁公司然后再租回使用的租赁形式。在销售回租的情况下，承租人以其自有设备为载体，实现融资的目的，租赁物在形态上没有变化，仍然由承租人占有、使用和控制，出租人和承租人仅仅是在纸上交易，先由承租人转让租赁物的所有权给出租人，出租人向承租人支付购买租赁物件款，然后承租人再租回使用，这在国际上是通行的做法，20 世纪 90 年代以来在我国也得到了充分的发展，大部分租赁公司尤其是中外合资租赁公司最近几年的业务以销售回租为主。销售回租是盘活存量资产、扩展资金渠道的一种很好的方式。

⑤ 百分比租赁是把租赁收益和租赁物件营运收益相联系的一种租赁形式。承租人向出租人缴纳一定的基本金后，其余的租金是按承租人营业收入的一定比例支付租金（或有租金）。出租人实际参予了出租人的经营活动，并承担了经营风险。

(二)Lex Juris

LML 理论的提出为跨境资产证券化法律的定性奠定了基础,也为理解律师在跨境资产证券化过程中的作用提供了较好的视角。律师对于跨境资产证券化具有至关重要的作用。律师与其他专业人士如投资银行家合作,根据资产证券化的特殊需求,创造了许多革新型的结构,从而保证融资交易的成功。可以说,律师为跨境资产证券化交易制定的交易结构和法律意见书等,是跨境资产证券化交易参与者的重要指南。

鉴于律师在跨境资产证券化交易中的重要性,跨境资产证券化的规则体系可以理解为 LML。在跨境资产证券化的交易结构中,律师决定其中绝大多数的术语、法律框架,以及与交易有关的法律选择和交易各个部分操作所发生的地点。

然而,Tamar Frankel 指出,以 LML 来指称跨境资产证券化法律并不完全正确,而应称之为 Lex Juris。Lex Juris 的提法仿自 Lex Mercatoria(自治商人法),它反映了 Tamar Frankel 对律师在跨境资产证券化过程中立法作用的推崇,在国家法律无法企及、没有能力规范的领域内,律师起草的法律文件起到了自治立法的作用。

要正确地理解 Lex Juris 的概念,关键是区分它与几个相似概念的不同之处。

1. Lex Juris 与 LML 的区别

Lex Juris 与 LML 两者都非常重视律师的立法功能。然而,相较而言,Lex Juris 更加强调律师的自治立法功能,私人律师在跨境资产证券化过程中履行公共治理的功能。

首先,律师选择国内法作为准据法的自由度更大。一般情况下,律师对法律的选择体现在合同的具体条款中,而且这些法律选择往往受制于国内法。在跨境资产证券化过程中,律师对法律的选择则是通过将某一交易行为确定在所选定的法域内,使该行为受该法域的法律管辖来实现的,而且该法律选择是终局的。[①] 尽管其他国家可能对律师的选择法律行为和结果进行司法审查,但一般情况下,不太可能推翻缔约方的法律选择。简而言之,在跨境资产

---

① Steven L. Schwarcz, The Universal Language of Cross-Border Finance, *Duke Journal of Comparative and International Law*, 1998, Vol. 8, p. 237.

证券化交易中，律师在选择法律方面具有更大的自由度，可以自由地决定是否规避某国的限制性规定。

其次，律师对实施资产证券化地点的选择，可能对相关国家的政策产生影响，包括进行资产证券化的国家和被故意规避的国家。为吸引更多的企业在本国进行资产证券化，有的国家会提供相应的优惠措施，并通过对法律的改革为资产证券化提供更为宽松的法律环境和更稳妥的制度保障。换而言之，律师通过选择东道国并为跨境资产证券化进行结构设计，规避本应受其管辖的国内法，或者对与资产证券化相关国内法进行适当的修改，使之适用于跨境资产证券化。可以说，在跨境资产证券化交易中，国内法的适用范围并非单纯地由国家的单方宣示所决定，同时也受制于律师对资产证券化交易行为地点的选择。①

再次，与 LML 相比，Lex Juris 的范围、涵盖面更广，而且受国内监管的力度更为宽松。在跨境资产证券化交易中，律师可以根据客户的需求自由地设计资产证券化交易的性质、技术以及目的，可以自由地选择交易各部分的发生地点以及相应的国内法，可以说律师有最为充分的自由去设计符合某一项交易的法律。② 一般而言，国内法的干预与律师所起草的法律文件的规制力量之间存在反向关联。国内法的监管或干预越弱，则律师所起草的交易文件的效力就越强，这种效力的增强不仅仅是对交易双方而言，对第三方也是如此。③ 详言之，资产证券化交易方的行为模式越为确定，就越能引起第三方的关注，因而对第三方的约束力也更强。在国内法许可的条件下，Lex Juris 能有效地弥补国内法与融资实践的差距，甚至成为国内法的代替品。④

对 LML 的讨论一般都是在单纯的国内法环境中进行。在本文所讨论的跨境资产证券化交易中，跨境实施的法律问题更为复杂，而且在法律的跨境执

① Steven L. Schwarcz, The Universal Language of Cross-Border Finance, *Duke Journal of Comparative and International Law*, 1998, Vol. 8, p. 244.

② Tamar Frankel, Cross-Border Securitization: Without Law, But Not Lawless, *Duke Journal of Comparative & International Law*, 1998, Vol. 8, p. 257 .

③ Tamar Frankel, The Law of Cross-Broder Securitization: Lex Juris, *Duke Journal of Comparative & International Law*, 2002, Vol. 12, p. 486.

④ Tamar Frankel, Cross-Border Securitization: Without Law, But Not Lawless, *Duke Journal of Comparative & International Law*, 1998, Vol. 8, p. 275.

行方面，国内法院显得更为软弱。因此，在跨境融资交易中，参与方多诉诸自执行机制，如协商、仲裁或通过其他中介机构进行。即使跨境资产证券化交易各方都是在某一国家，从而具有受该国法律管辖的正当理由，但是仍然有可能存在如下情形：交易内容与该国并无实质联系，或者该国缺乏相应的法律规定，因而直接适用律师所拟定的法律文件。

最后，Lex Juris 不仅对交易双方行为的实体性规则进行规定，而且可能影响外部第三人的权利。在跨境资产证券化中，交易的履行问题主要是通过律师设计的解决机制进行。法院一般不参与处理资产证券化交易各方之间的冲突。如在美国，有关资产证券化交易的诉讼案件相当少，少数的几个案例都与破产有关，主要涉及资产证券化金融资产的破产转让人与债权人。在国际层面，资产证券化交易双方在未达成协议的情况下，也未曾发生向国际法院或国际组织申诉的案例。①

然而，Lex Juris 也存在一些问题，如这些协议一般只能约束缔约方，对非缔约方——如破产转让人的债权人——不具有约束力。例如，除非经债权人同意，Lex Juris 不能禁止债权人对被资产证券化的贷款主张权利。此外，Lex Juris 须受国内法的某些限制。如美国规定，资产证券化的转让协议须经过一定的完善程序，才能约束第三方。② 由于受资产证券化融资协议影响的第三方可能通过国内法来争取自己的权利，因此 Lex Juris 并不能为缔约方提供完全的保护。

2. Lex Juris 与 Lex Mercatoria 的区别

Lex Juris 与 Lex Mercatoria 存在许多可类比之处。两者都是专指解决跨境事务的自治型法律，都强调私人主体在缺乏国家法律规范或国家法律规范不力的情形时的立法功能。

Lex Mercatoria 一词是拉丁文，英文的对应词为 Law Merchant，国内的

① Steven L. Schwarcz, Sovereign Debt Restructuring: A Bankruptcy Reorganization Approach, *Cornell Law Review*, 2000, Vol. 85, p. 1023.

② Spiro V. Bazinas, An International Legal Regime for Receivables Financing: UNCITRAL's Contribution, *Duke Journal of Comparative and International Law*, 1998, Vol. 8, p. 347.

一些公开出版物上对此有不同的译法，如商业习惯法[①]、商人习惯法[②]或商人法[③]等。对于何谓商人习惯法，人们往往很难给它下一个确切的定义。施米托夫教授将其称为旧商人习惯法，指“事实上支配那些往返于商业交易所在的文明世界的各港口、集市之间的国际商人团体普遍适用的一整套国际习惯法规则。”[④]其特点是：发展不成体系，缺乏计划性，它从习惯性做法发展为惯例，再到法律。[⑤] 沈达明和冯大同教授认为，从历史上看，它是中世纪时期逐渐形成的“商业惯例”。与当时封建王朝的地方性法律相比具有以下几个特点：(1)它超越国界，普遍适用于各国商人；(2)它不是由专业法官来掌管而是由商人自己选出的法官来掌管的；(3)它的程序比较简单，而且不拘泥于形式；(4)它强调按公平、合理的原则来处理案件。[⑥]

Lex Juris 与 Lex Mercatoria 两者之间存在显著的区别：首先，是否适用 Lex Mercatoria 依赖于商人、商会之间的组织关系。商人必须通过商会才能诉诸 Lex Mercatoria，与其他商人就所涉及的贸易法律问题进行协商。在跨境资产证券化交易中，Lex Juris 所可能涉及的交易各方并不存在组织关系或其他协调性关系，各方之间的关系只是因为某项交易而联系在一起，不需通过行业组织从中协调。

其次，Lex Mercatoria 的演进路径是由商人反复实践演化成商业惯例，然后再被接受为国家法律。而律师在形成 Lex Juris 的过程中并不必然需要反复地进行类似的操作，而是根据具体案件的不同进行个案处理。

最后，实际参与跨境资产证券化的各方并不对交易或操作规则进行建构。他们只是向律师阐明他们的商业需要和计划，然后通过由律师所准备的法律文件表达出来。一般而言，交易主体很少对跨境资产证券化交易主体的结构进行干涉，只是对某些特别条款进行指示。商人法的创制主体是实际参与交易的商人自身，他们就交易中的法律问题进行协商，并创制出可适用的规则。在资产证券化过程中，尤其是跨境资产证券化过程，实际参与交易的主体，如

---

① 沈达明、冯大同：《国际贸易法》，北京大学出版社 1983 年版，第 1 页。

② 沈达明、冯大同：《国际贸易法新论》，法律出版社 1989 年版，第 2 页。

③ 郑远民：《试论现代商人法的适用》，载《河北法学》2004 年第 8 期。

④ [英]施米托夫：《国际贸易法文选》，中国大百科全书出版社 1993 年版，第 226 页。

⑤ [英]施米托夫：《国际贸易法文选》，中国大百科全书出版社 1993 年版，第 247 页。

⑥ 沈达明、冯大同：《国际贸易法新论》，法律出版社 1989 年版，第 2～3 页。

发起人、投资者、SPV 等，对融资结构等并不具有决定性的影响，他们并不对资产证券化交易的所有条款进行协商。如借款人与发起人可能对贷款条款进行协商，但不对信用增级，交易结构，或者管辖交易的法律等进行协商。

3. Lex Juris 与国家立法的区别

Lex Juris 的具体内容并非基于公认的原则或规则，而是源自个别案例。为节约资源并避免无谓的重复，律师往往重复使用所准备的法律文件，仅仅根据适用法律的不同加以适当的改变，并使之符合特定的情形。

律师在办理案件后，一般须向律师事务所提供研究备忘录。律师事务所的其他成员可以查询备忘录，并根据自己的经验以及法律的变更加以补充或进行修改。律师事务所则周期性地出版自办刊物，发布许多领域内法律的最新发展情况，并将其分发给客户以及其他学者。律师协会通过定期或不定期地组织律师论坛，交流内容涉及法律的最新动态、监管机关的文件以及执业实践的发展态势。不仅如此，律师甚至还参与国家的立法活动。2002 年重庆市人大曾委托律师就《重庆市物业管理条例》起草地方性法规。2005 年，天津市人大法工委委托天津市律师协会起草《天津市地方立法听证办法（草案）》。显然，律师的专业知识是律师参与立法以及立法高质量的有力保障。

可以说，Lex Juris 与立法有些类似，因为它主要是为将来的行为提供规则，而非解决产生于过去行为的冲突。然而，根据传统的法律定义，律师所起草的合同与法律有所不同，不具有强制力，一般不能约束第三人。合同是由当事方制定并约束当事方的法律，有时会对第三方产生影响。尽管合同等法律文件并非由法院强制执行，但确实具有类似于法的作用，可以将其视作参与方以及其他受影响各方之间的私法。

二、律师参与立法的正当性分析

尽管承认律师的立法能力会面临许多理论上的困难，但从学术的角度来看，律师参与立法具有一定的正当性。

（一）律师职业道德

律师职业道德的高标准在一定程度上能保证律师立法时保持公正的立场，维护社会公共利益。律师职业道德包含一般职业道德的内容，又具有自己的特点。

首先，律师应遵守一般的职业道德：(1)勤勉尽责地为当事人服务，而不能敷衍当事人；(2)律师要勤于学习，提高业务水平，在业务水平上达到职业公认的业务标准。不能不懂装懂，夸大和高估自己的实力，从而严重影响当事人利益的实现；(3)律师要有依法独立执行职务，勇于承担风险的精神，不能瞻前顾后，处处以自己的执业风险考虑为先，不顾当事人利益受损的潜在威胁等等。

其次，律师还要遵守自己职业的特殊职业道德。这主要包括以下的内容：积极探求案件真实情况，维护法律的正确实施；严守执业秘密；与同行公平竞争、互相尊重；注重自身修养，珍惜职业声誉和社会形象；关于律师的保密、律师业务的广告以及律师收费等方面的要求等等。其中，律师职业道德中最重要的是客观性、中立性，它能在一定程度上确保律师立法时能持有公正、不偏不私的态度。

在法治社会，律师是具有社团组织属性的法律职业者，不同于法官、检察官和法学家。他们通过自己的社团组织自由地管理其自身事务，律师协会是律师实行自治的社团组织。律师在各项业务活动中，都能够保持自己的独立而不受外来干涉。许多律师业发达的西方国家将律师界定为"自由职业者"，规定律师职业不受行政机关和司法机关的领导，而由律师行业组织对律师进行自治。

律师作为自由职业者，最重要的内涵是职业独立。基本而言，律师职业的独立应包含以下两个方面：

其一，行业自治——独立于国家机关。"律师独立可以简单地理解为具有社团组织属性的法律职业。"①这意味着律师职业独立是指律师行业组织可以自主地管理律师自身的事务而不受外来干涉。律师职业独立主要的含义是律师自治，自治是律师业作为职业共同体的必然要求。这种自治自律的要求，是律师业所肩负的独特使命产生的。律师以维护基本人权和实现社会正义为使命，是"在野法曹"。律师的活动不具有公权力的性质，他们的"这些自由通常被视为社会交易的一部分：律师被赋予公共特权，以换取公共利益。"②因此，

---

① [美]罗伯特·戈登：《律师独立论：律师独立于当事人》，中国政法大学出版社1992年版，第8页。

② [美]罗伯特·戈登：《律师独立论：律师独立于当事人》，中国政法大学出版社1992年版，第8页。

律师职业独立实际上是一种出于公共利益需要而对社会权力进行的必要分配。同时，律师业的专业化趋势和在法治社会中律师所担负的独特使命决定了行政机关很难在律师的职业范围内行使直接的管理职能。只有律师自己组成的行业组织才能对律师业提出合理的要求并有效地管理律师的职业行为。

其二，业务活动独立——独立于当事人。律师作为面向社会提供法律服务的专业人员，是法律服务市场的重要主体。在法律服务市场，律师与当事人之间是一种合同关系，即双方权利、义务对等，法律地位平等，不存在一方依附于另一方的情形。律师不论给当事人提供何种法律服务，诉讼业务抑或非诉讼业务，都必须遵守委托合同的义务。在遵守委托合同的前提下，律师有权利独立决定自己的业务活动，如选择当事人，审查判断证据，为胜诉采取妥当的诉讼策略等。律师对自己的业务具有独立的意志并拥有控制权，是实现律师职业独立、体现律师价值的本质要求。①

(二)律师立法能力

律师具有充分的专业知识，这保证律师有足够的能力参与立法。如在美国，要成为律师，除品行方面的要求外，对专业知识的要求也非常严格。受过法学教育是取得律师从业资格的首要条件，即申请人应有大学学历，并圆满完成所修课程，成绩合格，在正规学院或大学获得学士学位，并在大学法学院获得 J. D. 学位。其次，还需通过各州分别组织的律师考试。学历和考试这两个条件也是大多数国家对取得律师从业资格的基本要求。这在某种程度上保证了律师的专业水平。在中国，虽然国家司法考试的门槛设置较低，只要具有大学本科学历，无论专业是否为法学，都可以参加国家司法考试，但是国家司法考试的低通过率在一定程度起到了去劣存优的效果，保证了律师队伍的高素质性。2002 年的国家司法考试，共有 36 万多人报名，31 万多人实际参加考试，最终 24100 多人合格，通过率约为 7.74%。此后，国家司法考试的合格通过率一直稳定在 10%左右。

为提高律师的执业能力，保证律师能够精通法律业务，美国联邦和各州法律中都规定了执业律师每年必须参加继续教育、接受培训的内容。通常美国律师的继续教育由各州律师协会的继续教育部或经 ABA 批准、承认的法学院组织实施，也有少数私人机构经州律管会批准亦可承担律师继续教育培训

① 贾清波:《论律师职业独立》，载《理论导刊》2006 年第 6 期。

工作，内容包括联邦及本州新颁布的法律及法律文书制作、案例讨论及律师执业所必需的办案知识和基本技能。[①] 成为律师后，律师协会作为律师群体的自治性组织，对于联系协调律师间的关系，并促进律师间技术信息的交流起到了桥梁的作用。律师协会的职责在于鼓励律师专业化程度的提高。如《中华全国律师协会章程》规定，律师协会的宗旨之一即是“总结、交流律师工作经验，提高整体执业水准”。律师事务所的内部培训机制和专业团队合作也为成员间的相互交流与影响提供良好的场所。如美国律师事务所秉承专业化的目标，一般实行统一收案制度，然后根据该案的性质及难易程度分派给有关专业部门或擅长此专业的律师承办。因其专业定向，在遇到较大疑难的法律事务时，美国律师事务所一般根据专业部门的分工和律师的分工采用流水作业的方式予以办理，从而形成了既有很细的专业分工，又强调密切协作的业务机制。律师事务所内的律师之间非常讲究合作精神，强调协作与合力来追求服务质量。[②] 就某一问题，律师团队往往讨论、争论，并就新的结构以及可能产生的法律后果提出关键性的评估，这个过程正是解释法律的过程。资产证券化过程中的大量法律文件正是律师团队历经无数次讨论、修改后的产物。律师在从业生涯中还必须继续进行学习，通过各种讲习班、学术会议等短期学习途径以满足学习、继续提高的目的。律师协会、律师事务所提供的律师间良好的交流机制和团队型工作制度为律师的立法能力提供了制度性保障。

此外，律师在处理具体实务时更具有优势。律师作为精通法律的专业人员，不仅拥有法律的专业知识，而且还养成了从法律角度进行缜密思考问题的习惯。同时，律师始终扎根于实践中，业务范围遍布社会生活的各个方面，其业务范围遍布社会生活的各个方面，对社会更为了解，能够懂得社会不同阶层人们的利益需求。在制定和完善法律方面，律师比其他职业人员更具有优势，因为法律的创立并不是统治阶级凭空想象出来的，则是根据实际的需求而制定的。

① 辛忠孝、王红：《美国律师的继续教育》，载《律师世界》1998 年第 11 期。

② 吴宇平、王荣康：《美国律师事务所运行机制及思考》，载《中国律师》1997 年第 9 期。

三、对 Lex Juris 的定性

对于律师在跨境资产证券化中的立法功能，有学者提出质疑，认为律师及其所制定的法律文件虽然起着非常重要的作用，但律师充其量只是委托人的代理人而已。换而言之，律师最多只是资产证券化交易中受过高度专业训练的推动者而已，他们不是也不太可能成为制定法律的主体。再者，一名优秀的律师保证参与方的期望符合法律规定或所允许的同时，并没有改变法律或者制定新的法律。①

然而，如 Frankel 教授所言，律师在制定有关跨境资产证券化的法律或类法律规则(law-like rule)时居于中心地位。② 而且在事实上，这些规则甚至在某种程度上为跨境资产证券化的法律提供了一个有用的范本。Frankel 教授认为，一方面，Lex Juris 是规制全球活动的一种新型立法，可以在避免国内法严厉控制的同时仍然顾及国内法。另一方面，规则具有高度弹性，因而可以适应快速变动的环境，又能迅速统一成为标准和指南，具有充分的可预见性。③简而言之，律师通过持续的、熟练的起草和规划来降低结果的不可预见性性，从而使跨境金融秩序避免潜在的混乱。

以传统的理论视之，Frankel 教授的观点存在许多争议：

首先，Frankel 教授是在比较扩张而宽松的意义上使用"法律"这一词汇。他以罗马时期法学家言论的法律地位为例证，认为律师所起草的法律文件应被承认为法律。④ Markell 教授反对这一观点，认为其混淆了法律与影响法律形成的文本之间的区别，立法机构和法官在表述政策或决定议题时会对法学家的学术著作予以考虑，但学术著作的论述对立法机构和司法机构并不具有强制约束力。再者，尽管合同可以被认定为是合同当事方的法律，但缔约自由

---

① Bruce A. Markell, Digital Demons and Lost Lawyers: *Federal Communications Law Journal*, 1996, Vol. 48, p. 545.

② Tamar Frankel, The Law of Cross-Broder Securitization: Lex Juris, *Duke Journal of Comparative & International Law*, 2002, Vol. 12, p. 480.

③ Tamar Frankel, The Law of Cross-Broder Securitization: Lex Juris, *Duke Journal of Comparative & International Law*, 2002, Vol. 12, p. 477.

④ Tamar Frankel, The Law of Cross-Broder Securitization: Lex Juris, *Duke Journal of Comparative & International Law*, 2002, Vol. 12, p. 482.

受到公共政策概念的限制。①

其次，如果对法律作过于宽泛的认定，可能会造成理解上的困难，如国家是否应对律师所制定的法律文件予以强制实施的保证，能否对违反律师法律文件规定的行为实施法律制裁。而且，律师制定法律文件的过程处于完全保密的状态，社会大众无法知晓具体的决策过程，甚至无从知晓其具体内容。在事实上，非合同方的第三人可以自由地违反律师法律文件，因此将律师的法律文件视作法律准则或类法律准则可能是不适当的。

最后，律师所制定的法律文件不能违反现有的法律规定，否则可能因违反法律而存在被归于无效。以 LTV 钢铁案②为例，LTV 将账款及存货资产证券化后，销售给自己设立的 SPV，该 SPV 附属于 LTV。随后，SPV 向英国的 Abbey 国家银行借款 270000000 美元，以应收款融资所得作为担保。根据律师所起草的文件，LTV 将其现有的以及未来应收款不附加条件地销售给 SPV，因此 LTV 在已转让的应收款中不具有剩余权益。但当 LTV 申请破产时，LTV 主张已转让的应收款应成为其破产财产的一部分。LTV 的理由是，尽管本方律师和 Abbey 的律师起草了该项转让文件，但 LTV 在已证券化的资产中仍享有剩余权益，而且 SPV 只是所转让应收款的名义所有者，LTV 才是其实际所有者。鉴此，LTV 诉请允许违反法律文件来使用这些已转让的应收账款。③ 法院最终接受了 LTV 的诉讼请求。

这一案例表明，在现有的法律体系内，律师的法律文件并不具有传统意义上的法律效力，即当事一方得以运用国家的权力强行实施违背对方明确意愿的行为。如果律师所起草的文件被认为是法律，或者是仅存在于双方间的法律，那么最后案件的解决应以对该文件的详细解读为准。但法院显然并没有承认律师法律文件是法律的组成部分。④ 显然，根据传统的观念，尽管跨境资

① Bruce A. Markell, Lawyer-Made Law, Lex Juris and Confusing the Message with the Messager: a Commnet on Frankel, *Duke Journal of Comparative and International Law*, 2002, Vol. 12, p. 494.

② In re LTV Steel Co., 274 B. R. 278, 286 (Bankr. N. D. Ohio 2001).

③ In re LTV Steel Co., 274 B. R. 278, 286 (Bankr. N. D. Ohio 2001).

④ Bruce A. Markell, Lawyer-Made Law, Lex Juris and Confusing the Message with the Messager: a Commnet on Frankel, *Duke Journal of Comparative and International Law*, 2002, Vol. 12, p. 496.

产证券化中的契约自由可能导向融资合同的标准化形式并提高融资效率，但是律师的工作成果仍不应被视作法律。

但笔者以为，传统观点对 Frankel 教授的批驳存在认识上的误区。首先，LTV 案例并不能证明律师制定的法律文件不是法律。因为即使是传统意义上的法律也会面临被违反的情况，也有可能被后来的立法或司法判决所推翻。法无完法，未必能适应所有的现实要求，需要因应时势的变化作出适当的调整。再者，传统意义上的法律也存在效力位阶问题。当法律规范之间发生冲突时，上位法优先于下位法。对 LTV 案进行考查，可以作出这样的判断，即律师所制定的法律文件的效力位阶低于国家法律。因此，两者冲突时，Lex Juris 须让位于国家法律。相反，律师所制定的法律文件对既有的国家法律（包括国内法和国际法）都是有益的补充，弥补了国家法律更新速度较慢、反应不够灵敏的缺点。而且国家法律往往过于刚性，不能很好地因应情势的变化。可以将 Lex Juris 定性为类似于软法的准法律规则，尽管 Lex Juris 不能违反国家法律的规定，也容易面临当事人的单方违约，但仍然可以为当事人提供行为会计准则，并借助国家法律所提供的责任保护机制增强其强制力。

第三节　律师立法的规范性缺陷与国家规制

一、律师的中立性困境

（一）委托人与律师之间的关系

律师与委托人的关系归根到底是二者之间的权利、义务关系。当事人到律师事务所聘请律师时，双方都要签订合同，从而确立二者之间的代理关系。代理是指代理人在代理权限内，以被代理人的名义与第三人为法律行为，而且是由被代理人承担法律后果的法律行为。律师担任代理人与其他代理人的区别在于，其他人担任代理人的责任仅是代被代理人实施具有法律意义的行为，设立被代理人的权利和义务。对律师而言，其代理责任除了与其他代理人相同的职责之外,还负有维护被代理人合法权益的责任。①

对于委托人与律师之间关系的认定,存在如下模式:一种模式是信托关系模式(Fiduciary Model)。该模式认为,委托人要依靠律师的知识和技巧来维护自己的利益。由于委托人不能评估法律服务的质量,只能信任他的律师能够在合理费用的基础上为其提供忠诚的、称职的、勤勉的服务。在这种情况下,律师成为委托人,律师要把委托人的利益置于其他利益,特别是律师自己的利益之上。另一模式是规制模式(Regulatory Model)。该模式认为,律师是准公务人员,执行重要的公务职能。该模式认为,争端的解决以及其他法律活动对于社会而言至关重要,因此对于这些活动必须加以规制,以服务于合法性、终局性、公平性和效率等价值目标。在这种模式下,应采取一定的措施保证律师服务于公共利益。②

因此,尽管律师应保证职业上的独立性,既独立于当事人,又独立于国家机关,但委托人与律师之间的关系使得律师不可能超脱于当事人与国家机关的利益之外。有学者指出,对律师立场的要求应视具体情况而异,在自然人的代理中,应当为律师设定对委托人加以更多保护的道德,而对于为公司提供代理的律师,则应当设定对社会加以保护的道德规则。③

以律师的保密义务为例,根据美国律师协会在1983年制定的《职业行为示范规则》,除非委托人作出了明确同意、为了执行代理对信息的披露已经得到默示授权或者披露为该条规则所规定的例外条款所允许外,律师不得披露与代理委托人有关的信息。从这一规定可以看出律师保密义务具有如下特征:其一是保护范围的广泛性,即除特定情况外,与代理委托人有关的信息都受到保护,律师不得公开,无论该信息是直接来自委托人,还是直接来自第三人,律师都应当保守秘密;其二是秘密保护的自动化,无论委托人是否提出了任何明确要求,律师都应当保守有关秘密。④

---

① 郝胜利、董刚:《论律师与委托人的关系》,载《商业研究》2004年第11期。

② Geoffrey C. Hazard Jr. , Susan P. Koniak, Roger C. Cramton, and George M. Cohen, *The Law and Ethics of Lawyering*, Foundation Press, 2004. pp. 449～450.

③ Ted Schneyer, Some Sympathy for the Hired Gun, *Journal Legal Education*, 1991, Vol. 41, pp. 22～27.

④ 王进喜:《美国律师职业行为规则理论与实践》,中国人民公安大学出版社2005年版,第67～68页。

律师制度的文化基础是个人主义，具体体现为维护个人权利，抵制公共利益的非法侵犯。如在行政诉讼中，律师考虑的主要不是政府的某项行政行为是否有利于经济的发展以及其他与社会公共利益有关的因素，律师考虑的主要是政府的行为是否合法，是否侵犯了个人权利。即便在个人权利与公共利益对抗不明显的民事诉讼中，个人主义文化所要求的"维护个人权利，抵制公共利益的非法侵犯"亦有所体现。如当一方当事人受到地方保护主义保护时，对方律师会提醒法官不要受地方利益左右。可见，律师制度的落脚点在于维护个人权利，反对为了公共利益而侵犯个人权利。①

对此，不少学者主张律师应由正义而非当事人的利益来引导的。美国著名学者西蒙地主张，因为律师业务活动包括"个人立法"——通过个人活动形成法律——律师就有义务把他们的行动与公共目标和利益以及正义统一起来。世界许多国家和地区，律师的执业前，都要进行宣誓，其宣誓的誓词多是遵守宪法和法律，维护司法公正。意大利律师宣誓使用的誓词是："我宣誓，为了实现公平正义和维护国家利益，我一定公正无私，认真努力地履行我的职责"。比利时律师宣誓的誓词是："我宣誓，忠于比利时国王，遵守比利时宪法和法律，尊重法院和政府，并在执业过程中恪守公平和正义"。希腊律师宣誓的誓词与国家公务员宣誓的誓词相同："我宣誓忠于国家，遵守宪法和法律，并认真履行我的职责"。②

然而，律师所处的委托——代理关系显然会制约律师中立立场的保持。进而言之，律师所谓的中立性只是理想状态。何为中立，不同的国家对此有不同的定义。如美国律师制度严格要求律师忠于客户，为客户保守秘密或为客户谋利益。然而，中国的律师制度要求律师在客户利益与国家利益或社会公共利益相冲突时，必须以后者为先。律师从来不是中立的，而是在客户利益和国家利益或社会公共利益之间摇摆。不仅如此，律师还可能为自身和律师事务所的利益牺牲委托人乃至国家、社会公共利益。

在跨境资产证券化过程，律师所面临的利益冲突表现更为激烈，包括委托

---

① 汤尚濠、朱小宇：《个人主义：律师制度的文化基础》，at http://www.tianya.cn/publicforum/Content/law/1/62107.html，2007-05-28.

② 陈宜：《律师法应凸现律师神圣使命》，at http://www.dajingwang.com/Law/lvshi/20060116616.html，2007-05-28.

人利益、自身利益、社会利益、本国利益、他国利益、全球利益等。跨境资产证券化的产生动因是为了规避本国对融资转让的限制性规定，希冀藉他国相对宽松的法律环境完成新型结构的融资交易。律师在跨境资产证券化中更容易面临包庇或指使委托人规避法律的指责。

二、律师立法的规制体系

如上所述，承认律师的私人立法功能还存在规范性问题，即律师的中立性缺陷不足以保证其成为适格的立法主体。但是，对律师的行为存在多种外在的规制，或能为矫正律师行为提供适当的途径。其中非正式的规制形式是委托人选择律师的权利、无任何理由解雇律师的权利和同其他人交换关于律师的意见的权利。除此以外，对律师的规制体系还包括律师事务所内部的监督、惩戒机构的处罚以及法律责任等。如香港对执业律师的监管采用了政府立法、法院监管、律师行业组织管理“三结合”的模式：香港政府制定一系列的法律规则，构建起香港律师的基本制度；香港法院则依法对律师具有最高管理权，主要包括取得律师资格、执业证书的批准权，对律师违反职业行为规则的处罚权等；香港律师会负责事务律师的管理工作，大律师公会则负责对大律师实施管理。① 在对律师的规制体系中，较为重要的是惩戒制度和法律责任制度。此外，在资产证券化领域内，证券监管部门如美国 SEC 对律师的监管② 也是律师规制体系的重要组成部分。

（一）惩戒制度

律师惩戒是基于律师身份和职务不当行为且未为现有法律评价的行为制裁与矫正。就其性质而言，存在四种不同的观点：行政惩戒程序说，行政、纪律惩戒程序双重说，行政、纪律、司法惩戒程序三重说，独立的自治性程序说。③ 笔者以为，就目前国内外的律师惩戒制度而言，应是自治（律师协会）、行政（行政机关）、司法（法院）惩戒程序三重性质兼而有之，但因各国具体制度不同而有所差异。

从惩戒机关来看，我国对律师的惩戒权主要是由地、市、州以上的各级司

① 张富强：《香港律师制度与实务》，法律出版社 1999 年版，第 16～21 页。

② 陈舜：《美国证监会对从业律师的规制》，载《证券市场导报》2006 年第 5 期。

③ 张善燚、罗德：《行业自治：律师惩戒程序的完善》，载《中国律师》2006 第 6 期。

法行政机关行使。地、市、州以上的各级司法行政机关设立律师惩戒委员会，具体负责惩戒工作。我国奉行以司法行政机关适用行政处罚程序对律师行使行政处罚权为主，以律师协会少量适用纪律处分程序对律师行使纪律处分权为辅的惩戒模式。惩戒委员会由执业律师、律师协会和司法行政机关的人员组成。美国则是由律师协会和法院共同行使律师惩戒权。美国各州设立常设惩戒委员会负责律师的惩戒事务，下设听讯委员会、检控委员会，执行检控与司法裁决双重职能。惩戒委员会的人员组成既有非律师，也有律师，保证了其客观性。在日本，则是由地方律师协会和日本律师联合行使。

从惩戒程序上看，根据《律师惩戒规则》的规定，我国律师的惩戒程序分为三个阶段：(1)任何公民、个人可以对律师或律师事务所违反法律、法规和律师执业纪律的行为向律师惩戒委员会投诉并要求实施惩戒；(2)经审查后认为应予惩戒者，惩戒委员会召开评议会，决定以无记名投票方式表决，并制作惩戒决定书，经同级司法行政机关批准生效后于 10 日内送达被惩戒人或被惩戒律师事务所；(3)被惩戒方不服惩戒决定的，可于惩戒决定书送达后 15 日内向上一级律师惩戒委员会申请复议。如对复议决定仍不服的，可直接向人民法院提起行政诉讼。

美国的惩戒程序则主要包括以下步骤：(1)审查。检控委员会审查由原告提供的，或其他渠道获得的关于律师违法行为或丧失能力状况的所有材料，决定是否进行调查。(2)调查。由检控委员会对相关情况进行调查，在调查后，提出处理建议，从而启动正式程序。除撤销案件的处理建议以外，检控委员会在提出其他处理建议之前，应当先就案件实质情况书面通知被告人，或者为其提供听讯的机会。另外，在调查结束后，检控委员会也有权直接作出不公开谴责或留用察看的决定。如果被告人同意并接受决定的话，程序即告终结；被告人如果不接受的话，可以在接到书面通知 14 日内请求通过正式的程序来处理案件。(3)正式指控。如果案件进入了正式程序，那么检控委员会应当准备公正的书面正式指控，向惩戒委员会提出指控。在收到正式指控的副本后，被告人应当在 20 日内提交书面答辩，并将答辩副本送交检控委员会。如果被告人未在规定时间内提出答辩的，就视为被告人接受指控。(4)听讯。如果被告人在答辩中对事实提出了实质性问题，或者被告人要求开庭听讯予以减轻处理，听讯委员会就应当开庭听讯。在开庭听讯中，被告人享有请求律师代理、交叉询问证人、出示证据等权利。听讯应当记录在案。听讯后，听讯委员会提出处理建议。(5)惩戒委员会的复审。不服听讯委员会的处理建议,可以上诉至惩戒委员会,要求复审。惩戒委员会的复审主要是针对听讯委员会的报告和记录的复审。在复审期间,也要给被告人和检控人提供机会使之进行一个简单的当场口头辩论。根据复审,惩戒委员会可以维持、修正或反对听讯委员会的处理建议。(6)法院复审。惩戒委员会复审后,立即将案件材料、处理建议等提交给法院。被告人和检控人有权在收到副本之日起 20 日内提出反对意见,并可以在 60 天内依照民事诉讼程序进行简单的当场口头辩论。根据辩论结果,法院当即予以适当判决。①

从惩戒种类来看,各国规定不尽相同。美国律师协会规定的惩戒种类最多,包括取消律师资格(disbarment)、暂停执业(suspension)、临时即停执业、谴责(public reprimand)、不公开谴责(private reprimand)、留用察看等 6 种。法国、德国、日本等国规定的惩戒各类均为 4 种:法国的惩戒措施是警告、训诫、暂停执业和除名;日本的惩戒措施为警告、停止执业、命令退会及除名;德国的惩戒措施则是警告、训诫、处以 10000 马克以下的罚款和除名。我国规定的惩戒措施种类仅为 3 种,即警告、停业执业、取消律师资格。②

(二)法律责任制度

除惩戒制度外,对律师立法行为具有约束作用的是律师因其行为所可能导致的律师责任问题。律师的法律责任是指律师在执业活动中,因为故意或者过失,违反有关法律法规规定以及律师执业纪律,损害当事人合法权益,扰乱正常司法秩序,影响律师职业形象,导致律师须依法承担的民事责任、行政责任、刑事责任。律师的民事法律责任是指律师违法执业或者因过错给当事人造成损失所应承担的向当事人民事赔偿责任。律师因执业过错给委托人造成损害时,应当退还收取的律师费,并赔偿当事人造成的直接经济损失。律师的行政法律责任是指律师发生违纪违法的执业行为受到行政处罚时,所应承担的行政法律责任。律师的刑事责任是指律师在执业活动中,因其行为触犯了刑法的有关规定,而应当受到的刑罚。

一般而言,设立民事法律责任的主要目的是为了保护委托人的合法利益。至于行政法律责任,从其涵盖范围来看,既有保护委托人的因素,也有保护相

① 章武生:《美国律师惩戒制度》,载《中国律师》1993 年第 12 期。

② 章武生:《中西律师惩戒制度比较研究》,载《法商研究》1995 年第 2 期。

对当事人的因素，乃至社会公共利益或国家利益的因素。如禁止律师泄露当事人的商业秘密或者个人隐私的目的指向是委托人，至于禁止垄断法律服务业、禁止行贿或威胁、利诱证人，则是出于保护社会公共利益的目的。律师的刑事责任则主要是出于保护社会公共利益或国家利益。律师可能被追究刑事责任的情形通常包括如下情形：律师泄露国家机密的；向法官、检察官、仲裁员以及其他工作人员行贿或者指使、诱导当事人行贿的；提供明知其为虚假的证据，隐瞒重要事实或者威胁、利诱他人提供虚假证据，隐瞒重要事实。

在跨境资产证券化交易中，律师为证券的发行和交易出具法律意见书和工作报告时，要遵守律师行业公认的业务标准、道德规范并勤勉尽责。具体要求如下：(1)在法律意见书中应该按照相关规则规定，对有关的法律问题明确发表结论性意见。对有些事项，尽管规则未明确要求，但对发行人发行有重大影响的，律师应发表法律意见。对不符合有关法律、法规的事项，或已勤勉尽责仍不能对其法律性质或其合法性做出准确判断的事项，应发表保留意见，并说明相应的理由。在工作报告中应详尽、完整地阐述所履行尽职调查的情况，包括所发表意见或结论的依据、进行有关核查验证的过程、所涉及的必要资料或文件。(2)在签署的法律意见书和律师工作报告报送后，不得进行修改，如认为需补充或更正，应另行出具补充法律意见书和律师工作报告。在发行人申请文件报送后，律师应关注申请文件的任何修改和证券监管机构的反馈意见，上述变动和意见如对法律意见书和律师工作报告有影响的，律师应出具补充法律意见书。(3)可以接受委托参与编制招股说明书，要尽职尽责对招股说明书进行审阅、核实，确认招股说明书及其摘要不存在因法律意见书和律师工作报告的内容出现虚假记载、误导性陈述或重大遗漏引致的法律风险，在法律意见书和律师工作报告中承诺对发行人的行为以及本次申请的合法、合规进行了充分的核查验证，在招股说明书及其概要中发表声明，对其真实性、准确性和完整性承担相应的法律责任。(4)律师在发行申请文件公开前负有保密义务，并承担泄密责任。

在安然事件发生后，美国 SOX 法案第 307 节明确规定，在该案生效后的 180 天内，SEC 应基于公众利益和保护投资者的立场，对以任何方式代表发行人律师制定最低的执业行为标准，并应包括以下内容：(1)要求律师将公司或公司的任何代理人严重违反证券法、破坏诚信义务或类似违法行为的证据，向公司的首席律师、CEO 或类似职位的人报告；(2)如果公司首席律师或 CEO

对证据未做出必要的矫正或处罚措施，律师应将证据报告给发行人董事会的审计委员会，或其他不由发行人直接或间接聘请的董事组织成的委员会，或直接报告给董事会。[①] 该节的制定对律师课以较为严厉的责任，律师在如上情形下有履行报告的义务，即使这种义务的报告有违律师的保密义务。

律师在执业过程中须时刻接受来自监管机构的监督和审查，并不得触及法律所设定的法律责任防线。换而言之，从本文所试图表述的观点来解释，律师的私人立法不得不在国家法律所设定的合法的范围内进行，否则有可能承担民事、行政甚至刑事责任。法律责任的限制在一定程度上能对律师的私人立法所存在的规范性缺失予以弥补。

三、律师跨境立法的法律壁垒

经济全球化推动了律师服务贸易国际化的发展，律师在跨境提供服务的过程中事实上发挥着跨境立法的功能。在跨境资产证券化过程中，律师在参与跨境业务进行跨境立法的过程中，面临许多法律壁垒。律师可能无法以正常的途径进入他国正常执业，从而影响其在跨境资产证券化中立法能力的发挥。法律壁垒的存在，一方面提高了跨境律师进入本国执业的门槛，这固然是对跨境律师的歧视，但从另一方面理解，可以视之为减少跨境律师在东道国进行私人立法时出现偏差的可能性，对保护本国投资者、委托人乃至国家利益具有积极的意义。

对跨境律师立法进行规制的法律渊源包括：适用于外国律师或律师服务机构的国内一般律师立法和专门的涉外律师服务贸易立法，行业协会制定的适用于跨境律师服务贸易的职业行为规则，以及适用于跨境律师服务贸易的国际性条约。通过国家的国内立法对律师跨境行为的进行规制是最基本的监管途径。一国根据本国对外经济发展和保护本国律师行业的需要，同时照顾律师服务消费者的需要，从而确定本国的政策取向，然后制定规范外国律师入境服务的具体规则。然而，基于律师服务的跨境性，国内律师服务市场的开放和对跨国律师服务的监管，国家之间需要进行必要的协调与合作，涉及外国律师服务的市场准入、待遇和管理等方面的问题。有学者指出，北美自由贸易协定、欧盟已经就律师服务贸易自由化进行了专门规定或形成了完整的规则体

---

① Sarbanes-Oxley Act of 2002, PL 107－204 sec. 307 (July 30, 2002).

系,此外 WTO 多边贸易协定将律师服务纳入了其调整范围,形成了国际律师服务贸易的全球性自由化推进机制,这些与国内的对外律师服务贸易法律制度一起构成了完整的国际律师服务贸易法律制度。①

国际律师服务贸易法律制度对律师跨境立法的规制主要体现为如下方面:

1. 对外国律师的资质提出特别要求。如要求外国律师在母国的执业行为良好,没有受过处罚,在国外执业已经达到规定的年限,或要通过本国设置的考试或考核,才能在本国登记执业。日本《外国律师从事法律事务特别措施法》规定,外国律师在日本必须具有至少 3 年的律师执业经历,满足其他道德品质、行为良好等方面的要求,并经过日本法务大臣的认可,在日本律师联合会注册,才能取得外国法事务律师的身份在日本提供服务。外国法事务律师必须加入日本律师联合会和执业地的律师协会,成为协会的特别会员,并接受日本律师协会的管理和监督,日本律师联合会有权对其违法违规行为进行处罚。如果从事有关专利方面、海事方面的服务,还必须取得专利律师和海事程序代理律师的身份。② 在香港,根据 1994 年修订的《执业律师条例》,外国律师可以在香港登记注册为外国律师,但必须具有 2 年的全职律师执业经历,且以前的执业行为良好。如果外国律师要成为香港律师,以香港律师身份执业,则必须具备《海外律师(资格取得)规则》规定的条件,并按照规定的考试和考核等程序取得香港律师执业资格。③

2. 对外国律师的业务范围进行限制。如不允许外国律师从事有关东道国法律的服务,禁止外国律师在东道国出庭辩护或代理,将外国律师的业务范围限定为提供与母国法律相关的咨询服务等等。根据香港《外国律师注册规则》对外国律师的业务范围规定,外国律师可以从事有关其母国法、第三国法和国际法的法律服务,但不得提供有关香港法的服务,也不得提供任何应视为香港事务律师惯常提供的服务。④ 1977 年 3 月,欧共体理事会发布《促进律师自由提供服务有效实施的指令》(简称《律师服务指令》)。该指令允许成员国

---

① 卢成燕:《律师服务贸易国际化与法律管制》,载《中国律师》2004 年第 8 期。

② 裘索:《日本国律师制度》,上海社会科学院出版社 1999 年版,第 155~157 页。

③ 卢成燕:《香港对外律师服务贸易法律制度》,载《武汉大学学报》2004 年第 6 期。

④ 张富强:《香港律师制度与实务》,法律出版社 1999 年版,第 164 页。

有选择性地将有关不动产转让法律文书的准备、土地利益的转让等方面的业务,保留给特定种类的律师,排除外国律师进入本国这些业务领域。如果东道国禁止律师从事某些业务,即使这些业务在其母国属于律师业务范围,其他成员国律师也不得从事这些业务。其他成员国律师在东道国提供服务时,应遵守东道国的执业行为规则,同时不得违背对母国的法律义务。① 1998 年的《促进律师在资格取得国以外的成员国永久执行指令》(简称《永久执业指令》)允许东道国依照指令对其他成员国律师的服务范围进行限制:有的成员国将遗嘱或不动产转让方面的有关业务保留给指令类型的律师,而在其他成员国这些业务不属于律师提供的服务范围,对于这些服务,东道国可以不允许其他成员国律师提供。②

3. 对执业组织形式的限制。如要求外国律师服务机构在东道国只能以代表处的形式执业,允许其与东道国律师服务机建立松散性联合服务机构,但不能与东道国律师服务机构或律师合伙,不能雇佣东道国律师等等。外国律师可以采取三种组织形式的机构在香港执业,即外国律师事务所、与香港律师事务所建立联营组织、直接转换为香港律师事务所,但香港禁止外国律师与香港律师合伙,也不允许在港的外国律师事务所雇佣香港律师。日本《外国律师从事法律事务特别措施法》规定,在执业组织形式上,外国法事务律师可以与日本律师设立联合执业机构,但联合机构内,外国法事务律师不得对日本律师自行处理的法律事务和其他业务进行干涉。联合执业机构中外国律师的业务范围也受到严格限制,有关日本法的业务一般被排除在外。③

4. 对外国律师提出比东道国律师更高的经费等方面的要求。如强制性要求外国律师购买比东道国律师更高额的职业责任保险,或缴纳高额执业责任保险金等等。

5. 对服务方式的限制。GATS 将服务贸易纳入世界贸易组织的管理范围,形成了服务贸易的规范框架和原则基础,确定了服务贸易自由化的宗旨。

---

① Directive 77/249/EEC of the Council of 22 March 1977 to Facilitate the Effective Exercise by Lawyers of Freedom to Provide Services.

② Directive 98/5/EC of the European Parliament and of the Council of 16 February 1998 to Facilitate Practice of the Profession of Lawyer on a Permanent Basis in a Member State other than that in which the Qualification was Obtained.

③ 裘索:《日本国律师制度》,上海社会科学院出版社 1999 年版,第 155～157 页。

GATS所列的服务行业包括商业服务、通信、建筑工程、流通、环境、金融、健康、分销、娱乐、体育、文化、教育等12个大服务贸易部门，法律服务属于商业服务项目范畴，即专门为所有与法律有关的事务提供服务的专业性服务，而律师服务是法律服务中最重要的内容，GATS当然适用于律师服务。GATS规定了律师跨境服务的四种方式："跨境提供"是指外国律师不进入本国领土，而以电讯、网络等方式提供服务；"国外消费"是指本国消费者在境外享受外国律师提供的法律服务；"商业存在"和"自然人移动"是指外国律师进入本国境内，直接向国内当事人提供律师服务。以中国为例，中国政府对"商业存在"和"自然人移动"作了一定的限制，如一是中国律师不得加入外国律师行在中国的办事处执业，二是禁止中国的律师事务所和外国律师行在中国联合开办律师事务所。[①] 不仅如此，本国可能对此设置额外的条件，如对外国律师临时性入境提供服务设置严格的限制条件，规定外国律师在东道国居留的最长期限等。

显然，各国对于外国律师在本国的执业活动奉行内外有别的政策，对其附加更为严苛的法律约束。这在一定程度上影响了律师跨境立法能力的发挥，也反映了私人参与跨境金融治理的空间仍受制于国家法律的约束。

① 耿文杰：《服务贸易自由化与我国律师业的发展》，载《广西政法管理干部学院学报》2006第4期。

第五章 >>>

跨境资产证券化法律与私人参与治理:总体分析

第一节 跨境资产证券化法律的形成

在第二、三、四章中,笔者分别围绕信用评级机构、会计准则制定机构、律师等三类私人主体,阐述了私人在有关跨境资产证券化规则形成中的地位、作用以及国家对私人的反向规制。

那么,在以跨境资产证券化为中心的规则体系中,应如何定性信用评级机构、会计准则制定机构、律师等私人主体参与治理的行为?这种行为是否可以称之为私人立法?私人主体参与治理过程中所形成的规则是否构成法律,是否足以形成跨境资产证券化法律?

一、法律定义的重新理解

对法律的定义,在法学界一向是仁者见仁,智者见智。在我国法学界,对法律最为常见的定义是"法律是由国家制定或认可的,并由国家强制力保证实施的,体现统治阶级的利益要求和意志为主导的,具有明确的权利与义务、权力与职责关系的普遍行为规则体系。”①根据该定义，法律具有如下基本特征：(1)国家是立法的唯一主体，排除了非国家行为体的立法主体资格。制定或认可是国家立法的两种基本形式。制定，是指由国家机关在其职权范围内按照法定的程序进行立法活动；认可，是指国家承认某些社会上已有的行为规则，如习惯法或其他不成文法，具有法律效力。无论是制定立法还是认可立法，两者都与国家权力具有不可分割的联系，体现法律的国家意志属性；(2)强调法律的强制性，即法律是由国家强制力，包括军队、警察、监狱等国家暴力机关，保证实施。强制性特征使法律区别于道德；(3)强调法律的普遍约束力，即法律的约束力广及任何人，不论职位高低、功劳大小，都要平等地遵守法律，违反法律都要平等地受到制裁。这种法律的主流定义限制了我们对现实生活中各种规则的理解。笔者以为，应适当地摒弃既有法律的定义要素，以便更好地适应权力(主要是立法权力)自国家行为体中逸出的现状，理由如下：

1. 尽管有关法律的定义汗牛充栋，不可胜数，但有学者认为，对法律进行定义是不明智的、不严肃的行为。如哈特在《法律的概念》一书中明确拒绝对法律作出定义，“本书的目的不是提供一个法律的定义，而是提供一个国内法律制度独特结构的更佳分析和一个作为社会现象的法律、强制和道德之间的类似与区别的更佳理解，以此促进法律理论的发展。”②不仅如此，哈特还反对对法律进行一般性定义，认为这种简单定义方式依赖一种默认的假设，即所有被定义为某物的事例，具有定义表示的共同特征，“但是甚至在较为一般的场合也可以发现边缘情形的存在。这表明一般术语所指称的若干事例具有共同特征的假设或许是个教条。术语的通常用法甚至专门用法时常是十分‘开放

① 吕世伦、文正邦：《法哲学论》，中国人民大学出版社 1999 年版，第 203 页。国内许多学者秉持的观点基本与之类似。如孙笑侠认为，法律是“国家专门机关创制的、以权利义务为调整机制并通过国家强制力保证的调整行为关系的规范，它是意志与规律的结合，是阶级统治和社会管理的手段，它是通过利益调整从而实现社会正义的工具。”孙笑侠：《法理学》，中国政法大学出版社 1996 年版，第 12 页。卓泽渊则认为：“法是体现为国家意志的，以权利和义务为主要内容的社会行为规范的总和。”卓泽渊：《法学导论》，法律出版社 1998 年版，第 15 页。又如付子堂等认为：“所谓法，就是指归根到底由社会物质生活条件所决定的，反映掌握政权的社会集团的共同意志和根本利益，为了维护社会秩序而由国家制定或认可并由国家强制力保证实施的一种规定权利内容的特殊行为规范体系或制度体系。”赵震堂、付子堂：《现代法理学》，北京大学出版社 1999 年版，第 34 页。

② [英]哈特：《法律的概念》，张文显译，中国大百科全书出版社 1996 年版，第 17 页。

的'，因为这些用法并未将术语的外延限制在那些只有某些正常的并存的特征呈现出来的事例……对国际法和某些形式的原始法来说，情况就是如此。"① 之后，英国学者拉兹(Joseph Raz)的《法律制度的概念》和《法律的权威》等重要的法理学著作都没有对法律进行明确的定义。显然，在这些著名的学者看来，以非此即彼、二元对立的方式对法律进行定义，很容易造成将某些规则排除在法律范围之外的问题，因而主张以一种开放的心态来包容其他非传统意义上的法律规则。

2. 即使法律可以被有效的定义，就现有法学界对法律的定义而言，也存在严重的理论分歧，许多学者对法律的认识与主流观点截然不同。美国现实主义法学从法律的预测功能切入对法律进行定义，认为就具体情况而言，法律或者是实际的法律，即对这一情况下的一个判决；或者是大概的法律，即对一个未来的判决的预测。② 有学者主张摒弃成文法，将重点放置于法律主体的行动上，从司法实践中去发现法律。如庞德所言，"如果我们深入研究，书本上的法与行动中的法之间的区别、用于支持政府调控人与人之间关系的规则和实际上控制他们之间关系的规则之间的区别就会显现出来。而且我们还会发现法学理论与司法实践之间确实存在着差异鸿沟，并且这个鸿沟还很深。"③ 庞德甚至提出"无法司法"的概念，主张法官在判决案件时，应注意到社会政策、自然法原则、法官个人经历、主观情绪以及其他因素在司法判决中所起到的一定作用。④ 霍姆斯则将突出了律师在法中的作用，认为法律不过是一种律师"对法院将要做些什么的预测"，将诉讼和执业律师放在了法律过程的中心。⑤ 卢埃林进一步认为，在国家机关里，除法官外还有一大批行政官员，他们的行为并不比法官的行为次要，而且从量上讲，其行政行为更经常性地触及普通人的利益。随着行政机关职能与力量的增加，以及行政行为数量相应的

---

① ［英］哈特：《法律的概念》，张文显译，中国大百科全书出版社 1996 年版，第 17 页。

② 张宏生：《西方法律思想史》，北京大学出版社 1990 年版，第 420～421 页。

③ Roscoe Pound, Law in Book and Law in Action, *American Law Review*, 1910, Vol. 44, p. 15.

④ Roscoe Pound, The Theory of Judicial Decision, *Harvard Law Review*, 1923, Vol. 36, pp. 648～649.

⑤ 柯岚：《霍姆斯的"坏人论"及其神话——兼评〈法律之道〉》，载《清华法学》2005 年第 5 辑，第 113 页。

增多,行政行为的重要性更为突出,因此行政行为和司法判决一样,都是"法律的中心"和法律的最后表现。卢埃林由此得出结论:法律的中心不仅是法官对有关的普通人发生影响的行为,而且任何国家官员以官方的资格所作的行为也是法律的中心。""行政行为对于受影响的普通人说来,往往就是关于该事件的法律的最后表现。"①

上述法学家的观点为笔者从私人主体研究跨境资产证券化法律提供了理论依据。根据他们的观点,法律应置于其实践中予以考虑,相应的,立法主体由传统理解上的国家立法机关扩展到法官、行政官员乃至律师等私人主体。在本文中,笔者将立法主体的范围进一步扩展,认为私人主体的范围可扩及会计准则制定机构、信用评级机构等具有制定标准或规则的专业性私人。它们所制定的规则或标准具有一定的适用性,并在一定范围内得到自觉或被动的遵行,具有法律的某些特征。有学者指出,"我所主张的法律多元既指一国之内,也指跨国之间。在一国之内法律多元是一国的法律可以有不同的构成成分而不限于正统意义的国家法,它可以包括非国家法,如习惯法、民间法、活法等。"②日本学者千叶正士提出"法的三重结构",认为法律应当分为三个层次,即官方法、非官方法和法律基本原理。所谓官方法,即由一个国家的合法权威认可的法律制度,国家法是标准的官方法。所谓非官方法是由非官方的权威正式认可的,而习惯法就属于非官方法。③ 显然,法律的定义具有相当的弹性,无须满足主流法律定义的全部要求。"法律的定义可宽可窄。狭义的定义把法律的观念限制在由国家即政府制定的正式规范及实施这些规范的机制这一范围内。例如,美国法社会学者唐纳德·布莱克把法律定义为社会的控制。宽泛一些的法律定义,将'法律'这一术语用于任何由人操纵的制定规范并把这些规范适用于行为的过程,不论政府是不是参与。依照这个宽泛的定义,我们甚至可以说,一个家庭,一个学校,或一个俱乐部都有它的'法律'或'法律制度'。"④

---

① 吕世伦:《论社会学法学》,载《学习与探索》1981 年第 2 期。

② 吴宁、张沛:《法系·全球化·法律多元》,载《当代法学》2001 年第 12 期。

③ [日]千叶正士:《法律多元》,强士功等译,中国政法大学出版社 1997 年版,第 148 页。

④ 宋冰:《程序、正义与现代化——外国法学家在华演讲录》,中国政法大学出版社 1998 年版,第 95 页。

3. 法律的定义本身是一个不断发展和变动的过程。庞德提出，不应把法律单纯地看作是由一套严密的逻辑构成的法律概念体系，而是把法律作为运行于社会中的制度体系。① 随着全球化的发展以及原属于国家的权力的分流，越来越多的非国家行为体在立法领域发挥着更为重要的影响力，这客观上要求对法律进行重新的定义，对非国家行为体的立法能力进行确认。

如对国际法的法律属性，法学家意见不一，分别提出“否定法”、“无用论”、“弱法论”、“法律论”等。② 究其原因，是原有对法律的定义都是基于对国内法的认识，以此来衡量国际法，难免会削足适履。如国际法的遵守主要是通过国际社会舆论形成的，倚仗人们内心的信念、道义力量来实现的，是一种不确切的规范。再者，各国为了彼此尊重、交往方便和友好合作，往往相互之间采取国际礼让，但一旦与某个国家的实际利益相抵触时，国家利益至上的原则就会阻挠国际法效力的实现。同时，国际法不像国内法具有强制实施的保障和有力措施。尽管如此，国际法的法律属性最终得到了普遍的认可，并成为法学研究的重要领域。进而言之，国际法的范畴也在不断扩张，不仅包括国际条约、国际惯例，还逐渐将更为宽泛的国际软法纳入其中。欧盟在推进区域经济一体化的进程中，在社会政策领域即大力推行软法。在 2000 年召开的里斯本高峰会议的会议结论中，明确把“开放协调方法”(Open Method of Coordination，简称 OMC)作为一种新的行之有效的社会参与机制引入就业领域。此后，欧盟多次对 OMC 进行讨论，OMC 成为协调欧盟与成员国以及成员国之间相互关系的重要机制，具有举足轻重的作用。

有关民间法的研究也表明法律定义的宽泛化不仅仅发生在约束力相对较弱的国际法领域，在国内法领域也存在类似的趋势。苏力曾指出，中国人在他们的社会生活中，运用他们的理性，寻求能够实现其利益最大化的解决各种纠纷和冲突的办法，并在此基础上由人们互动中逐步形成一套与他们的发展变化的社会生活相适应的规则体系。③ 国家法在任何社会里都不是唯一的和全部的法律，无论其作用多么重要，它们只是整个法律秩序中的一个部分，在国

---

① Roscoe Pound, The Scope and Purpose of Sociological Jurisprudence, *Harvard Law Review*, 1912, Vol. 25, p. 510.

② 温树斌：《“国际法”法律属性的理论争辩》，载《山东社会科学》2006 年第 8 期。

③ 苏力：《法治及其本土资源》，中国政法大学出版社 1996 年版。

家法之外、之下，还有各种各样其他类型的法律，它们不但填补了国家法遗留的空隙，甚至还构成国家法的基础。

与法律定义趋于宽泛相对应的是立法主体的泛化。以国际法学界普遍关注的国际法主体为例。在一战前，国家是唯一的国际法主体。一战后，国际法主体的范围逐渐扩大到政府间国际组织、交战团体以及争取独立的民族。这种变化昭示着国际法主体越来越泛化的趋势。至于个人是否为国际法主体，国际学界对此持越来越宽松的态度，有的学者开始承认个人在某种限度内成为国际法主体。李浩培指出，个人是国际法的部分主体；个人的部分国际法主体地位依赖于各主权国家的意志；由于一些主权国家以条约规定个人具有部分国际法主体地位，个人才取得这种地位。① 这种观点也逐渐得到国内许多学者的认可。②

国际法理论对个人国际法主体的有限承认主要是基于这一认识，即个人能够直接取得国际法上的权利，并承担国际法上的义务。但即使个人被确认为国际法主体，也只是被动地承受国家与政府间国际组织所建构的国际法规则确立的权利义务，而非能动的国际法规则的制定者。随着经济全球化的发展，非国家行为体在国际经济领域内制定规则的能力得到了认可和强化，主要体现为国际贸易领域现代商人法的发展。为摆脱国内法的桎梏，国际商事团体或机构积极通过自身的商事实践推动带有"自治"性质的现代商人法，并发展为调整国际商事关系的相对独立的法律部门或法律体系。

综而言之，法律定义的开放性与立法主体的多元化趋势，为跨境资产证券化过程中的私人立法提供了充分的理论支持。

---

① 李浩培：《国际法的概念和渊源》，贵州人民出版社 1994 年版，第 26～27 页。

② 汪自勇认为，国家可以通过条约形式直接赋予个人以权利义务而使个人在此范围内成为部分国际法主体。汪自勇：《对个人国际法主体地位的反思——对新近国际法主体理论之简要分析》，载《法学评论》1998 年第 4 期。持类似观点的研究论文还有：辛崇阳：《对国际法主体的界定标准及其内容的再思考》，载《比较法研究》2006 年第 4 期；王晓冬、马玮：《论国际法主体的新发展——以国际环境法为例》，载《求索》2005 年第 4 期；杨华：《个人作为国际法主体新探》，载《法学杂志》2005 年第 1 期；李伯军：《对个人作为国际法主体问题的重新认识》，载《河北法学》2004 年第 5 期。

二、跨境资产证券化法律

(一)跨境资产证券化法律的提出

为顺利地开展跨境资产证券化业务,客观上需要众多的专业人士或机构参与制定并实施相应的规则。本文所涉及的信用评级机构、会计准则制定机构以及律师正是跨境资产证券化过程中最为重要的服务性专业人士或机构。那么,私人主体的行为以及所制定的规则是否可以被称之为法律?

Tamar Frankel 指出,跨境资产证券化法律由私人主体所选择的各个国家法律所组成。[①] 根据 Frankel 的观点,法律规则不仅仅是国家立法机关和行政机关的产物,同时也是当事方自由意志的表现。但他主要是从律师立法的角度对跨境资产证券化法律进行分析。跨境资产证券化法律的形成不仅仅是律师参与的结果,同时也是其他私人主体,包括信用评级机构和会计准则制定机构参与的结果。与律师在为客户起草合同时通过分解和重新组合各国法律规则以实现所谓的立法不同,信用评级机构和会计准则制定机构的立法行为是为当事人制定具有一定适用范围的适用性规则。但三者共同体现的特征是,非国家行为体参与跨境资产证券化法律的制定与执行,并对传统以国家为中心的立法体系产生一定程度的冲击。

(二)跨境资产证券化法律的具体分析

1. 跨境资产证券化法律的特点

如前已提及,法律定义的开放性与立法主体的多元化为跨境资产证券化过程中的私人立法提供了必要的理论支持。但是,信用评级机构、会计准则制定机构、律师在跨境资产证券化中制定的规则与传统意义上的国家法律仍然存在诸多的区别,如立法主体不同,表现形式不同,适用范围不同,法律约束力不同。

首先,从立法主体上看,跨境资产证券化法律的立法主体具有多样性,既包括国家机关,也包括信用评级机构、会计准则制定机构以及律师等私人。其次,从形式上看,跨境资产证券化法律的表现形式不拘一格,既可能以文本形式存在,也可能是某些具有规范作用的惯例。其次,从适用范围上看,跨境资

① Tamar Frankel, Cross-Border Securitization: Without Law, But Not Lawless, *Duke Journal of Comparative & International Law*, 1998, Vol. 8, p. 273.

产证券化法律仅仅适用于特定的专业领域，不具有普遍效力。最后，从法律约束力上看，跨境资产证券化法律通常不具有国家强制约束力，缺乏国家机关的强制力量作保障。但跨境资产证券化法律并非没有约束力，而是具有类似于软法的软约束力。

尽管如此，跨境资产证券化法律仍与国家法律存在诸多共通之处。如两者都是基本的社会控制体系的组成部分，发挥着重要的社会治理功能；二者目标一致，都是为了促使社会秩序朝着有序的方向发展。

不仅如此，跨境资产证券化中的私人立法与国家法律相互之间存在积极的互补、互动关系。其一，互补关系。在现代社会关系高度复杂、变动的态势下，尤其是跨境资产证券化领域，国家法律覆盖的广度和深度都是有限的，私人立法能够对国家法律作出有益的补充。大体而言，私人立法对国家法律的补充有以下几种情形：一是作为国家法律的先行法。在国家法律阙如或者制定国家法律的条件不成熟时，私人立法先行一步，在相关领域制定出原则性的规定。经过反复试错与协商，日后一旦条件成熟，私人立法的规定会成为制定国家法律的重要渊源。二是私人立法以某种方式对国家法律作出解释。在国家法律的条文原则抽象的情况下，私人立法可以通过更细密的规则使国家法律相关规定具体化，从而使国家法律更顺畅、灵活地运作。三是私人立法填补国家法律留出的空白。对于国家法律中需要时常顺应实际状况作出调整的部分，立法者可以有意地将其留给私人立法作出规定，从而保持国家法律的稳定性。其二，互相转化。私人立法与国家法律之间具有相互转化的关系。私人立法与国家法律之间是否能够实现互相转化，须视有待调整的社会关系的性质而定。二者的相互转化，保证了法律兼顾稳定性与回应性，既容易获得公众的认同，又有助于保持法律权威。其三，两者优势互补，协同发挥治理功效。私人立法和国家法律混合适用、充分互动，既能够充分发挥二者的优势，又能够弥补二者的缺陷，各展其长、各得其所。

就其立法过程而言，非国家行为体的加入，增加了立法主体的数量，涵盖各国的会计准则制定机构、信用评级机构以及数量庞大的律师，使跨境资产证券化法律的立法过程与传统的立法过程有所不同。Frankel 曾指出，跨境资产证券化法律的立法过程是，首先由分散的立法市场根据自身的需要进行立法，然后由国家或国际组织进行集中立法，而且立法过程并不因国家或国际组织的集中立法而宣告终止，而是继续演进，即立法过程处于螺旋式的上升状态。[①] 也就是说，即使嗣后国家通过国内法对私人立法的领域进行集中立法，私人仍然可以根据新的需要继续创设新的法律。在这个过程中，分散和集中的立法相互影响并弥补相互之间的缺点，而且持续的分散立法比集中立法更有效率。虽然 Frankel 的观点主要是基于律师立法，但信用评级机构与会计准则制定机构参与立法的过程也呈现出类似的分散立法的特点。

这种分散立法和集中立法互补的立法过程依赖于国家与私人之间的良性互动。私人可以自由选择不同国家的法律，并删减、增加、组合，即以国家法律为基础创制新的资产证券化规则。反过来，这些规则在长期实践中得到反复遵守，形成惯例，并被国家所接受，成为国家的法律。

同时，国家对资产证券化过程中私人所创设的法律作出反应，对本国法律进行调整，主要表现为：有些国家根据非本国的规则来修正本国的法律；有些国家以示范法的形式调整本国的法律；有些则或直接采纳或通过援引外国法律来完善本国立法；有些国家保留本国法律的限制性规定，但允许国内行为体通过向离岸中心转让资产实现金融资产证券化。

2. 形成跨境资产证券化立法特点的原因

形成跨境资产证券化法律分散立法和集中立法互补的局面主要有以下原因：

(1)外部环境

首先，资产证券化的结构分散性导致资产证券化参与者可以利用既有的法律规范，并将其适用于资产证券化过程中的任一部分，而不影响过程中其他部分所适用的法律。信用评级、证券发行、资产池的管理、贷款服务以及法律、会计服务等资产证券化的流程，都可以分别在不同的法律制度下进行而不相互影响。

其次，部分国家的法律规定并不完善，往往未针对资产证券化的特点进行特别规定，或者未对既有的法律如担保法、破产法、证券法进行相应的修订，这往往会阻碍资产证券化的发展。而且，由于资产证券化形式多样，变化多端，

---

① Robert D. Cooter, Decentralized Law for a Complex Economy: The Structural Approach to Adjudicating the New Law Merchant, *University of pennsylvania Law Review*, 1996, Vol. 144, p. 1693.

即使如美国等先进国家,也无法对所有的资产证券化作出及时的反应。

再次,资产证券化过程的某些内容不适合由国家法律加以规范,如资产证券化交易中的合同只要不违反强制性规定,法律即不应对其内容加以过分严格的限制,又如资产证券化过程中所需要的会计准则等,也不宜以国家法律的形式加以规定。

最后,可能会发生各国之间管辖权的消极冲突,即由于管辖界限的不明,导致某一资产证券化部分无法可依,因此需要由分散立法加以补充。

(2)内在条件

资产证券化交易过程中的私人主体具备了参与立法的能力。就专业知识储备而言,信用评级机构、会计准则制定机构、律师都是各自领域内非常优秀的专业人士或者由这些人士所组成的机构,且多具有参与跨境资产证券化实务的经验和能力,在制定规则方面具有独到的优势。再者,在立法效率上,私人主体机制更为灵活,更能适应资产证券化时常变动的融资结构对法律的需求。相对则言,传统法律因其形式上的要求以及立法程序方面的约束,立法周期较长,往往滞后于跨境资产证券化的变迁速度。私人主体可以随时根据实践需要制定并发布具有不同效力的法律文件,能很好地适应资产证券化的要求。

三、私人参与跨境资产证券化立法的问题

私人参与跨境资产证券化立法,固然有助于跨境资产证券化法律规则在数量上的丰富,以及在立法效率上的提高,然而私人立法也难免会受各种利益冲突的影响。各行为体的目标不同,往往会影响互动的良好进行。如信用评级机构等专业机构的指导性原则,有可能与金融机构的商业目的相矛盾。又如国家可能倾向于维护一国金融安全和保护投资者,从而与资产证券化投资者、SPV追求商业效率以及融资的目的背道而驰。此外,将私人参与跨境资产证券化规则的行为称之为"立法",可能会引起某些人的反对。

人们一般会承认习惯与道德规范、成文的非国家组织规范的存在,但并不承认其法律属性,以此廓清其与国家成文法律之间的区别。有学者担心,如果赋予这些非国家的社会规范以某种法律的地位,可能会造成什么是合法,什么

是违法的界限趋于模糊，使人们无所适从。① 根据这一逻辑，如果将跨境资产证券化中私人行为结果以及制定的规则都称之为法律，那么可能会造成所谓法律的过度繁殖，影响法律的确定性，反而会增加参与者甄别法律、确定法律冲突与否的成本。但笔者以为，这种担心是多余的。问题的关键并非法律形式的多样或者单一，而在于是否存在一种解决不同法律形式之间规范冲突的机制。只要解决法律规范冲突的机制健全，将非国家的社会性规范看作一种非正式的类法律规范，并不必然导致合法和违法界限的模糊，也不必然使人们无所适从。

另外，许多人不愿给予国家成文法之外的各种非正式规范以类法律规范的认可，是担心会损害国家法律的权威，影响国家对社会的法律治理，难以形成由国家法律一统天下的社会秩序。这种想法的根源在于：一是没有看到一个多样化社会的事实，进而没有看到非正式规范在实际生活中的作用；二是在价值取向上偏爱简单、整齐、统一和同一，不喜欢复杂、多样、差别和不同，进而不愿意看到非正式规范的法律地位；三是偏爱由国家官方精英代行治理的模式，不相信社会本身会存在一种自我的治理机制，担心赋予非正式规范以法律地位会导致愚人自治，进而导致社会的退步。

这种想法是极端错误的。首先，在全球化的背景下，尽管在某些层面呈现出统一的趋势，但各国间政治、经济、文化千差万别。以本文所论述的跨境资产证券化法律为例，各国的国内法律各不相同，不可能完全同质化。其次，全球化发展所产生的另一个问题是权力的分散化，以往单纯由国家力量来控制社会经济事务的国家已经是心有余而力不足了。而且事实上，非正式的各种规范，在人们的实际生活中所发挥的作用，无论在深度上还是在广度上，都比正式的国家法律更要深远。在跨境资产证券化过程中，影响更大的规则是私人主体制定的规则，如会计准则、信用评级直接关系融资成本的大小，而律师起草的合同则影响到该项交易能否实现法律风险最小化、交易成本最小化以及收益最大化的目的。

通过对跨境资产证券化法律的分析，笔者以为，私人参与跨境资产化立法有着正当的社会原因，并在事实上发挥着积极的治理作用。有学者认为，"一种良好的法律秩序其实就是自治秩序，因而国家法律只应当是其他各种在实

① 魏宏：《法律的社会学分析》，山东人民出版社 2003 年版，第 236 页。

际生活中有效力的非正式规范的一种补足之物，而不应当是替代之物。"[①]虽然这种观点有点言过其实，但私人参与立法应是跨国经济法的发展趋势，并将对国家法律进行有效的补充。

第二节 私人权威机构治理的民主赤字分析

私人权威机构参与跨境资产证券化的治理，容易招致所谓民主赤字的质疑。在确立跨境资产证券化法律体系这一概念时，尤其需要解决的一个问题是民主性问题，这也是私人权威机构参与金融治理的关键所在。与公共权力立法相比，私人立法存在诸多被诟病之处，如代表性不足、决策程序不透明等民主赤字问题。

一、私人参与治理的民主赤字表现

（一）透明度

私人权威机构的民主赤字问题，首在透明度的缺乏。Philip Alston 曾指出跨政府网络的出现反映了从相对透明的活动场所退回到黑室的趋势。[②] 对此，Sol Picciotto 认为，跨政府网络的问题在于国际协定形式上的非正式性和机密性，这也正是吸引参与者的关键所在。[③] 相较而言，私人权威机构参与治理的透明度问题更加严重。

私人权威机构治理的透明度问题与其决策过程息息相关，私人权威机构决策的利害关系方无法通过正常的渠道来获得与决策有关的信息。如信用评级机构在对有关公司作出评级时，评级所获取的信息、评级技术、作出评级结果的决策过程，都处于保密或暗箱操作状态。对此，SEC 曾于 2004 年 9 月就

---

① 魏宏：《法律的社会学分析》，山东人民出版社 2003 年版，第 236 页。

② Phlip Alston，The Myopia of the Handmaidens：International Lawyers and Globalization，*European Journal of International Law*，1997，Vol. 8，p. 441.

③ Sol Picciotto，Networks in International Economic Integration：Fragmented States and the Dilemmas of Neo-liberalism，*Northwestern Journal of International Law and Business*，1997，Vol. 17，p. 1049.

信用评级机构的透明度举行听证会，要求信用评级机构提高透明度。①

为维持自身在评级行业的地位，信用评级机构通常对评级过程中所使用的评级方法以及所获得的信息进行保密，而评级报告的使用者则通常要求能够完全了解评级分析所基于的评级方法和详细信息。程序的不透明性为信用评级提供了暗箱操作的可能性，如被评级公司可以私下与信用评级机构进行交易，以期获得更高等级的评级。而且，现有法规未就信用评级机构对信息来源和使用进行明确的规定，从而导致条例 FD 豁免(Regulation Fair Disclosure Exemption)的问题。

条例 FD 规定，"当发行人或其代理人，向少数人士披露有关发行人或其证券的重要非公开信息时，若属于故意披露，则发行人必须同时向公众作出同样的披露，若并非故意披露，则必须尽快作出同样的披露。"② SEC 制定条例 FD 的目的，旨在防止上市公司向市场专业人员及若干股东作出选择性披露。然而，根据条例 FD 豁免规定③，被评级公司可以只向信用评级机构披露重要的非公开信息，而无须同时向公众进行披露。但由于评级报告的购买者可以通过评级报告内容明示或暗示地获得其中所包含的非公开信息，从而造成实质上信息披露上的不公平。

此外，信用评级机构的评级报告中对某些具体内容如评级扳机(rating triggers)④条款，选择性地不予披露。据研究，约有 25%以上的企业在其债务契约中约定了评级扳机条款，其中只有 20%左右的公司对此条款进行了披露。⑤

会计准则制定机构对制定会计准则的改革要求，很大一部分是源于对其

---

① U. S. Government Printing Office, *The Ratings Game: Improving Transparency and Competition Among the Credit Rating Agencies*, at http://financialservices. house. gov/media/pdf/108－110. pdf, 2007-05-24.

② 17 C. F. R. Ë243. 100 et seq. (2006).

③ 65 Fed. Reg. at 51,725.

④ 所谓的评级扳机(Rating Triggers)，是指公司所签订的信用和债务协议中包含一些条款，当发行方的资信等级降低到协议中认定的级别时，公司将加快偿付债务的步伐，或者减少或消除可取得的信用额度。

⑤ Kreg Danvers, B. Anthony Billings, *Is the SEC Going Soft on Credit Rating Agencies?*, at http://www. nysscpa. org/cpajournal/2004/504/perspectives/nv6. html, 2007-05-25.

程序不够透明的批评。如前所提及,会计准则多以小范围会议的形式决定,但目前已呈现出日益透明化的发展趋向。IASB 在《国际财务报告会计准则前言》(征求意见稿)(简称《前言》)中,详细规定了"国际性的正当程序"的具体步骤:(1)工作人员致力于确定和审核与议题相关的所有问题,并考虑把 IASB 框架应用于这些问题;(2)研究国家会计要求和实务,与国家准则制定机构就这些问题交换意见;(3)咨询 SAC 是否可以建议把该议题加到理事会议程中;(4)成立咨询组就该项目向理事会提供建议;(5)发表讨论文件征求公众意见;(6)发表征求意见稿征求公众意见,包括 IASB 成员所持的任何不同意见和结论基础,通过征求意见稿至少应由 IASB 中的 8 名成员投票赞成;(7)考虑收到的关于讨论文件和征求意见稿的所有评论;(8)考虑是否需要举办听证会,考虑是否需要和进行实地实验,如果认为需要的话,考虑举办这类听证会和进行这类实验;(9)在 IASB 中至少 8 名成员赞成的情况下通过一项准则,在发表的准则中包括任何不同的意见和结论基础,解释理事会如何处理公众有关征求意见稿的评论。[①]

与此前的 IASC 程序相比,IASB 在程序的透明度方面取得了极大的进步:第一,程序更加公开。一般而言,IASB 的所有会议,除有关人事任免等会议外,均向公众公开;IASB 还充分利用互联网等现代技术,克服参加公开会议的公众在地区和后勤上的障碍;IASB 会议的议程在会议前将提前公布,会议后则会公布技术决议的概要情况。第二,举行听证会和实地测试,增加国际会计准则的可行和可操作性。第三,加强与各国会计准则制定机构充分程序的协调。[②]

至于律师,将透明度这一要求加之于律师身上,会面临诸多法律障碍问题。一般而言,律师对客户负有保密义务,律师在执业活动中所接触到的委托人个人隐私、商业秘密或其他个人资料、信息,未经委托人同意不得向第三人公开,也不得向媒体公开,甚至不得向国家机关公开。律师违反了保密义务,给委托人造成名誉损失或经济损失,需要承担赔偿责任。仅在有限的条件下,

---

① 国际会计准则理事会:《国际财务报告会计准则前言(征求意见稿)》,at http://www.csrc.gov.cn/n575458/n575727/n575787/n576114/2010861.html,2007-03-9.

② 汪祥耀:《论国际会计准则委员会改组后的八大变化》,at http://202.114.224.27/kjs/xsjl/kjlt/P020060608393021971250.pdf,2007-07-15.

律师才能将消息透露给第三方。如中国《律师执业行为规范》规定,在某些例外情况下律师可以披露委托人的秘密,并规定了以下几种除外情况:a. 为及时阻止发生人身伤亡等严重犯罪;b. 为避免国家利益受到损害;c. 委托人授权同意公开时;d. 可能被无辜牵涉到委托人的犯罪行为中时,为保护自己的合法权益。[①] 在美国,仅委托当事人的犯罪或欺诈行为可以构成律师——委托人保密关系的例外。

(二)非代表性

立法机构是否通过选举产生,也是验证是否符合民主的标准之一。但本文所提及的三个私人权威机构,并非通过选举产生,这导致私人权威机构在标榜技术标准中立性时,难免会招致对其中立性的质疑。不仅如此,私人权威机构处于与诸多利害关系人的委托——代理关系群中,被利益集团俘获的可能性较之政府机构更大。

仍以信用评级机构为例,独立性的威胁来自三个方面:(1)信用评级机构的收入主要来自于被评级公司所支付的佣金,这种佣金支付结构会影响信用评级机构在确认负面的信用信息方面的努力程度。而且鉴于失去未来佣金收入的可能性,信用评级机构一般不愿意降低公司的评级。(2)信用评级机构在提供评级服务的同时往往也向被评级公司提供咨询服务。如果评级服务与咨询服务之间尚未建立完善的防火墙隔离制度,则信用评级机构可能会因为担心失去咨询服务的收入而避免提供负面的评级信息。(3)信用评级机构与被评级公司之间交叉任职的现象进一步削弱了信用评级机构的独立性。如穆迪董事长 Clifford Alexander 曾担任过 WorldCom 的董事会成员。尽管 Clifford Alexander 坚称这种关系不会影响穆迪对 WorldCom 所作评级的客观性,但穆迪直到 WorldCom 濒临破产前夕才匆忙降低其信用等级,在某种程度上反映出这种裙带关系影响了穆迪评级的中立性乃至客观性。

至于会计准则制定机构,尽管 IASB 从性质及构成上来说,不属于任何会计职业组织,且有充分的经费保障,具有较强的独立性。但是 IASB 成员主要来自于西方发达国家,不存在国家和地区之间的平衡和代表性,因此可以合理地推断,IASB 会计准则相对忽视发展中国家及落后国家的利益,更多地体现发达国家的利益,尤其是美国的利益。美国的 FASB 虽然试图保持其组织中

① 《律师执业行为规范》(试行)(2004 年),第 56 条至第 58 条。

立性，但经费来源上对公司捐助的依赖，在实质上使 FASB 可以屈服于公司的压力。

至于律师，在参与具体的跨境资产证券化交易时，是由委托人直接选定的，并对委托人负有忠诚义务。一般情况下，保护委托人的利益是律师的首要义务。从委托人或其代理人处所取得任何有关委托人之信息，律师必须将其视为机密，不得向第三方披露。即使律师发现某项信息可能对对方当事人有利，而对己方委托人不利，律师也没有义务去揭露它。因此，律师在代表性方面是存在明显不足的。

（三）竞争的缺乏

竞争在西方民主制度中占据重要的地位，如议会选举、两党甚至多党制等都是以竞争为基本特征的制度。可以说，民主需要竞争，没有竞争的民主是没有活力的民主，也不是实质上的民主。民主不仅需要竞争，而且民主内涵着竞争。竞争的存在激励着政治利益集团、政党、议会不得不维持其责任性关系。然而，私人权威机构显然缺乏这种竞争机制。

以信用评级机构为例，评级市场基本处于寡头垄断地位，由标准普尔、穆迪等少数几家大型信用评级机构垄断了美国乃至世界评级市场的大部分份额。造成寡头垄断局面的原因，一方面与评级市场重视声誉的特性息息相关，另一方面则与 SEC 的 NRSRO 制度有关。NRSRO 制度对其他未获得 NRSRO 地位的信用评级机构占据市场份额、参与市场业务构成了制度性障碍。

评级市场中寡头垄断局面的形成，对信用评级机构的责任性产生不利影响。处于垄断地位的信用评级机构为防止失去原有的优势地位，拒绝对新的结构性融资进行评级，除非该机构已取得了发行人已发行证券的大部分业务。信用评级机构还可能通过主动评级方式迫使被评级公司购买其评级服务。

至于会计准则制定机构的竞争性问题，单就美国 FASB 而言，实际上呈现出由多元化趋向简单化甚至一元化的转变。美国会计准则制定主体包括 FASB、SEC、EITF。以美国衍生金融工具会计准则的制定为例，FASB 发布相关会计准则后，需由衍生金融工具执行小组制定相应的详细说明，还需待 EITF 发布相关解释，以及 SEC 会计司提出指导意见。就美国 GAAP 的组成而言，除 FASB 会计准则及其他文件外，还包括：(1) EITF 的观点声明，(2) FASB 或 SEC 的成员在 EITF 会议上的声明，(3) AICPA 的观点声明、实务公告和审计指南,(4)SEC 会计司的公告等。

但 FASB 已经考虑,将 FASB、EITF、AICPA 和 SEC 制定的会计准则归集为一个统一的系统,确立 FASB 在制定会计准则中的独尊地位。FASB 委员 John Wulff 表示,此举将大大提高会计准则的可操作性,并有助于发现会计准则尚未涉及的项目。如果 EITF 的收入确认会计准则不同于 FASB 的相应会计准则,FASB 可以或者否定 EITF 的工作,或者制定新的会计准则,无须顾及 EITF 的规定。①

与前两者相比,律师业的竞争则比较激烈。虽然三者的行为都具有本文所试图倡导的"立法"效果,但明显不同的是,律师在提供法律服务时只是对个案的分析和总结,其目的并非提炼出一般的原则或核心内容,供后来者选择和遵循。律师要能够产生笔者所谓的"立法"效果,必须经由众多律师的反复实践和信念确信后才能形成一般性的规则,被大多数从业人员所遵守。换言之,规则的形成是由律师的群体形成的,并非某个律师个人,这本身就蕴含了竞争性在其中。

除此以外,还需注意的是,由于发达国家占据着专业知识和人才上的优势,西方发达国家掌控着私人权威机构的话语权,导致其相当程度上服务于少数发达国家的利益,从而损害了发展中国家的利益。

综上所述,以民主的标准来衡量私人权威机构,尽管它可能符合其中的某项标准,但总体而言,私人参与公共治理,存在严重的民主赤字问题,从而产生私人参与治理过程中所形成的规则是否可以被称之为"法"的质疑,以及这种行为是否合法的问题。有学者从行政法的角度对私人权威机构参与立法的民主合法性进行批评,指出:

"不管是利害关系人参与的互动网络,还是具有专门知识的管理专家,都不能取代在民选基础上合法化的民主代议制政府。这不是或主要不是保留强大国家(如美国)主权的问题。对于所有的全球化讨论而言,个人的幸福,特别是在贫穷国家中的个人幸福,最终依赖于良好运作的国家政府。在这一点上,我们应该仔细审查国际管制体系取代国内法的正当性理由,而不是轻率地采用这种国际管制体系。行政法国际性一面的发展应该在可行的范围内建立在

① Smartpros Editorial Staff. *Alphabet Soup: Making Sense of the Standard Setting Process*, at http://accounting.smartpros.com/x33490.xml, 2007-05-14.

国内行政法的基础上,并通过国内行政法来运作,最终目标是要强化而不是取代(并且因此而潜在的削弱)国家的决策制度和民选责任制。如何实现这一点,目前还不清楚,但是,困难不应该阻碍我们为此付出努力。同样需要考虑,国内管制的新方法以及为应对这些新方法而需要采取的行政法新方法,如何同管制的国际性一面和行政法的国际性一面联系起来。”①

显然,私人参与立法与国家立法就其根本价值取向上存在区别。由私人代替国家政府来行使立法等社会公共服务,在某种程度上缺乏外在的约束。例如在责任承担上,政府往往需要考虑非个人正义和民主参与因素的影响。而私人则倾向于接受经济标准或市场价值标准。简言之,私人参与立法反映的是市场价值标准和市场机制,相应的责任机制则不够完善。因此,有学者提出,需要更高程度的透明度、更为广泛的公共参与,并对经济价值标准给予更为明确的关注。② 如果片面追求效率,会从根本上破坏私人参与治理的合法性。如果不能在奉行经济价值标准的同时引入非经济价值标准,并使两者相协调,那么民主赤字的问题将更趋严重。

二、私人权威机构与民主标准关系的审视

然而,笔者以为,以民主标准对私人参与治理进行规范性审视,并在此基础上作出价值评判是不恰当的。

首先,民主与否并非是评价的唯一标准,即使私人权威机构参与立法不符合传统民主原则,也不会影响其行为的合法性。从新制度经济学的角度来看,特定公共权威的存在和维系是与其经济绩效密切相关的,能给相关的人们带来经济效益是法律体系存在合法性的物质基础。

利普塞特曾对合法性和效率的相关性进行分析,发现法律的效率并不一定意味着法律的合法性,而合法性也不必然需要法律的高效率。“从短期眼光来看,效率很高但缺乏合法性的社会,如管理良好的殖民地,要比效率相对低

① Richard B. Stewart, Administrative Law in the Twenty-First Century, *New York University Law Review*, 2003, Vol. 78, p. 453.

② Mathew Diller, The Revolution in Welfare Administration: Rule, Discretion, and Entrepreneurial Government, *New York University Law Review*, 2000, Vol. 75, p. 1121.

但合法性高的政权更不稳定。"[①]但在不同法律领域，给予合法性与效率的权重应具体而论。在跨境资产证券化中，过于强调合法性势必会延滞融资领域内的制度创新，不仅会产生众多的法律漏洞，造成法律行为效果的不可预见性，还会影响对投资者的保护程度。换而言之，过于强调合法性最终反而是损害了跨境资产证券化参与者的合法利益。因此，在跨境资产证券化领域内，应确立效率优先原则，放宽原有对立法主体的严格限制，承认其他非国家行为体的立法能力，从而吸引私人权威机构参与融资制度的形成与完善。

其次，以所谓的民主标准来衡量私人权威机构在实际上也是不可行的。如民主的标准之一即是竞争性，但强调私人权威机构的竞争性，会导致法出多门，反而会造成公司、投资者的无所适从。究其原因在于，民主并非普世性的概念。所谓的民主，首先是西方的民主，根基于西方的法律传统，反映的是英美等国的文化和制度诉求，不一定符合全球人民的意愿，相反有时会成为英美攻击非西方国家冠冕堂皇的借口，而且以西方的民主在全球层面上推行会产生水土不服的问题。进而言之，既有的民主是在国家的框架中所提出的概念，民主的运作依赖于国家范围内一系列配套法规制度的保障和约束，而在跨境层面上缺乏与民主相配套的国际制度。

进而言之，私人权威机构已采取了相应的措施改善目前所存在的民主赤字问题，如扩大公共参与程度、程序透明化以及建立相应的法律责任制度。在弥补民主赤字的方面，私人权威机构取得了一定的进展。但程序方面的改进不一定能改善跨境资产证券化的民主赤字问题。比如被影响对象对特定的协议不予理睬，或者缺乏相应的专业技术和知识，则所规定的通知——评论程序可能无法发挥应有的作用。另则，被影响对象间的集体行动困境也往往会影响他们的参与程度。[②] 笔者以为，私人权威机构参与立法不可能满足所有的民主标准如代表性问题，私人权威机构数量繁多，由民主选举产生是不可能的；再者，私人权威机构首先代表的是其私人委托人的利益，在此位序之后才有可能考虑公共利益。

---

① [美]利普塞特:《政治人:政治的社会基础》，商务印书馆 1993 年版，第 56～57 页。

② Walter Mattli & Tim Buthe, *Global Private Governance: Lessons From a National Model of Setting Standards in Accounting*, at http:// www. duke. edu/～buthe/... / MattliButhe_LCP_Fall2005_finalproofs. pdf, 2010-03-4.

最后,以私人权威机构代行政府职能,虽然面临着所谓的“民主赤字”的责难,但仍具有一定的合法性,因为它符合了全球化时代进行有效治理的制度需求。私人权威机构的存在,其目的不在于越俎代庖,尽管有可能实际效果是削弱了国家的控制能力,但它们所涉及的多是通常政府管理职能不能触及或无法管理的领域。可以说,非国家行为体及规则的存在是新形势下有效政府管理的基础,也是有效管理的补充。委托私人代行政府职能,正是回应型政府对面临经济全球化环境中所产生的管理能力不足所作出的良性反应。有学者指出,“回应型政府通过多样化的沟通与回应渠道为市场社会提供了多元化的公共选择集合,体现了民主的真实性与广泛性,同时,借助多元治理主体的良性互动,在共同目标的指引下,通过提高市场的自主能力和社会的自治能力,实现良好的行政秩序。”①

笔者认为,问题的关键不在于政府认可或委托私人立法的行为是否符合民主的要求,而是在于政府是否对私人立法的具体行为进行适当的监控,使之服务于社会利益,以及实现这种监控的途径。基本而言,改进私人权威机构的民主赤字问题可以从两个方面来考虑:

首先是事前预防措施方面,扩大公众参与的力度。在规则最终确定以前,尽可能地吸收和充分反映利害相关人的意见,确保利益的平衡和协调。在此可以借助于行政法对治理主体决策的要求:(1)被影响的对象享有程序上的参与权利可以通过正当的途径如通知——评论程序发表对决策的看法和意见;(2)决策程序应当在披露的基础上实行透明化,并遵循比例、合理等原则;(3)一经要求,决策应接受司法或其他独立机构的审查。② 在会计准则的制定程序方面,FASB 的改革已显示了这方面的努力。信用评级机构应协调各自信用评级标准,使之趋于统一和透明化。至于律师,出于保护当事人的隐私和利益,可不向公众披露某一具体交易法律文件的内容。律师承担的保密义务不影响公众参与的要求,因为律师所制定的交易条件要成为一般性规则,必须经过被普遍接受这一过程。在被接受的过程中,其他利害相关人有机会、有权利

---

① 刘泽伦、刘小云:《迈向回应型政府——全球化下政府治理范式转换的路径》,载《江淮论坛》2006 年第 5 期。

② Benedict Kingsbury, Nico Krisch & Richard B. Stewart, The Emergence of Global Administrative Law, *Law and Contemporary Problems*, 2005, Vol. 68, p. 13.

对初始规则进行评价，而且所提出的意见应当得到充分的表达和重视。

其次是事后救济措施方面，强化私人权威机构的法律责任制度。目前对会计准则制定机构、信用评级机构的法律责任规定很不明确。如前所述，对信用评级机构的法律责任，美国现有法律制度尚未有确定的规定，这在某种程度上助长了信用评级机构的不负责任行为和寻租或被利益集团俘获现象的发生。在确认私人权威机构立法功能的同时，应同时建立起对私人权威机构的外部约束机制，尤其是法律责任制度。

结语

跨境资产证券化已经成为全球范围内不可逆转的发展趋势。越来越多的国家选择在全球范围内进行法律资源的优化配置,以经济学的角度观之,即希冀以最小的成本获取最大限度的产出。就跨境资产证券化法律制度的配套建设而言,成本最小化既表现为守法成本最小化,也包括立法成本最小化。实现立法成本最小化的途径,就目前而言,主要是将立法权力下放至其他私人,或者是通过官方的明示委托授权,如本文所分析的信用评级机构和会计准则制定机构,或者通过默示的认可,如默认跨境资产证券化中的律师对法律分解与重新组合的合法性。通过将私人引入立法主体,使得利用专家智力资源成为可能,从而实现立法的高效率,能迅捷地应变跨境资产证券化交易中复杂结构和易变情势。同时,这种立法模式也能实现所谓的守法成本最小化,因为私人参与立法更能反映融资实践的具体需要,更有针对性和目的性,守法主体能更容易地理解和适应私人所制定的法律。

然而,从法学的角度对以上所提及的私人立法所产生的经济学意义上的效益进行审查,不得不面临这样的问题:私人所制定的规则能不能称之为法?称之为法可能会产生什么样的后果?如何约束私人参与立法所可能产生的规范性缺失?这也正是本文所分析的。

私人参与立法已成为金融全球化背景下立法模式的必然选择。它是传统以国家政府为立法主体的立法模式无法适应现实需求而发展出来的变通之道。除上述所提及的经济学驱动外,私人立法的出现还基于其他原因:如国家政府的立法能力不足,无法满足跨境资产证券化立法所需的专业技术要求,而且国家政府立法具有滞后性,无法迅速解决或规范新出现的问题;相应的,私人立法能力的增强正好填补了国家立法供给能力与实际立法需求之间的差缺。以传统的观念来界定私人所制定的规则,似乎并不能称之为法。但是,就其规则所实际发挥的规范能力和约束力而言,具有类似法律的效力。再者,如前所论及的，所谓法的界限并非截然分明，存在诸多模糊之处，如软法、习惯法、民间法的概念，都反映了将非典型意义上的规则纳入法的范畴的要求。由国家制定或认可，以及由国家强制力保证实施，这两个传统的法的要件，不能适应现实社会的需求，也不能很好地解释全球化过程中所产生的大量并非法律、但实际发挥着法的规范性作用的规则这一现象。将这些规则称之为法，其目的是使这些规则更为“硬化”，使这些规则能够获得更大程度的认可，并增强其合法性成分，另外借助国家的认可，或可促进这些规则的统一化进程。

有人担心，将这些规则纳入法律，会造成认识上的模糊。但这种担心可能是多余的。首先，私人所制定的这些规则主要是技术性规范，具有严格的适用范围，可能造成负面外部效应的可能性相对较小。再者，私人立法的目的主要在于弥补现有国家立法的空缺，其立法领域或者是国家政府没有能力立法的领域，或者是国家立法尚不充分的领域。换而言之，私人立法的定位是辅助国家立法，而不是取代国家立法。在此基础上，当两者发生冲突时，原则上应以国家立法优先。而且私人立法有时可以为国家立法提供基础或试验，先由私人进行立法，以减少可能因立法错谬而导致的社会动荡，俟时机成熟，再由国家机构进行立法将其确定为国家法律。由此，实现全球化背景下立法的及时性和稳健性的适当结合。

至于私人立法可能导致的规范性缺失问题，笔者以为，这种规范性缺失是可以通过程序方面的改善予以改进的，诸如程序透明化、扩大公众参与程度、事后矫正制度等方式，都可以有效地弥补私人立法所存在的规范性缺失问题。事实上，本文所讨论的信用评级机构和会计准则制定机构已经在这方面作出了努力，包括在会计准则或标准最终出台之前，允许社会公众对其进行评价，以供制定机构考量。

如果纠缠于私人立法的规范性缺失问题，将立法权力限制于国家机构，会带来更大的规范性缺失问题。诚然，公正与效率应是立法的两大目标，两者不可偏废。在许多情况下，“判断一项活动是不是‘公正’或‘好’，应看它是否有利于国民收入提高来衡量的经济效率”。① 如果过于执著立法的规范性，强调国家机构的立法公正性，而拒绝承认私人的立法能力，实际上是以所谓的规范

① ［美］理查德·A. 波斯纳：《法律的经济分析》，蒋兆康译，中国大百科全书出版社1997年版，第4页。

性名义抹杀立法效率的正当诉求。鉴于国家立法的滞后性,往往很难适时地为新的问题制定出相应的法律规范,会导致这部分法律行为无法可依,长期处于法律空白的地位,亦即国家法律被动地放弃了这部分领域的及时规范,这是对执著于国家立法的反讽。一个毫无效率的立法活动过程决不能说是公正的,因为它意味着有限的社会资源的浪费,也不利于社会公共利益的推进。相反,承认私人立法的作用,能够使这些新领域及时地处于有秩序的控制或安排之下,即使私人立法可能存在这样或那样的不完善之处,但其效率上的优势应可视为私人立法具有规范性的佐证。以本文讨论的跨境资产证券化为例,如果以规范性为由拒绝承认私人立法的存在,那么纯以经济效率为导向的经济行为可能会处于失控的状态。私人立法模式对跨境资产证券化而言,虽然不是最佳的选择,却是现有条件下最为适当的自然选择。

再者,即使私人立法存在规范性缺失问题,现有对私人的法律规制或可作为约束其规范性缺失问题的有力工具。各国对律师、信用评级机构、会计准则制定机构都规定了行为规范或守则,并进而针对其可能的违法行为对其课以法律责任,包括民事责任、行政责任乃至刑事责任。尽管这些法律规制并非专门针对私人在跨境资产证券化中的立法行为,但在事实上对其立法行为起到了警示和矫正作用。前面所提及的程序透明、扩大公众参与程度等方法上的改善属于事先的预防规范性缺失的措施,法律责任制度则属于事后的救济矫正措施,两者存在相互补充的关系。

综而言之,跨境资产证券化交易的顺利完成,依赖于信用评级机构、会计准则制定机构、律师等中介性专家机构的服务。这些私人所提供的立法成果保证创新性的金融交易能在国家法律滞后的背景下得以顺利地进行。尽管这些私人的立法权力在法理上尚存在诸多存疑之处,但笔者认为,应对其抱宽容的态度,承认其在特定领域内的有限立法权力。

参考文献

一、著作

1. [德]E. 博登海默:《法理学——法哲学与法律方法》,邓正来译,中国政法大学出版社 1999 年版。

2. [古罗马]查士丁尼:《法学总论——法学阶梯》,张企泰译,商务印书馆 1996 年版。

3. [美]理查德·A. 波斯纳:《法律的经济分析》,蒋兆康译,中国大百科全书出版社 1997 年版。

4. [美]利普塞特:《政治人:政治的社会基础》,聂蓉译,商务印书馆 1993 年版。

5. [美]罗伯特·戈登:《律师独立论:律师独立于当事人》,周潞嘉等译,中国政法大学出版社 1992 年版。

6. [美]伊夫斯·德扎雷、布赖恩特·加思:《全球性解决方案——新法律正统性的产生、输出与输入》,陆幸福、王煜宇、赵明译,法律出版社 2006 年版。

7. [美]詹姆斯·N. 罗西瑙:《没有政府的治理:世界政治中的秩序与变革》,张胜军等译,江西人民出版社 2001 年版。

8. [日]千叶正士:《法律多元》,强士功等译,中国政法大学出版社 1997 年版。

9. [日]星野昭吉:《变动中的世界政治》,刘小林等译,新华出版社 1999 年版。

10. [英]戴维·M. 沃克:《牛津法律大词典》,光明日报出版社 1988 年版。

11. [英]哈特:《法律的概念》,张文显译,中国大百科全书出版社 1996 年版。

12. [英]施米托夫:《国际贸易法文选》,赵秀文译,中国大百科全书出版社 1993 年版。

13. 郭明瑞:《新合同法原理》,中国人民大学出版社 1999 年版。

14. 韩德培:《国际私法》,高等教育出版社 2000 年版。

15. 洪艳蓉:《资产证券化法律问题研究》,北京大学出版社 2004 年版。

16. 黄嵩、魏恩遒、刘勇:《资产证券化理论与案例》,中国发展出版社 2007 年版。

17. 季卫东:《法治秩序的建构》,中国政法大学出版社 1999 年版。

18. 姜建清、李勇:《商业银行资产证券化:从货币市场走向资本市场》,中国金融出版社 2004 年版。

19. 李浩培:《国际法的概念和渊源》,贵州人民出版社 1994 年版。

20. 卢成燕:《国际律师服务贸易法律制度研究》,法律出版社 2006 年版。

21. 吕世伦、文正邦:《法哲学论》,中国人民大学出版社 1999 年版。

22. 彭冰:《资产证券化的法律解释》,北京大学出版社 2001 年版。

23. 裘索:《日本国律师制度》,上海社会科学院出版社 1999 年版。

24. 沈达明、冯大同:《国际贸易法》,北京大学出版社 1983 年版。

25. 沈达明、冯大同:《国际贸易法新论》,法律出版社 1989 年版。

26. 苏力:《法治及其本土资源》,中国政法大学出版社 1996 年版。

27. 宋冰:《程序、正义与现代化——外国法学家在华演讲录》,中国政法大学出版社 1998 年版。

28. 孙笑侠:《法理学》,中国政法大学出版社 1996 年版。

29. 王杰、张海滨、张志洲:《全球治理中的国际非政府组织》,北京大学出版社 2004 年版。

30. 王进喜:《美国律师职业行为规则理论与实践》,中国人民公安大学出版社 2005 年版。

31. 王开国:《资产证券化论》,上海财经大学出版社 1999 年版。

32. 王小莉:《信贷资产证券化法律制度》,法律出版社 2007 年版。

33. 魏宏:《法律的社会学分析》,山东人民出版社 2003 年版。

34. 吴群:《资产证券化与资产证券化会计》,经济管理出版社 2005 年版。

35. 袁敏:《资信评级的功能检验与质量控制研究》,立信会计出版社 2007 年版。

36. 张超英、翟祥辉:《金融资产证券化——原理、实务、实例》,经济科学出版社 1998 年版。

37. 张富强:《香港律师制度与实务》,法律出版社 1999 年版。

38. 张宏生:《西方法律思想史》,北京大学出版社 1990 年版。

39. 张泽平:《资产证券化法律制度的比较与借鉴》,法律出版社 2008 年版。

40. 赵震堂、付子堂:《现代法理学》,北京大学出版社 1999 年版。

41. 卓泽渊:《法学导论》,法律出版社 1998 年版。

42. A. Claire Culter, Virginia Haufler & Tony Porter, *Private Authority and International Affairs*, State University of New York Press, 1999.

43. G. Teubner, *Global Law without a State*, Dartmouth Publishing Company Limited, 1996.

44. Geoffrey C. Hazard Jr., Susan P. Koniak, Roger C. Cramton, and George M. Cohen, *The Law and Ethics of Lawyering*, Foundation Press, 2004.

45. Joseoh J. Norton, Paul R. Spellman and Mitchcell S. Dupter, *International Asset*

Securitization, Lloyd's of London Press Ltd., 1995.

46. P. Jessup, *Transnational Law*, Yale University Press, 1956.

47. Paul B. W. Miller and Rodney J. Redding, *The FASB: The People, the Process, and the Politics*, Irwin, 1998.

48. Robert Van Riper, *Setting Standards for Financial Reporting: FASB and the Struggle for Control of a Critical Process*, Quorum Books, 1994.

49. Stephen Mezias & Seungwha Chung, *The Process and Participation at FASB: A Study of the Comment Period*, Financial Executives Research Foundation, 1989.

50. Theodor Baums & Eddy Wymeersch, *Asset-backed Securitization in Europe*, Kluwer Law International Ltd., 1996.

二、期刊论文

1. 陈丽贤、董艳梅:《我国会计准则与国际会计准则趋同的障碍分析》,载《财会月刊》2005 年第 9 期。

2. 陈裘逸、张保华:《资产证券化定义和模式的检讨——以真实销售为中心》,载《金融研究》2003 年第 10 期。

3. 陈舜:《美国证监会对从业律师的规制》,载《证券市场导报》2006 年第 5 期。

4. 陈燕、李晏墅、李勇:《声誉机制与金融信用治理》,载《中国工业经济》2005 年第 8 期。

5. 戴国强、孙奉军:《我国资产证券化的切入点——离岸运作》,载《上海金融》2001 年第 8 期。

6. 冯淑萍:《国际会计准则理事会咨询委员会第三次会议有关情况及体会》,载《会计研究》2002 年第 5 期。

7. 耿文杰:《服务贸易自由化与我国律师业的发展》,载《广西政法管理干部学院学报》2006 第 4 期。

8. 郝胜利、董刚:《论律师与委托人的关系》,载《商业研究》2004 年第 11 期。

9. 何小锋、来有为:《中国离岸资产证券化的实践探索》,载《世界经济》2000 年第 9 期。

10. 黄锡生:《资产证券化基本法律问题之探讨》,载《重庆大学学报》2002 年第 1 期。

11. 贾清波:《论律师职业独立》,载《理论导刊》2006 年第 6 期。

12. 金苹:《我国律师性质的合理定位》,载《法律与经济》2006 年第 6 期。

13. 柯岚:《霍姆斯的"坏人论"及其神话——兼评〈法律之道〉》,载《清华法学》2005 年第 5 辑。

14. 李伯军:《对个人作为国际法主体问题的重新认识》,载《河北法学》2004 年第 5 期。

15. 李富成:《从美国到全球的资产证券化市场观察——对中国大陆市场起飞的启示》,载《月旦民商法研究》2006 年第 6 期。

16. 李尚公、沈春晖:《资产证券化的法律问题研究》,载《法学研究》2000 年第 4 期。

17. 李阳、巩亦平:《我国会计准则制定机构模式的选择》,载《财会通讯》2003 年第 5 期

18. 梁爽:《中外会计准则制定模式比较研究》,载《东北财经大学学报》2003 年第 3 期。

19. 刘少华:《国际资产证券化:银行体系剩余不良债权化解的途径选择》,载《国际贸易问题》2002 年第 10 期。

20. 刘泽伦、刘小云:《迈向回应型政府——全球化下政府治理范式转换的路径》,载《江淮论坛》2006 年第 5 期。

21. 卢成燕:《律师服务贸易国际化与法律管制》,载《中国律师》2004 年第 8 期。

22. 卢成燕:《香港对外律师服务贸易法律制度》,载《武汉大学学报》2004 年第 6 期。

23. 吕世伦:《论社会学法学》,载《学习与探索》,1981 年第 2 期。

24. 吕微平:《WTO 争端解决机制中"法庭之友"的实践及影响初探》,载《福建论坛》2006 年第 2 期。

25. 马丽娜:《国际资产证券化经验对我国的借鉴意义》,载《边疆经济与文化》2006 年第 7 期。

26. 聂志萍:《论会计准则制定机构组织架构的国际趋同性》,载《外国经济与管理》2003 年第 12 期。

27. 曲晓辉、陈瑜:《会计准则国际发展的利益关系》,载《会计研究》2003 年第 1 期,第 46 页。

28. 阮青松:《我国开展跨国资产证券化的对策与模式研究》,载《亚太经济》2003 年第 5 期。

29. 宋金娥、宋晔:《论我国会计准则制定机构的利益代表性》,载《内蒙古统计》2003 年第 6 期。

30. 孙毅刚:《论律师的证券法律业务工作》,载《现代法学》1994 年第 5 期。

31. 汪自勇:《对个人国际法主体地位的反思——对新近国际法主体理论之简要分析》,载《法学评论》1998 年第 4 期。

32. 王晓冬、马玮:《论国际法主体的新发展——以国际环境法为例》,载《求索》2005 年第 4 期。

33. 王秀梅:《国际非政府组织与国际法之"跨国立法"》,载《河南省政法管理干部学院学报》2006 年第 4 期。

34. 温树斌:《"国际法"法律属性的理论争辩》,载《山东社会科学》2006 年第 8 期。

35. 吴本洲:《试论会计准则制定机构发展的国际趋势及其对我国的启示》,载《技术经济》2005年第7期。

36. 吴宁、张沛:《法系·全球化·法律多元》,载《当代法学》2001年第12期。

37. 吴宇平、王荣康:《美国律师事务所运行机制及思考》,载《中国律师》1997年第9期。

38. 谢敏莉、张本照:《跨国资产证券化的理论研究》,载《华东经济管理》2004年第1期。

39. 辛崇阳:《对国际法主体的界定标准及其内容的再思考》,载《比较法研究》2006年第4期。

40. 辛忠孝、王红:《美国律师的继续教育》,载《律师世界》1998年第11期。

41. 徐崇利:《跨政府组织网络与国际经济软法》,载《环球法律评论》2006年第4期。

42. 徐崇利:《全球化趋势与"跨国法学"的兴起》,载《法商研究》2003年第4期。

43. 徐崇利:《全球化时代国际立法模式的转型:从"国家间立法"模式到"跨国立法"模式》,载《中国的和平发展与国际法研讨会论文集》。

44. 徐崇利:《走出误区的"第三条道路":"跨国经济法"范式》,载《政法论坛》2005年第4期。

45. 徐舜岐、孙文胜:《律师功能研究》,载《天津市政法管理干部学院学报》2006年第3期。

46. 徐向民、邓丽娜:《中国跨国资产证券化发展研究》,载《沿海企业与科技》2006年第3期。

47. 阎德玉:《会计准则制定模式的比较研究》,载《会计研究》1999年第8期。

48. 杨华:《个人作为国际法主体新探》,载《法学杂志》2005年第1期。

49. 姚军:《治理视角中的中国政府变革》,载《广东商学院学报》2004年第2期。

50. 叶展、屈红燕、尚福林:《资产证券化是服务国家发展战略重要融资平台》,载《上海证券报》2007年5月26日,第3版。

51. 俞可平:《治理与善治》,社会科学文献出版社2000年版。

52. 喻强:《我国开展跨国资产证券化的有关建议》,载《上海投资》2004年第5期。

53. 张春煜、何小锋:《中国跨国资产证券化探析》,载《金融理论与实践》2003年第6期。

54. 张端明:《国际会计准则委员会重组对我国的启示》,载《经济师》2004年第4期。

55. 张伟:《资产证券化的基本理论》,载《北京大学中国经济研究中心学刊》1999年第2期。

56. 张晓萍:《AMC不良资产证券化的国际运作研究》,载《江淮论坛》2006年第2期。

57. 张雪葳:《我国开展跨国资产证券化的战略分析》,载《海南金融》2006年第2期。

58. 张善燚、罗德:《行业自治:律师惩戒程序的完善》,载《中国律师》2006 第 6 期。

59. 章武生:《美国律师惩戒制度》,载《中国律师》1993 年第 12 期。

60. 章武生:《中西律师惩戒制度比较研究》,载《法商研究》1995 年第 2 期。

61. 赵海峰、高立忠:《论国际司法程序中的法庭之友制度》,载《比较法研究》2007 年第 3 期。

62. 郑远民:《试论现代商人法的适用》,载《河北法学》2004 年第 8 期。

63. 庄丹:《会计准则制订机构的模式选择问题》,载《财会月刊(会计)》2000 年第 10 期。

64. Anne-Marie Slaughter, Liberal International Relation Theory and International Economic Law, *Journal of International Law & Policy*, 1995, Vol. 10.

65. Benedict Kingsbury, Nico Krisch & Richard B. Stewart, The Emergence of Global Administrative Law, *Law and Contemporary Problems*, 2005, Vol. 68.

66. Bruce A. Markell, Digital Demons and Lost Lawyers, *Federal Communications Law Journal*, 1996, Vol. 48.

67. Bruce A. Markell, Lawyer-Made Law, Lex Juris and Confusing the Message with the Messager: a Commnet on Frankel, *Duke Journal of Comparative and International Law*, 2002, Vol. 12.

68. David F. Cavers, Legal Education and Lawyer-Made Law, *West Virginia Law Review*, 1952, Vol. 54.

69. Eddt Wymeersch, The Law of Cross-Broder Securitization: A Comment on Frankel, Duke *Journal of Comparative & International Law*, 2002, Vol. 12.

70. Gregory Husisian, What Standard of Care Should Govern the World's Shortest Editorials? An Analysis of Bond Rating Agency Liability, *Cornell Law Review*, 1990, Vol. 75.

71. Harold Hongju Koh, Transnational Legal Process, *Nebraska Law Review*, 1996, Vol. 75.

72. Joel Trachtman, A Sectoral Analysis of Disciplines on Domestic Regulation and International Standard-Setting in Financial Services, *Law and Contemporary Problem*, 2002, Vol. 68.

73. Joseph C. Shenker, Anthony J. Colletta, Asset Securitization: Evolution, Current Issues and New Frontiers, *Texas Law Review*, 1991, Vol. 69.

74. Mathew Diller, The Revolution in Welfare Administration: Rule, Discretion, and Entrepreneurial Government, *New York University Law Review*, 2000, Vol. 75.

75. Nicholas J. Faleris, Cross-Border Securitized Transactions: The Missing Link in

Establishing a Viable Chinese Securitization Market, *Northwestern Journal of International Law & Business*, 2005, Vol. 26.

76. Phlip Alston, The Myopia of the Handmaidens: International Lawyers and Globalization, *European Journal of International Law*, 1997, Vol. 8.

77. Richard B. Stewart, Administrative Law in the Twenty-First Century, *New York University Law Review*, 2003, Vol. 78.

78. Robert D. Cooter, Decentralized Law for a Complex Economy: The Structural Approach to Adjudicating the New Law Merchant, *University of pennsylvania Law Review*, 1996, Vol. 144.

79. Roscoe Pound, Law in Book and Law in Action, *American Law Review*, 1910, Vol. 44.

80. Roscoe Pound, The Scope and Purpose of Sociological Jurisprudence, *Harvard Law Review*, 1912, Vol. 25.

81. Roscoe Pound, The Theory of Judicial Decision, *Harvard Law Review*, 1923, Vol. 36.

82. Sol Picciotto, Networks in International Economic Integration: Fragmented States and the Dilemmas of Neo-liberalism, *Northwestern Journal of International Law and Business*, 1997, Vol. 17.

83. Spiro V. Bazinas, An International Legal Regime for Receivables Financing: UNCITRAL's Contribution, *Duke Journal of Comparative and International Law*, 1998, Vol. 8.

84. Sprios V. Bazinas, Multi-Jurisdictional Receivables Financing: UNCITRAL's Impact on Securitization and Cross-Border Perfection, *Duke Journal of Comparative & International Law*, 2002, Vol. 12.

85. Steven L. Schwarcz, Private Ordering of Public Markets: The Rating Agency Paradox, *University of Illinois Law Review*, 2002, Vol. 2002.

86. Steven L. Schwarcz, Sovereign Debt Restructuring: A Bankruptcy Reorganization Approach, *Cornell Law Review*, 2000, Vol. 85.

87. Steven L. Schwarcz, Structured Finance: The New Way to Securitize Asset, *Cardozo Law Review*, 1990, Vol. 11.

88. Steven L. Schwarcz, The Alchemy of Asset Securitization, *Stanford Journal of Law*, Business & Finance, 1994, Vol. 1.

89. Steven L. Schwarcz. The Universal Language of International Securitization, *Duke Journal of Comparative & International Law*, 2002, Vol. 12.

90. Tamar Frankel, Cross-Border Securitization: Without Law, But Not Lawless, *Duke Journal of Comparative & International Law*, 1998, Vol. 8.

91. Tamar Frankel, The Law of Cross-Broder Securitization: Lex Juris, *Duke Journal of Comparative & International Law*, 2002, Vol. 12.

92. Ted Schneyer, Some Sympathy for the Hired Gun, *Journal Legal Education*, 1991, Vol. 41.

93. Yuliya A. Dvorak, Transplanting Asset Securitization: Is the Grass Green Enough On the Other Side?, *Houston Law Review*, 2001, Vol. 38.

三、电子文献

1.《中诚信担纲国开行和建行资产证券化试点信用评级》, at http://www.smelz.gov.cn/news/28487.html, 2006-03-02.

2. 陈宜:《律师法应凸现律师神圣使命》, at http://www.dajingwang.com/Law/lvshi/20060116616.html, 2007-05-28.

3. 国际会计准则理事会:《国际财务报告会计准则前言(征求意见稿)》, at http://www.csrc.gov.cn/n575458/n575727/n575787/n576114/2010861.html, 2007-03-9.

4. 刘向东:《资产证券化在全球的最新发展》, at http://bond.cnfol.com/060605/106, 1580, 1865829, 00.html, 2007-05-23.

5. 汤尚濠、朱小宇:《个人主义:律师制度的文化基础》, at http://www.tianya.cn/publicforum/Content/law/1/62107.html, 2007-05-28.

6. 汪祥耀:《论国际会计准则委员会改组后的八大变化》, at http://202.114.224.27/kjs/xsjl/kjlt/P020060608393021971250.pdf, 2007-07-15.

7. 杨瑾:《资产证券化会计问题探讨》, at http://www.51kj.com.cn/showdetails.asp?id=13128&na=str1, 2007-02-26.

8. 袁铭良:《三大评级机构地位震荡》, at http://www.p5w.net/newfortune/old/200504/t307832.html, 2007-03-9.

9. 中国证券监督管理委员会:《证券市场资信评级业务管理暂行办法》, at http://www.csrc.gov.cn/n575458/n776436/n804920/n4264509/4264609.html, 2007-08-24.

10. Accounting Standards Board, *Financial Reporting Standard 5: Reporting the Substance of Transactions* (1994), at http://www.frc.org.uk/images/uploaded/documents/FRS%205.pdf, 2010-03-1.

11. American Securitization Forum, *ASF Issues Policy Recommendations for Credit Rating Agency Oversight Reform*, at http://www.americansecuritization.com/story.aspx? id=917, 2007-05-1.

Andreas N lke, *Private International Norms in Global Economic Governance: Coordination Service Firms and Corporate Governance*, at http://www.arccgor.nl/uploads/File/private%20international%20norms.pdf., 2007-06-23.

13. Charles Adams et al.. *International Capital Markets Developments, Prospects, and Key Policy Issues*, at http://www.imf.org/external/pubs/ft/icm/1999/index.html, 2007-05-27.

14. FASB. *FASB Interpretation No. 46: Consolidation of Variable Interest Entities-an interpretation of ARB No.* 51(2003), at http://72.3.243.42/pdf/fin46.pdf, 2005-06-4.

15. FASB. *Statement of Financial Accounting Standards No.* 77: *Reporting by Transferors for Transfers of Receivables with Recourse*(1983), at http://72.3.243.42/pdf/fas77.pdf, 2005-06-4.

16. FASB. *Statement of Financial Acccounting Standards No.* 125: *Accounting for Transfers and Servicing of Financial Assets and Extinguishments of Liablities*(1996), at http://72.3.243.42/pdf/fas125.pdf, 2005-06-4.

17. FASB. *Statement of Financial Accounting Standards No.* 140: *Accounting for Transfers and Servicing of Financial Assets and Extinguishments of Liabilities*(2000), at http://72.3.243.42/pdf/fas140.pdf, 2005-06-4.

Frederick Feldkamp, *Asset Securitization: The Alchemist's Dream*, at http://www.iflr.com/? Page=17&ISS=16399&SID=514501, 2007-06-18.

George P. Miller, *Re: Oversight of Credit Rating Agencies Registered as Nationally Recognized Statistical Rating Organizations*, at http://www.americansecuritization.com/uploadedFiles/ASFfinalRatingAgencyCommentLetter032207.pdf, 2007-05-1.

20. IASB. *International Accounting Standard No.* 32: *Financial Instruments: Disclosure and Presentation* (1995), at http://www.iasplus.com/standard/ias32.html, 2010-03-4.

21. IASB. *International Accounting Standard No.* 39: *Financial Instruments: Recognition and Measurement* (1998), at http://www.iasc.org, 2005-06-4.

22. Kreg Danvers, B. Anthony Billings, *Is the SEC Going Soft on Credit Rating Agencies?*, at http://www.nysscpa.org/cpajournal/2004/504/perspectives/nv6.html, 2007-05-25.

Lawrence J. White, *The Bond Rating Game*, at http://www.stern.nyu.edu/Sternbusiness/fall_winter_2003/bondrating.html, 2007-05-26.

Leo Brand & Reza Bahar, Corporate Defaults: *Will Things Get Worse Before They Get*

Better, Standard & Poor's Credit Week, at http://www.standardpoors.com/Forum/RatingsCommentaries/StructuredFinance/Articles/12901corporatedefaults.html, 2007-01-31.

25. Margo Jensen, *Accounting Treatment for Securitizations: Uncertainty and Alternatives*, at http://www.gtnews.com/articles<uscore>se/4087.html, 2006-07-3..

26. Marty Rosenblatt & Jim Mountain, *Accounting for Securitisation Transactions Under the New Revised IAS 39: Good News or Bad News*, 9 *Speaking of Securitization* 1 (2004), at http://www.deloitte.com/dtt/cda/doc/content/vol9%231.pdf. 2005-06-7.

27. Moody, *Moody's Investment Service*, at http://sec.gov/rules/concept/s71203/moodys072803.htm, 2007-02-9.

28. Paul Schott Stevens, *On Assessing the Current Oversight and Operation of Credit Rating Agencies*, at http://www.ici.org/statements/tmny/06_sen_credit_tmny.html, 2007-06-26.

29. Robert Herdman, *Address delivered at the Schmalenbach Institute for Business Administration, Cologne, Germany*, at http://www.sec.gov/news/speech/spch554.htm, 2006-05-10.

30. SEC, *Final Rules to Implement the Credit Rating Agency Reform Act of* 2006, at http://www.sec.gov/news/press/2007/2007－104.htm, 2007-06-25

31. SEC. *Report on the Role and Function of Credit Rating Agencies in the Operation of the Securities Markets*, at http://www.sec.gov/news/studies/credratingreport0103.pdf, 2007-05-28.

32. Smartpros Editorial Staff, *Alphabet Soup: Making Sense of the Standard Setting Process*, at http://accounting.smartpros.com/x33490.xml, 2007-05-14.

33. Standard & Poor's:《资产担保证券概览》, at http://www2.standardandpoors.com/portal/site/sp/cn/cn/page.topic/ratings_sf_abs/2,1,9,1,0,0,0,0,0,0,0,0,0,0,0,0.html, 2007-06-26.

34. Steven C. Nelson, *Re: Concept Release: Rating Agencies and the Use of Credit Ratings under the Federal Securities Laws*, at http://www.sec.gov/rules/concept/s71203/snelson072503.html, 2007-06-25.

35. The Street.com Ratings, *Improving the NRSRO System: Statement to the Securities and Exchange Commission*, at http://www.weissratings.com/nrsro.asp, 2007-06-26

36. Theodor Baums, *Asset Securitization in Europe*, at http://www.jura.uni-frankfurt.de/ifawz1/baums/Bilder_und_Daten/Arbeitspapiere/a0294.pdf. 2007-03-21.

Thomas L. Friedman, *A Manifesto for the Fast World*, at http://www.globalpolicy.org/nations/fried99.html, 2007-03-28.

38. U. S. Government Printing Office, *The Ratings Game: Improving Transparency and Competition Among the Credit Rating Agencies*, at http://financialservices. house. gov/media/pdf/108－110. pdf, 2007-05-24.

39. Walter Mattli & Tim Buthe, *Global Private Governance: Lessons From a National Model of Setting Standards in Accounting*, at http:// www. duke. edu/～buthe/.../MattliButhe_LCP_Fall2005_finalproofs. pdf, 2010-03-4.

40. William C. Powers et al, *Report of Investigation by the Special Investigative Committee of the Board of Directors of Enron Corp*, at http://news. findlaw. com/hdocs/docs/enron/sicreport. 2005-05-30.

后 记

这篇博士论文终于要出版了。2007年博士毕业时，一直将博士论文搁着。冷处理的后果是，再回头看看博士论文，便能看出当时的许多幼稚与不足来，便有些踌躇，有些犹豫。去年年底，西南政法大学国际法学院副院长张晓君教授建议我将博士论文纳入“西南国际法文丛”，便应承了下来。而今，捧读着即将付梓的博士论文，其中有些许年少的轻狂与热情，些许的冲动与骄傲，或许是不成熟的，然而却是值得深深怀念的。

在厦大法学院攻读博士学位的三年时间里，有许多值得回忆的东西。毕业快三年了，总是忍不住会梦回厦大，梦回凤凰花开的日子。

非常感谢在厦大法学院的三年日子里，恩师李国安教授对我无私的关心与照顾。如果我现在还只能算是徘徊在国际金融法的初级学徒，那是因为我个人的天资所限。但无论如何，因着李老师的悉心教导，从一个国际金融法的门外汉，我逐渐享受到了国际金融法其中的奥妙与乐趣，能够向着前方虽然缓慢但执著地进步。除学习外，李老师还非常关心我的生活。依然记得博士二年级那年，笔记本电脑不慎被盗，一同被盗的还有储存在电脑中的论文资料，远在日本作访问学者的李老师特意打电话来安抚我，并允许我使用他的办公室和电脑。还要非常感谢的是师母肖彬老师，因着她的善良、热情与关心，我有幸享受到两倍于他人的师恩与师爱。即使是现在，师母仍然时刻着关心着我每一点点滴滴的进步。也非常感谢厦大法学院国际经济法研究所的其他导师，在三年时间里，他们都曾以不同方式帮助过我，对我进行过重要的指导。

非常感谢在厦大法学院三年的日子里给过我帮助与关心的师兄弟们，在这里，我要特别感谢蔡从燕师兄、刘志云师兄、池漫郊师兄、龚宇师兄、陈延忠师兄、张晓凌师兄、陈斌彬师兄、杨小强师弟、季烨师弟，是他们让我充分地享受到法学院这一大集体的温暖与快乐。我还要感谢有幸一起学习的同班同学，他们是余锋、陈辉庭、常景龙、张相君、侯幼萍、卢敏、许楚敬，我们共同成长，共同进步，曾就本书中的问题探讨、争执，三年同窗之情弥补珍贵。

非常感谢答辩委员会的全体成员，他们是朱文奇教授、董世忠教授、曾华群教授、徐崇利教授、古祖雪教授，非常感谢他们对拙作无私的批评意见，也非常感谢他们对一后学之辈粗鄙意见的肯定与鼓励。此外，我也要非常感谢校外匿名评审专家对论文提出的中肯批评与宝贵肯定。

也非常感谢西南政法大学国际法学院给我这样一个机会，使我有机会将博士论文出版成书。有幸在国际法学院这样一个年轻、有激情、朝气蓬勃的集体里工作，使我毕业之后仍然有机会继续成长。唐青阳院长、张晓君副院长、科研处徐泉处长及其他老师都一直给予我无私的支持，帮助我认清在学术上进一步成长的方向。

最后，我要特别感谢的是一直以来为我的成长无私奉献着的家人们。父母虽然文化程度不高，家里经济条件也一直很拮据，但他们一直倾尽全力支持着我上大学，读硕士，读博士。所幸的是，我毕业后在西政谋到了一份教职，有了一份稳定的收入，稍微可以缓解一下家里的经济压力。姐姐也非常关心我的学业，为让我放弃校外兼职安心写博士论文，替我承担生活费用直到博士毕业。妻子叶颖女士对我的工作一直给予默默的支持和无私的宽容，在修改论文期间，尽管她有身孕，但仍然承担起繁琐的家务及其他杂事。是她，还有即将来到世上的小宝宝，让我的世界充满了阳光，生命也有了存在的新意义。

图书在版编目(CIP)数据

跨境资产证券化私人治理法律问题研究/缪心毫著.—厦门:厦门大学出版社,
2010.8
(西南国际法文丛/唐青阳主编)
ISBN 978-7-5615-3606-3

Ⅰ.①跨… Ⅱ.①缪… Ⅲ.①资本市场-法律-研究②证券法-研究
Ⅳ.①D912.280.4

中国版本图书馆 CIP 数据核字(2010)第 158546 号

厦门大学出版社出版发行
(地址:厦门市软件园二期望海路 39 号 邮编:361008)
http://www.xmupress.com
xmup @ public.xm.fj.cn
厦门集大印刷厂印刷
2010 年 8 月第 1 版 2010 年 8 月第 1 次印刷
开本:787×960 1/16 印张:13 插页:2
字数:212 千字 印数:1~2000 册
定价:27.00 元